Thomas Neuhold, Andreas Praher
Widerstand • Verfolgung • Befreiung

Impressum

Bibliografische Information der Deutschen Nationalbibliothek
Die Deutsche Nationalbibliothek verzeichnet diese Publikation
in der Deutschen Nationalbibliografie; detaillierte bibliografische
Daten sind im Internet über http://dnb.d-nb.de abrufbar.

5020 Salzburg, Bergstraße 12

Lektorat: Martina Schneider
Grafik und Produktion: Nadine Kaschnig-Löbel
Kartenmaterial: Arge-Kartografie
Druck: Těšínská Tiskárna, Český Těšín

ISBN 978-3-7025-0963-7

www.pustet.at

Thomas Neuhold Andreas Praher

WIDERSTAND VERFOLGUNG BEFREIUNG

Zeitgeschichtliche Wanderungen

VERLAG ANTON PUSTET

Inhalt

Niemals vergessen! 8

Spaziergänge und Hochgebirge 13

Basisausrüstung Wandern 14

1 Jüdisches Salzburg 18
Spaziergang durch das jüdische Salzburg 23

2 Roter Widerstand im nationalsozialistischen Salzburg 26
Spaziergang durch das rote Salzburg 31

3 Josef Thorak 34
Nazikünstler Josef Thorak in der Stadt Salzburg 38

4 Stefan Zweig und seine Vertreibung aus der Welt von Gestern 40
Stefan-Zweig-Wanderung über den Kapuzinerberg 44

5 Das Zwangslager Leopoldskron 46
Stolpersteine und Denkmal beim „Zigeunerlager“ 50

6 Zwangsarbeit mit Todesfolge im Salzburger Rüstungsbetrieb 52
Von Kasern auf den Plainberg 56

7 Nationalsozialistischer Terror vor 1938 und der blutige Juliputsch in Liefering 1934 58
Vom Juliputsch bis zur Kapitulation durch Liefering 63

8 Antisemitischer Ungeist im Sommerfrische-Idyll 66
Sommerfrischler-Spaziergang auf den Buchberg bei Mattsee 70

9 Leopold Engleitners ungebrochener Wille zu überleben 72
Meisterebenalm – Atterseeblick:
Das Versteck des „Bibelforschers“ Leopold Engleitner 77

10 Die abenteuerliche Flucht von Sepp Plieseis
über die Berge 80
Fluchtroute aus dem KZ-Hallein über den Pitschenberg 85

11 Sepp Plieseis 88
Zum Partisanenversteck „Igel“ im Toten Gebirge 92

12 Der Wildensee – Rebellengebiet und
Refugium geflüchteter NS-Schergen 94
Zum Versteck Ernst Kaltenbrunners im Toten Gebirge 98

13 Befreundete Agenten aus der Luft
auf der Jagd nach Joseph Goebbels 100
Am Karstplateau zu Höllkogel und Rieder Hütte 104

14 Franz Jägerstätter 106
Der Jägerstätter-Gedenkweg in St. Radegund 110

15 Die unterirdische Mordfabrik 112
Vernichtung durch Arbeit – Audioweg durch Gusen 116

16 Das Vorzimmer der Macht am Obersalzberg 118
Ein alpiner Steig zum „Eagle's Nest“: Der Steftensteig 121

17 Nationalsozialistische Vorzeichen auf der Reiter Alpe 124
Zur Neuen Traunsteiner Hütte –
ein Relikt der 1000-Mark-Sperre 126

18 Reger Grenzverkehr in der geteilten Hütte 128
Grenzwanderung zum Purtschellerhaus am Hohen Göll 131

19 Massenmord im bayerischen Alpenvorland 134
Spaziergang von Surtal nach Surberg 138

20 Das Todeslager im Schönramer Filz 140
Spaziergang durch das Moor in Schönram 144

21 Jüdischer Exodus über den Krimmler Tauern im Sommer 1947 146
Die jüdische Flucht über den Krimmler Tauern 150

22 Ernst Pikes 152
Von der Heimat des roten Widerstandskämpfers zum Salzachursprung 154

23 Andreas Rieser 156
Elfer- und Zwölferkogel: Die „Sonnenuhr" von Bramberg 159

24 Sklavenarbeit in den Hohen Tauern 162
NS-Relikt und österreichisches Nationalsymbol „by fair means" 166

25 Mörderisches Arbeitskommando im hochalpinen Gelände 168
Hochalpine Gipfelschau rund um die Rudolfshütte 171

26 Auf der Flucht vor der NS-Zwangsarbeit gestorben und 70 Jahre vermisst 174
Zur Fundstelle eines auf der Flucht verhungerten Zwangsarbeiters in Bruck/Fusch 176

27 Walter Suess 178
Rund um den Hausberg von Bad Gastein 182

28 Abgestürzte US-Bomber über dem Pinzgau 184
Eine Rundtour über die Schwalbenwand 188

29 Amerikanische Befreier im Zeichen des Regenbogens 190
Auf den Spuren der Befreier rund um den Achberg 193

30 Balthasar Linsinger 196
Im Tal der Almen und Kapellen 199

31 Menschenjagd am Böndlsee 202
Auf den Spuren der Goldegger Deserteure 206

32 Anna Bertha Königsegg 208
Von St. Veit auf den Hochglockner 212

33 Gepeinigt und zu Tode gefoltert 214
Von St. Johann auf den Hochglockner 218

34 Der nationalsozialistische Burgherr Hermann Göring und die Lungauer „Volksgemeinschaft“ 220
Auf den Hausberg von Görings Feriendomizil 225

35 Nationalsozialistische Umtriebe in den Nockbergen 228
Sechs-Gipfel-Wanderung rund um die Mehrl-Hütte, den Treffpunkt der „Illegalen“ 231

Weiterführende Literatur 236

Niemals vergessen!

Der vorliegende Band „Widerstand – Verfolgung – Befreiung. Zeitgeschichtliche Wanderungen“ lädt ein auf eine Reise ins Salzkammergut und in die Tauern, in das Alpenvorland, nach Oberösterreich und in das benachbarte Bayern. Es ist eine Reise durch die Welten der (jüdischen) Sommerfrische und des Alpinismus im Spannungsfeld der politischen Radikalisierung der Ersten Republik und des Austrofaschismus sowie im Kontext der nationalsozialistischen Herrschaft und des nationalsozialistischen Terrors. Die Wanderungen begeben sich auf Spuren von Zwangsarbeiterschicksalen, erzählen vom antisemitischen Klima in der Seenregion, lange bevor die Nationalsozialisten mit der „Endlösung der Judenfrage“ begannen, und fragen nach dem jüdischen Erbe im Bundesland Salzburg. Sie erzählen vom (illegalen) NS-Terror im Vorfeld des „Anschlusses“, führen entlang von Fluchtrouten und zu Widerstandsnestern. Begleitet von historischen Abrissen verweben sich die Schlaglichter – ohne Anspruch auf Vollständigkeit – zu einer erlebbar gemachten Gesamtsicht auf die NS-Herrschaft, auf die Zustimmungsdiktatur, auf die Verfolgung, aber auch auf den Widerstand und die Befreiung vom Nationalsozialismus.

Die Idee zum Buch

Es waren drei Geschichten, die vor Jahren die Ursprungsidee zu einem antifaschistischen Wanderbuch markierten:
Da ist einmal die Geschichte von Rudolf Gomperz. Am Beginn des 20. Jahrhunderts gelangte ein Eisenbahningenieur mit jüdischen Wurzeln an den Arlberg. Er sollte in St. Anton seine Malariaerkrankung auskurieren. Der Kuraufenthalt im Gebirge entwickelte sich zu einer lebenslangen Leidenschaft, an deren Ende der gewaltsame Tod stand. Der „Skipionier“ Gomperz

wurde im Mai 1942 im Vernichtungslager Maly Trostinec (Weißrussland) ermordet. Die Beschäftigung mit dem Schicksal von Gomperz fand, um die geografische Kompaktheit der zu erwandernden Regionen zu gewährleisten, zwar keinen Eingang in dieses Buch, war aber ein Anstoß, ein politisches Wanderbuch zu schreiben.
Da war die Geschichte der kommunistischen Widerstandsgruppe im Salzkammergut „Willy-Fred" rund um den aus der Gewalt der NS-Terrormaschinerie geflüchteten Sepp Plieseis. Seine Flucht über die Berge der Osterhorngruppe und die Geschichte des Widerstandsnestes Igel im Toten Gebirge hat Christian Topf schon in den frühen 1990er-Jahren in dem Wanderführer „Auf den Spuren der Partisanen" zusammengefasst. Anlässlich einer Wanderung zu eben jenem Igel (Tour 11) reifte dann endgültig der Entschluss, das Projekt „Widerstand – Verfolgung – Befreiung" anzugehen.
Und da ist die Salzburgerin Rosa Hofmann. Die junge Aktivistin des kommunistischen Widerstandes gegen die Nazi-Diktatur wurde knapp vor ihrem 24. Geburtstag ermordet. „Sehnsucht habe ich nach Euch und den Bergen", schrieb die junge Frau in ihrem Abschiedsbrief. Dieser Satz kann als Leitmotiv dieses historischen, politischen und sozialen Wanderführers gelesen werden.

Widerstand. Verfolgung. Befreiung.

Die Alpen waren, so wie es auch Rosa Hofmann zum Ausdruck brachte, in der europäischen Kulturgeschichte spätestens seit Mitte des 19. Jahrhunderts ein Sehnsuchtsort. Der Alpenraum schuf Identitäten und Zugehörigkeiten, beherbergte Verbindendes und Trennendes. Gebirgsübergänge fungierten seit jeher als Brücken und bildeten Grenzen. Schneebedeckte Gipfel und glasklare Gebirgsseen spornten die Menschen zu Visionen an. Sommerfrische, Alpinismus und die Erschließung der Alpen für den Skisport machten die Bergwelt in der ersten Hälfte des 20. Jahrhunderts vor allem für das wohlhabende Bürgertum erfahrbar und erlebbar. Für die Arbeiterklasse wiederum boten die Berge eine Gelegenheit, dem Elend, der Ausbeutung und tristen Wohnverhältnissen zu entfliehen. Die Alpen bildeten eine Parallelwelt, scheinbar weit weg vom politischen und wirtschaftlichen Chaos der Zwischenkriegszeit. Sie lagen gefühlsmäßig abseits von Ausgrenzung und Verfolgung, Intoleranz, Misstrauen und Habgier. Gegen Ende der 1930er-Jahre hatte die Realität die Vision eingeholt und das vermeintliche Bergidyll stand vor dem Abgrund. Die Alpen wurden zu einem Raum gegensätzlicher Erfahrungen. Flucht und Vertreibung standen am Horizont. Der Nationalsozialismus fegte über die Täler hinweg. Überleben anstatt Erleben prägten die Jahre bis in die Nachkriegszeit hinein.

Die Alpen wurden zum Fluchtgelände. Sie wurden zum Experimentierfeld für das nationalsozialistische Terrorregime und zur Versuchsanstalt einer erbarmungslosen Todesmaschinerie. Entlegene Täler und Gebirgspässe wurden aber ebenso zu wichtigen Schleusen auf dem Weg in die Freiheit und zu zentralen Orten des Widerstands. Der Enteignung und Ausbeutung durch das NS-System stand ein eiserner Wille einiger weniger Unbeugsamer entgegen. Deserteure und Widerständler, sie warteten ebenso sehnsüchtig auf die alliierten Befreier wie jüdische KZ-Häftlinge, Kriegsgefangene und Zwangsarbeiter in den Todeslagern. Aus Konzentrationslagern wurden Flüchtlingslager. Die Faszination der Berge kehrte zurück. Menschen schöpften wieder Hoffnung.

Die Alpen wurden zum Sinnbild für Freiheit. Jüdische Überlebende des Holocaust erlebten die Krimmler Tauern als Übergang in ein freies, selbstbestimmtes Leben. Von dort aus gelangten sie nach Palästina. Der Schleier der Vergangenheit trübte jedoch die Fernsicht. Während jüdische Flüchtlinge zuversichtlich ihrem neuen Leben entgegenstapften, nutzten berüchtigte NS-Kriegsverbrecher das Salzkammergut als Rückzugsbasis und Fluchtpunkt vor Verantwortung und Nachkriegsjustiz. Sie tauchten unter, duckten sich weg und nicht wenige entkamen im Schutz der Berge und ihrer Bewohner.

Eine kollektive Leistung

Von der ersten Idee bis zum Druck dieses zeithistorischen Wanderbuches hat es rund fünf Jahre gedauert. Neben Recherchen und Fototerminen führten wir unzählige Gespräche mit antifaschistischen Aktivisten und Aktivistinnen, Archivaren, Historikern, Künstlern und Museumsmachern sowie mit Vertretern und Vertreterinnen von Vereinen, Medien und Politik. Viele haben uns Ideen und Vorschläge unterbreitet, nicht alle konnten wir berücksichtigen; viele haben uns mit Fotos, Ratschlägen und historischem Material unterstützt. An alle an dieser Stelle ein herzliches Dankeschön der beiden Autoren:

Alpine Peace Crossing (APC, Ernst Löschner), Bayerische Akademie für Naturschutz und Landschaftspflege ANL (insbesondere Evelin Köstler), Hanno Bayr, Burg Mauterndorf (Ingeborg Stolz), Alexander Dinböck, Dokumentation Obersalzberg/Institut für Zeitgeschichte München (insbesondere Albert A. Feiber), Dokumentationsarchiv des österreichischen Widerstandes (insbesondere Elisabeth Klamper), erinnern.at (Robert Obermair), Archiv der Erzdiözese Salzburg (insbesondere Thomas Mitterecker, Wolfgang Neuper), Marko (†) und Hanna Feingold, Gemeinde St. Radegund (Hans Asen), Verein Goldegger Deserteure (insbesondere Paul Chalupny, Brigitte Höfert), Balthasar Göritzer, Historischer Verein Petting (insbesondere Michael Demel), Marcus Hank (ansichtssache.at), Werner

Hölzl, Clemens M. Hutter, Franz und Franziska Jägerstätter Institut (insbesondere Verena Lorber), Wolfram Kastner, Peter Klammer Verlag (Peter Klammer), KZ-Verband/VdA Salzburg (insbesondere Patrick Bohn, Josef Enzendorfer, Sigi Trenker), Salzburger Landesarchiv (insbesondere Oskar und Gerda Dohle, Ulrike Feistmantl), Rudi Leo, Peter März, Christoph Mayer, Gedenkstätte Mauthausen, Michael Mooslechner, Naturfreunde Salzburg (insbesondere Helmut Schwarzenberger), Fritz Neumüller, Bernhard Rammerstorfer, Salzburger Burgen und Schlösser (Maximilian Brunner), Salzburg Museum (insbesondere Werner Friepesz, Susanne Rolinek), Mario Scheiber, Stadtarchiv Salzburg (insbesondere Thomas Weidenholzer), Stefan Zweig Zentrum Salzburg (insbesondere Eva Alteneder), Personenkomitee Stolpersteine (Inge Haller, Gert Kerschbaumer, Thomas Randisek), Christian Topf, Daniel Toporis, Universität Salzburg (insbesondere Helga Embacher und Albert Lichtblau), Verlag Anton Pustet (insbesondere Nadine Löbel, Martina Schneider), Vereinigung der Verfolgten des Naziregimes VVN (insbesondere Rainer Thiemann, Friedbert Mühldorfer), Barbara Wolf-Wicha, Rene Zechner, Zeitgeschichte Museum & KZ-Gedenkstätte Ebensee (insbesondere Wolfgang Quatember).

Wir widmen dieses Buch, das ziemlich genau 75 Jahre nach der Befreiung vom Nationalsozialismus erscheint, dem Gedenken an die Millionen Menschen, deren Hoffnungen, Träume und Leben durch die NS-Diktatur jäh ausgelöscht wurden. Und wir widmen dieses Buch all jenen, die heute als Antifaschisten und Antifaschistinnen unterschiedlicher Weltanschauungen gegen autoritäre, rechtsextreme und faschistische Strömungen Widerstand leisten. Nie wieder Faschismus! Nie wieder Krieg!

Thomas Neuhold,
Andreas Praher
(Salzburg im April 2020)

Spaziergänge und Hochgebirge

Die 35 hier versammelten Touren sind in ihrer großen Mehrheit Spaziergänge oder einfache Wanderungen, für die es keine besonderen alpinistischen Vorkenntnisse braucht und für die eine durchschnittliche Grundkondition leicht ausreicht. Dort wo die Routen ins Hochgebirge und/oder in Absturzgelände führen, wird im Text auf die alpinen Gefahren gesondert hingewiesen.

Die Informationskanäle für die anspruchsvolleren Bergwanderungen sind in Zeiten des Internet vielfältig. Wetterseiten von ORF und der Zentralanstalt für Meteorologie und Geodynamik bieten exakte Bergwetterberichte. In diversen Internetforen kann man den Zustand von Wegen und Routen erfragen. Webcams geben (im Frühsommer oder Herbst) Auskunft über die Schneelage. Aber auch Einheimische wissen meist gut Bescheid – Warnungen von Hüttenwirten oder regional erfahrenen Bergrettungsleuten sind ausnahmslos ernst zu nehmen.

Die im Buch angegebenen Zeiten sind Richtwerte für durchschnittlich Trainierte bei guten Bedingungen. Sie können von konditionsstärkeren Gehern leicht unterboten werden. Bei schlechten Bedingungen (etwa Nässe) kann aber auch mehr Zeit benötigt werden. Die angegebenen Höhenmeter wurden auf 50-Meter-Sprünge gerundet. Als Richtwert für die persönliche Tourenplanung können 400 Höhenmeter Anstiegsleistung pro Stunde und 600 Höhenmeter Abstieg pro Stunde genommen werden.

Für die Bergwanderungen gilt: Grundsätzlich muss die Basisausrüstung immer komplett mit. Schon ein kleiner Wetterumschwung kann aus einer einfachen Wanderung eine anspruchsvolle Tour machen, aufkommender Wind kann durch den Windchill-Effekt auch in mittleren Höhen die Temperaturen eisig werden lassen, ein kleines Wehwehchen ist ohne entsprechende Ausrüstung oft höchst unangenehm.

Basisausrüstung Wandern

Bergtaugliche Bekleidung (Schichtenprinzip, Funktionswäsche und -stutzen)
Wechselwäsche
Wind- und wasserdichte Jacke
Handschuhe
Haube
Sonnenkappe
Rucksack
Bergschuhe mit stabiler, rutschfester Profilsohle
Trinkflasche (mindestens ein Liter)
Jause (nicht zu fett, wasserhaltiges Obst und Gemüse)
Biwaksack
Rucksackapotheke mit Verbandszeug
Signalpfeife
Handy (aufgeladen)
Stirnlampe
Sonnencreme, Lippenschutz
Sonnenbrille
Landkarte (1:50.000, die im Buch verwendeten Skizzen dienen nur der Groborientierung und ersetzen die Landkarten nicht!)
Höhenmesser/Kompass
Papiertaschentücher
Werkzeugmesser
Geld für Verpflegung auf Hütten oder in Gaststätten

Notruf und Adressen

Alpines Notsignal: Hör- oder sichtbares Signal sechs Mal pro Minute – also alle zehn Sekunden.
Antwort: Drei Mal pro Minute.

Bergrettungs-Notruf: 140

Europäischer Notruf: 112
(Handy ohne Pincode, oft auch bei schlechtem Empfang)

Wetterbericht: www.zamg.ac.at und www.orf.at

Gedenktafel an der Friedhofsmauer von Altaussee für den Wiener Fechter und Olympia-Teilnehmer Ernst Königsgarten (Tour Nr. 12).

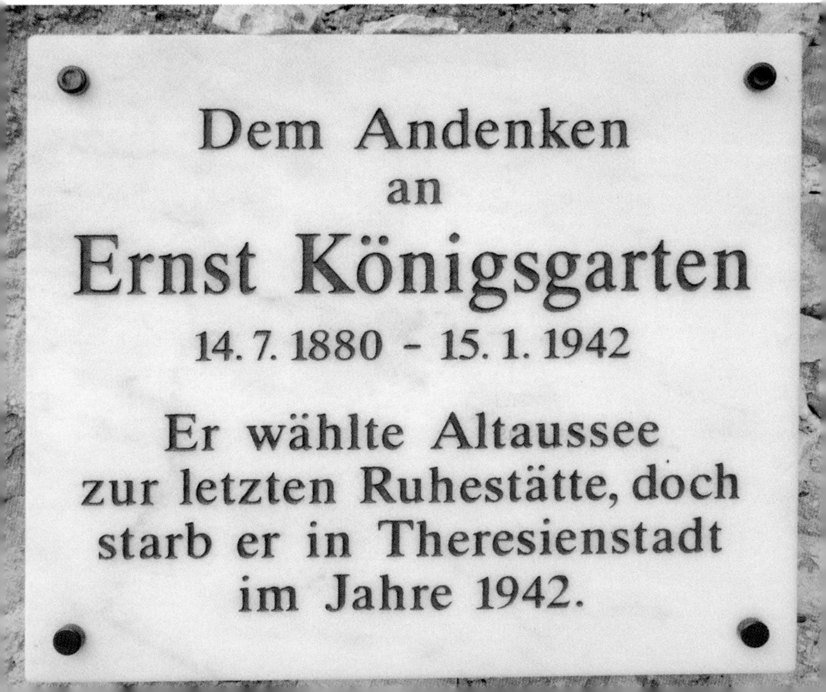

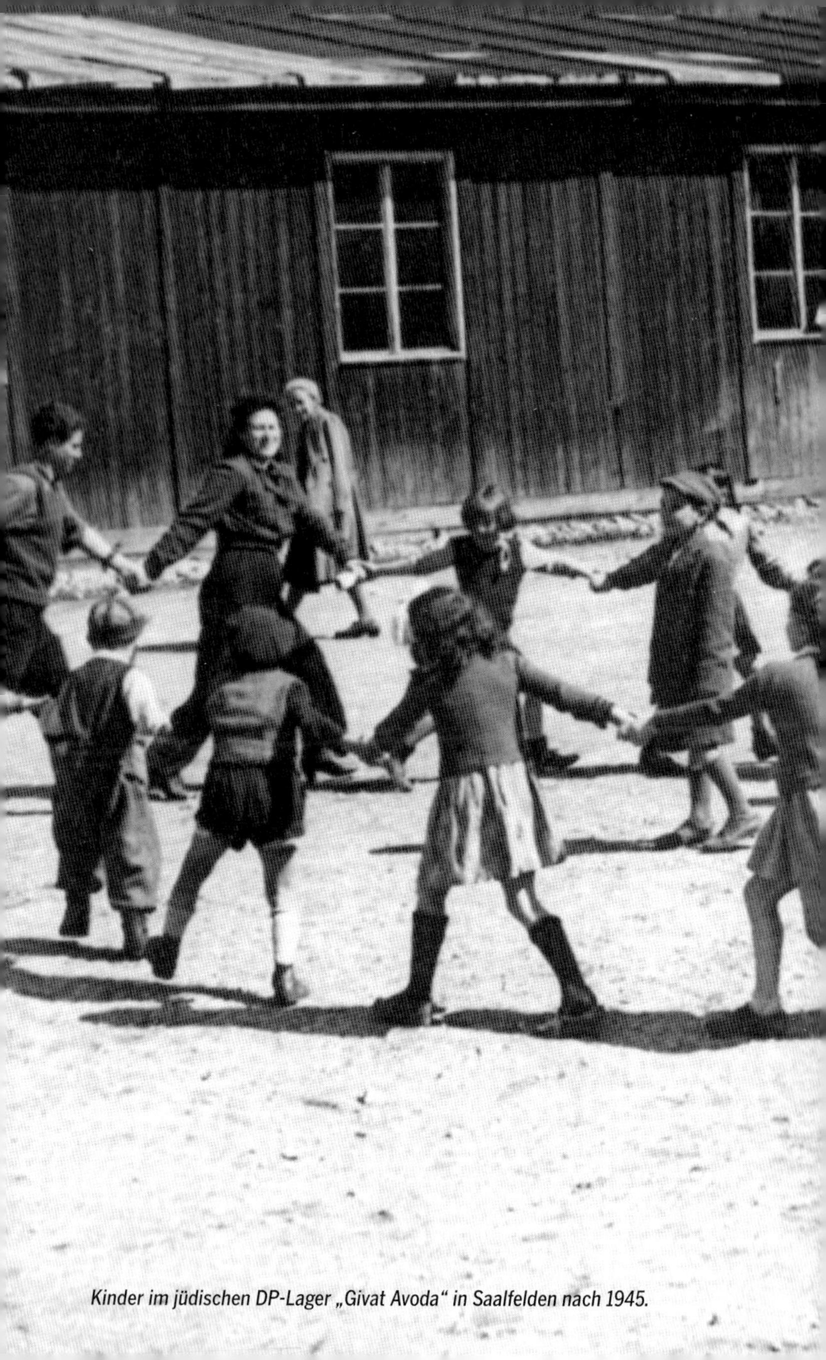

Kinder im jüdischen DP-Lager „Givat Avoda" in Saalfelden nach 1945.

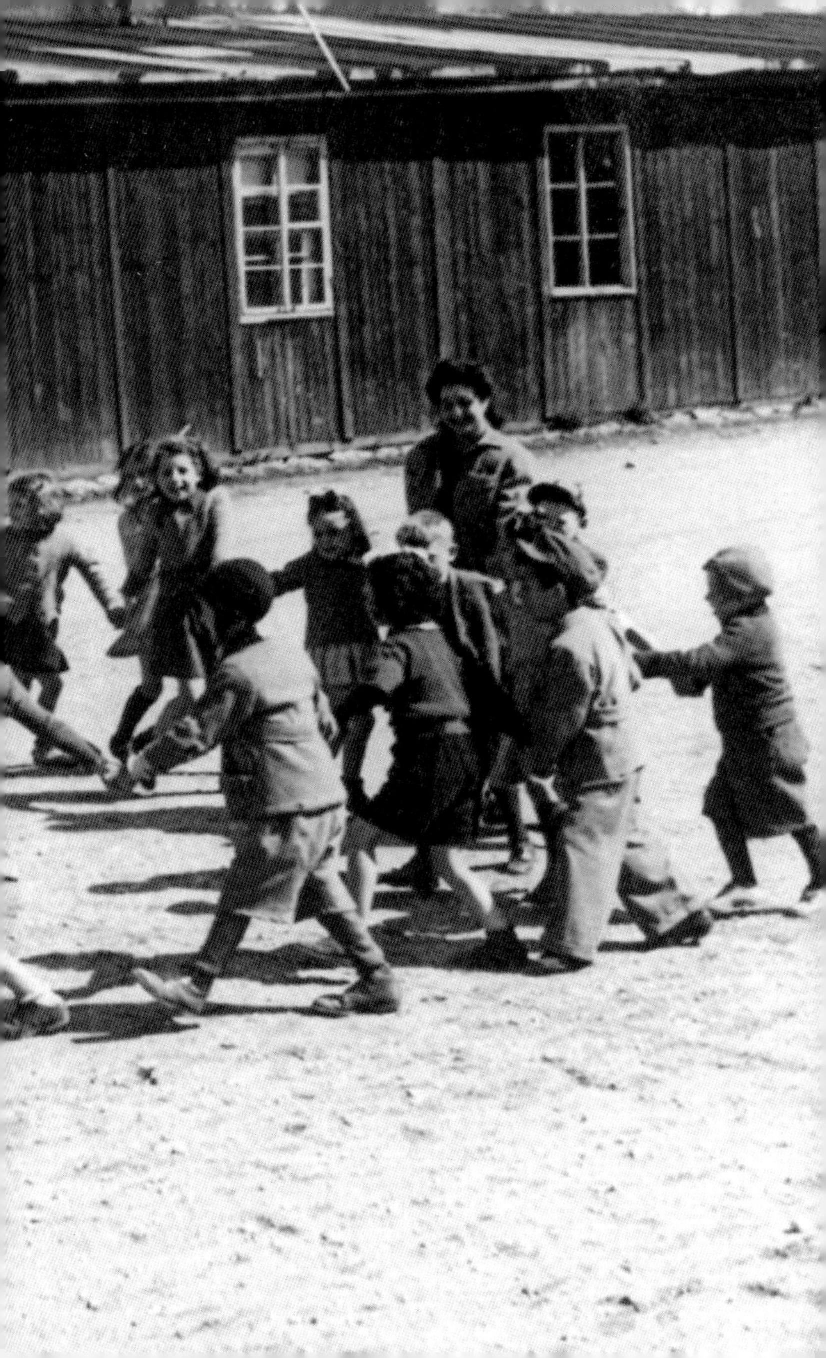

1

Jüdisches Salzburg
ausgegrenzt, verfolgt, ermordet

Die jüdische Gemeinde in Stadt und Land Salzburg vor 1938 war zahlenmäßig klein und überschaubar. Das NS-Regime konnte bei der Machtübernahme in Österreich auf eine antijüdische Tradition aufbauen. Der Antisemitismus war für viele Nichtjüdinnen und Nichtjuden nicht nur ein Ventil, sondern ein Lösungs- und Handlungsansatz, wie gesellschaftspolitische Fragen in Österreich nach dem Ersten Weltkrieg diskutiert werden konnten. Die Diskriminierung und Ausgrenzung jüdischer Bewohner mündete schließlich in der nationalsozialistischen Verfolgung und Vernichtung.
„Antijudaismus war traditionell tief verankert in dieser Region", schreibt der Salzburger Historiker Albert Lichtblau. Ein Blick auf die Geschichte verdeutlicht diese Einschätzung. Nachdem die jüdische Bevölkerung im ausgehenden Mittelalter vertrieben worden war, dauerte es mehrere Jahrhunderte, bis jüdische Familien in Salzburg wieder Fuß fassen konnten. Erst die landesweit 1867 eingeführte Gleichberechtigung gab Jüdinnen und Juden das Recht, sich in Salzburg niederzulassen. Anfangs gehörten jene jüdischen Familien, die von diesem Recht Gebrauch machten, noch zur jüdischen Gemeinde in Linz. Doch schon bald entstanden auch in Salzburg eigenständige Strukturen mit einem Bestattungsverein und einer Synagoge, die 1901 in der Salzburger Lasserstraße fertiggestellt wurde. Die Genehmigung einer eigenständigen Israelitischen Kultusgemeinde unter dem Rabbiner Adolf Altmann erfolgte 1911. Altmann wirkte bis 1914 in Salzburg und war nach dem Ersten Weltkrieg Rabbiner in Trier. Trotz seiner relativ kurzen Amtsperiode als Rabbiner war er als Chronist, der das gesellschaftspolitische Geschehen im Blick hatte,

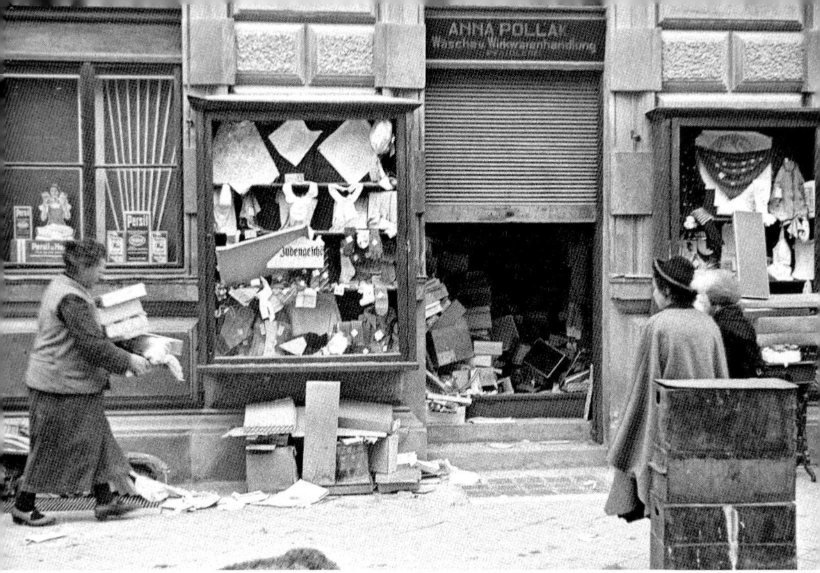

Anna Pollak vor ihrem zerstörten Geschäft im November 1938 in der Rainerstraße 4 in Salzburg.

für Salzburg nicht unbedeutend. Er schrieb gegen antisemitische Klischees und Vorurteile an und setzte sich für die kleine jüdische Gemeinde ein. Selbst wenn berühmte jüdische Persönlichkeiten wie Stefan Zweig oder Max Reinhardt das Salzburg der Zwischenkriegszeit prägten, so blieb die jüdische Gemeinde zahlenmäßig hinter jenen von anderen europäischen Städten zurück. Bei der letzten Volkszählung vor dem Nationalsozialismus im Jahr 1934 gaben nur 198 Personen an, „israelitisch" zu sein. Damals lebten in der Stadt Salzburg 40 000 Einwohner. Der Anteil der jüdischen Bevölkerung lag damit bei 0,5 Prozent. Salzburg unterschied sich damit kaum von anderen Städten Österreichs bis auf Wien. In der Hauptstadt lebten 1934 rund 92 Prozent aller Jüdinnen und Juden Österreichs. Trotz dieser geringen Anzahl jüdischer Menschen waren antisemitische Ressentiments im Salzburger Alltagsleben ab den frühen 1920er-Jahren allgegenwärtig. Ab 1923 erschien in Salzburg das antisemitische Hetzblatt *Der Eiserne Besen*. Die ursprünglich vom Antisemitenbund herausgegebene Wochenzeitung führte einen „Judenkataster“ ein, in dem jüdische Geschäftsleute an den Pranger gestellt wurden. In der ab 1923 veröffentlichten Liste fanden sich die Namen bekannter jüdischer Familien in Salzburg, unter anderem Morawetz, Bonyhadi und Schwarz. Ferdinand Morawetz war Vereinspräsident des ersten Salzburger Fußballklubs SAK 1914. Er wurde aufgrund des „Arierparagraphen“ im Jänner 1922 aus dem Verein ausgeschlossen, nachdem er erst im April 1921 das Präsidentenamt übernommen hatte. Dank Morawetz hatte der SAK 1914 den Sportplatz im Nonntal zur Verfügung gestellt bekommen, doch deutschnationale Funktionäre forderten nicht nur die Absetzung des katholisch getauften Vereinspräsidenten mit jüdischen Wurzeln, sondern wollten generell keine jüdischen Mitglieder im Sportverein mehr aufnehmen. Morawetz wechselte daraufhin als Präsident zum Lokalrivalen SSK 1919, doch die Anfeindungen blieben. Als der Fußballfunktionär 1925 den jüdischen Sportklub Hakoah aus Wien nach Salzburg einlud, war es einmal mehr *Der Eiserne Besen*, der ihn in der Öffentlichkeit zu diffamieren versuchte.

Mit dem „Anschluss“ im März 1938 wurde die antijüdische Vertreibungs- und Verfolgungspolitik der Nationalsozialisten auch in Österreich offensichtlich. Unter dem Begriff „Entjudung“ erfassten die NS-Behörden alle relevanten Vermögenswerte, um diese später zu „arisieren“. So ging das jüdische Kleiderhaus Ornstein in der Salzburger Getreidegasse im September 1938 in den Besitz des Salzburger Nationalsozialisten und Geschäftsmannes Kurt Thalhammer über. Die Boykottmaßnahmen untersagten es außerdem der nichtjüdischen Bevölkerung unter Androhung einer fristlosen Entlassung, in jüdischen Geschäften einzukaufen. Der Salzburger Verleger und Sportmäzen Morawetz starb im Dezember 1938 an einem Gehirnschlag, einen Monat nachdem er in der Nacht des Novemberpogroms am 9. November 1938 in die Linzer Landesnervenklinik eingeliefert worden war. In dieser Nacht, in der reichsweit Tausende

jüdische Geschäfte verwüstet und geplündert, Synagogen angezündet und zerstört und Jüdinnen und Juden brutal ermordet wurden, traf der nationalsozialistische Rassenwahn auch andere Salzburger Familien. In der Rainerstraße 4 verwüsteten SA-Männer das Geschäftslokal von Anna Pollak, die dort eine Trödlerei und einen Wäschehandel betrieb. Ihre Eltern waren 1867 mit dem Staatsgrundgesetz nach Salzburg gezogen. Als ledige Tochter hatte Anna Pollak das Geschäft nach deren Tod übernommen. Sie lebte seit 65 Jahren in Salzburg. Nach der Pogromnacht wurde sie noch im November 1938 nach Wien vertrieben und dort im zweiten Wiener Gemeindebezirk gemeinsam mit anderen jüdischen Bewohnerinnen und Bewohnern in eine „Sammelwohnung" gepfercht. Pollak wurde am 28. Juli 1942 nach Theresienstadt deportiert und im September 1942 im Vernichtungslager Treblinka ermordet.
Auch die Familie Löwy, Inhaber der Kohlenhandlung Löwy, aus der Linzer Gasse 5 wurde im November 1938 vertrieben. Sie flüchtete in die damals noch freie Tschechoslowakei nach Prag. Mit dem Einmarsch der deutschen Truppen wurde sie aber sofort verhaftet. Der 42-jährige Ernst Löwy und seine 41-jährige Frau Ida wurden am 24. Oktober 1942, ihr 16-jähriger Sohn Herbert am 22. Dezember 1942 nach Theresienstadt und gemeinsam am 6. September 1943 nach Auschwitz deportiert und dort ermordet. Ernst Löwys Tante Amalie Löwy, die auch bis 1938 in Salzburg gelebt hatte, wurde in Lublin-Majdanek umgebracht. Ebenfalls im Visier des nationalsozialistischen Verfolgungsapparates stand die Familie Schwarz. Das Kaufhaus Schwarz am Alten Markt 12 war das größte Warenhaus der Stadt und wurde von den Brüdern Paul und Max Schwarz betrieben. Unter der nationalsozialistischen Herrschaft wurde das jüdische Kaufhaus durch die Salzburger Sparkasse enteignet und im März 1939 liquidiert. Die Brüder Schwarz wurden unmittelbar nach dem „Anschluss" in sogenannte „Schutzhaft" genommen. Mithilfe ihrer in Palästina lebenden Schwägerin

Dora kamen Paul und Max Schwarz frei und konnten flüchten. Der Fluchtversuch von Walter Schwarz, Doras Ehemann, scheiterte. Der Miteigentümer und Geschäftsleiter des Kaufhauses sowie ehemaliger Präsident der Israelitischen Kultusgemeinde (1922 bis 1924) und bis 1935 Obmann der Zionistischen Ortsgruppe Salzburg wurde verhaftet und starb im September 1938 in Gestapo-Haft in München. Nach dem Ende des Zweiten Weltkrieges wurden 1948 die enteigneten Liegenschaften restituiert, im Jahr darauf wurde das Kaufhaus Schwarz wieder eröffnet und 1962 verkauft. Hugo Schwarz, der älteste Sohn von Dora und Walter Schwarz, lebte nach seiner Rückkehr bis 1962 in Salzburg und starb 1994 in Israel.

Jüdische Opfer in Salzburg

Den Recherchen von Gert Kerschbaumer für das Projekt Stolpersteine zufolge kamen in der Stadt Salzburg etwa 80 Personen, die aufgrund der Nürnberger Rassengesetze als jüdisch klassifiziert wurden, ums Leben. Davon waren 60 Prozent der jüdischen Religion zugehörig. Die Vernichtungsorte lagen weit weg von Salzburg in den besetzten Gebieten. Ein Fünftel der bislang bekannten Opfer wurde in Auschwitz ermordet, die anderen in Theresienstadt, Lublin-Majdanek, Maly Trostinec und Treblinka. Die Zahl der jüdischen NS-Opfer in Salzburg war aber bedeutend höher, wenn jene Menschen dazugerechnet werden, die vor dem Holocaust fliehen konnten. Das Projekt Stolpersteine beziffert die Anzahl der jüdischen Opfer (Ermordete und Geflohene) derzeit auf 109 Personen. Vom Vermögensentzug waren weit mehr Jüdinnen und Juden betroffen als die bei der Volkszählung 1934 erhobenen 198 in der Stadt und 41 im Land Salzburg. Historiker beziffern die Zahl mit bis zu über 600 Personen für Stadt und Land Salzburg.
www.stolpersteine-salzburg.at

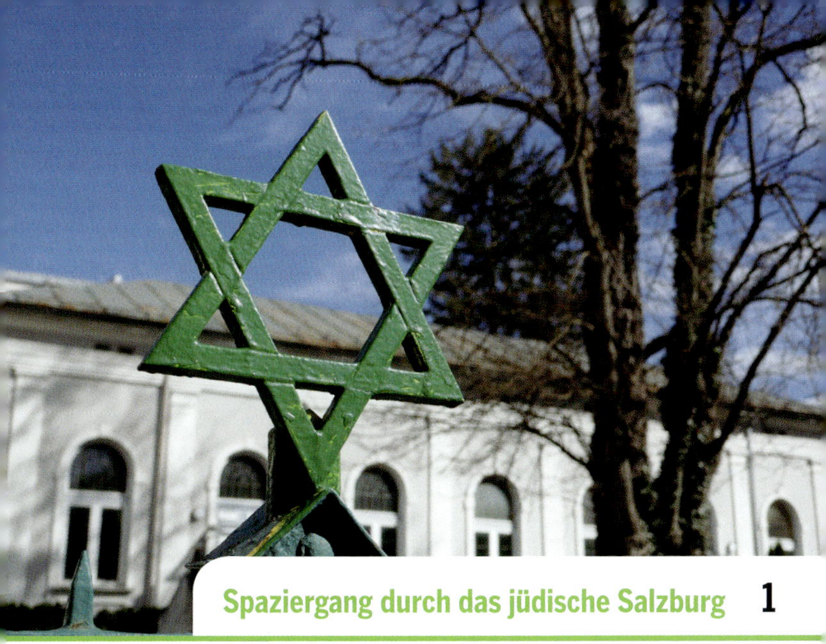

Spaziergang durch das jüdische Salzburg 1

Aus der Stadt Salzburg dürften rund 80 Menschen, die nach den NS-Rassengesetzen als Jude, als Jüdin eingeordnet wurden, von den Nationalsozialisten ermordet worden sein. Dieser Spaziergang führt zu den Gedenkstätten eines kleinen Teils der Ermordeten.

Anforderung Einfacher Stadtspaziergang. Dauer: 1 Stunde.

Ausrüstung Turnschuhe.

Ausgangspunkt Synagoge Salzburg, Lasserstraße 8 (Stolperstein für den Gründer der Israelitischen Kultusgemeinde in Salzburg, Rabbiner Adolf Altmann). Bushaltestelle Stelzhamerstraße, Linie 2. salzburg-verkehr.at

Route Die Lasserstraße stadteinwärts (Nordwest) in die (nach dem Antisemiten Franz Stelzhamer benannte) Stelzhamerstraße, hier

Foto: Bei der Synagoge in der Lasserstraße.

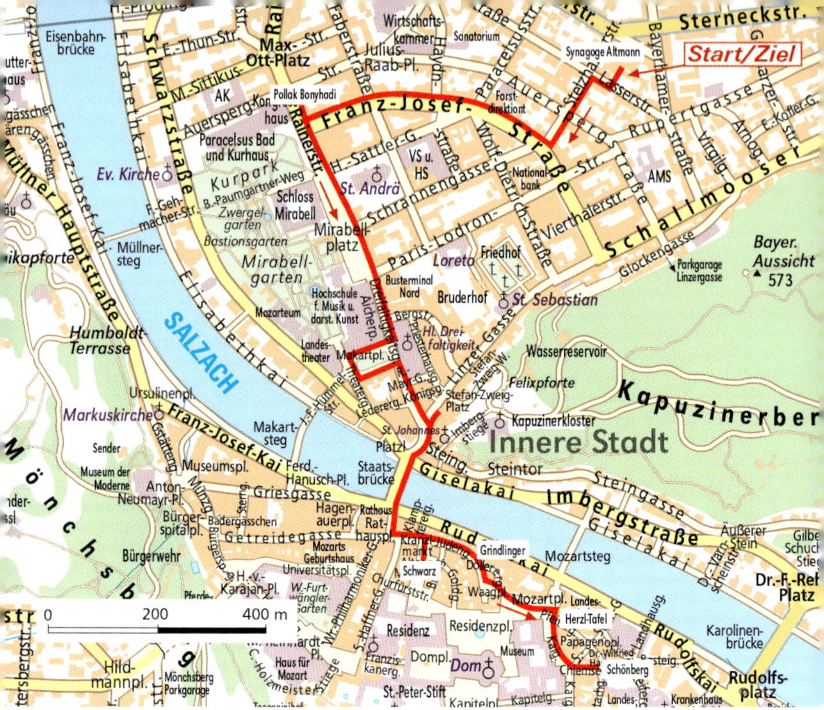

links bis zur Franz-Josef-Straße. Entlang der Franz-Josef-Straße finden sich auf beiden Seiten zahlreiche Stolpersteine für von den Nazis ermordete Juden und Jüdinnen. In der Rainerstraße angekommen, kurz nach rechts zu den Stolpersteinen der Familie Bonyhadi, Johann Langer, Anna Pollak und Natalie Rosenthal. Der Spaziergang führt weiter über den Mirabellplatz zum Makartplatz (am Priesterhaus bei der Dreifaltigkeitskirche eine Gedenktafel für vier von den Nazis ermordete katholische Priester) und hinunter zum Landestheater, wo zwei Stolpersteine für jüdische Schauspieler verlegt worden sind. Vom Makartplatz weiter in der Dreifaltigkeitsgasse (Familie Köhler) bis zur Ecke Linzer Gasse/ Platzl (Familie Jellinek). Hier kurz die Linzer Gasse hinauf zu den Stolpersteinen der Familie Löwy. Die Route führt nun aber weiter die Linzer Gasse hinunter über das Platzl und die Staatsbrücke

(Denkmal für Zwangsarbeiter) in die Getreidegasse. Hier links auf den Alten Markt – zur Hausnummer 12 zum ehemaligen Kaufhaus Schwarz (Stolperstein). Retour und in der Verlängerung der Getreidegasse die Judengasse hinauf zur Hausnummer 17 (Stolpersteine Geschwister Grindlinger). Auf den Mozartplatz, wo man an der Ecke des Residenzplatzes zum Mahnmal kommt, das an die Bücherverbrennung 1938 erinnert. Weiter über den Mozartplatz nach Osten an der Neuen Residenz vorbei in die Kaigasse (hier an der Mauer der Neuen Residenz eine Gedenktafel für Theodor Herzl) und dann in die Chiemseegasse einbiegen, wo bei Hausnummer 6 der Stolperstein für den Bruder Arnold Schönbergs, den Opernsänger Heinrich Schönberg, verlegt ist. Ende der Tour.

Einkehr Cafe 220°, Chiemseegasse 5. 220grad.com

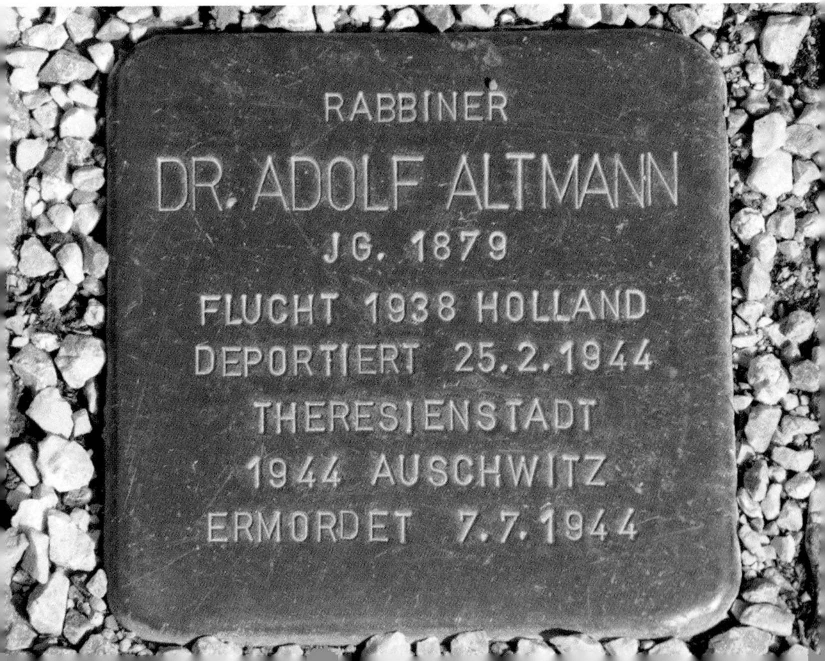

2

Roter Widerstand im nationalsozialistischen Salzburg

Die Kommunistische Partei und die Sozialdemokratische Arbeiterpartei waren zwar seit dem „Austrofaschismus" 1933/34 verboten, dennoch war das Zugehörigkeitsgefühl von Arbeiterinnen und Arbeitern zum sozialdemokratischen oder kommunistischen Lager über die sogenannte „Verbotszeit" unter dem Dollfuß-Schuschnigg-Regime bis in die NS-Herrschaft stark ausgeprägt. Aus diesen meist über Jahrzehnte gewachsenen Strukturen entstand ab 1938 eine politische Widerstandsbewegung, die auch in der Stadt Salzburg aktiv wurde. Die ersten Gruppierungen konzentrierten sich dabei zunächst auf die klassischen Arbeiterbezirke Itzling, Gnigl, Maxglan und Kasern.

Rund um die drei Eisenbahner Engelbert Weiß, Alfred Reska und August Gruber scharten sich ab Sommer 1939 bis zu 100 Männer und Frauen, die sich aus sozialdemokratischer Gesinnung aktiv am Widerstand beteiligten. Weiß, ein Werkmann bei den Österreichischen Bundesbahnen, der gemeinsam mit seiner Frau Theresia Plainer und der gemeinsamen Tochter Elisabeth am Südtirolerplatz 5 wohnte, entschloss sich, die unter der österreichischen Diktatur zerschlagene Organisation der Revolutionären Sozialisten zu reaktivieren. Er wollte die Bewegung entlang des Schienennetzes im Land Salzburg wieder aufbauen. Weiß war in der Reichsbahnwerkstätte Salzburg beschäftigt und vor 1934 nicht nur Mitglied der Sozialdemokratischen Arbeiterpartei, sondern auch Angehöriger des Republikanischen Schutzbundes und aktiver Gewerkschafter. Ihm zur Seite standen ab 1939 die Vertrauensleute August Gruber von der Salzburger Eisenbahn- und

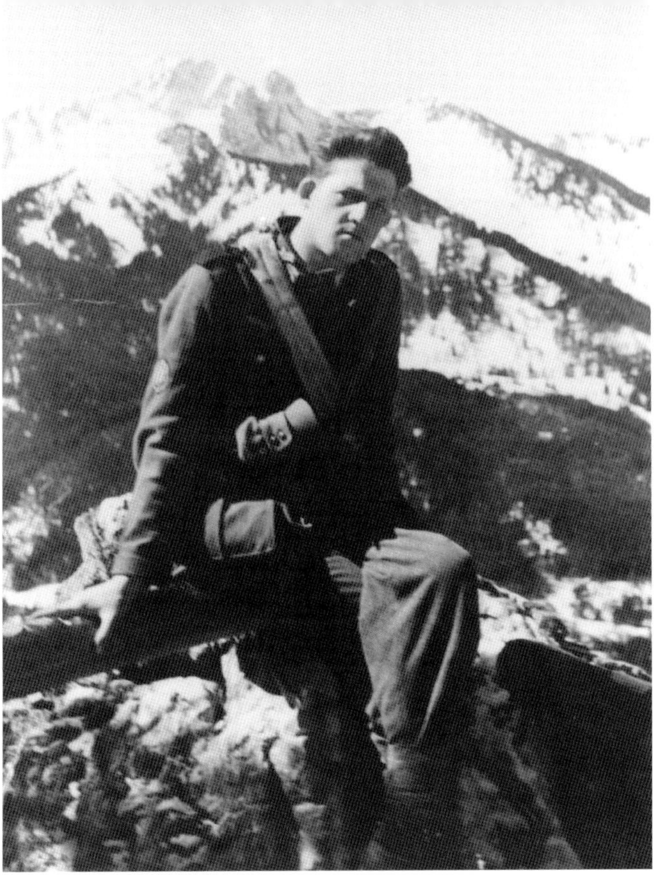

Franz Ofner in den Salzburger Bergen.

Tramway-Gesellschaft, Alfred Reska von der Hochbaubahnmeisterei sowie Karl Seywald und Thomas Ganisl von der Stadtgemeinde. Der Eisenbahner Anton Graf fungierte als Verbindungsmann zwischen der Salzburger Leitung der Revolutionären Sozialisten und den Spitzenfunktionären in Wien, Tirol und Bayern. Durch Graf sollten die konspirativen Aktivitäten über Salzburg hinaus koordiniert werden. Nachdem viele der widerständischen Männer bei der Eisenbahn beschäftigt waren, konnten sie relativ leicht ihre Aktivitäten auf die Umlandgemeinden und weiter entfernt liegende Städte ausbauen, so etwa auf Bischofshofen, Schwarzach, Lend, Hallein oder Bürmoos. Zu der sozialistischen Widerstandsbewegungen rund um Engelbert Weiß gesellte sich ab 1940 eine kommunistische Gruppe, die von Franz Ofner geleitet wurde. Ofner, geboren 1921 in Salzburg-Itzling, war das einzige Kind des Ehepaares Christine und Wilhelm Ofner. Sein Vater war Friseurmeister und Funktionär der Sozialdemokratischen Arbeiterpartei sowie Vorstandsmitglied im Arbeiter-Turn- und Sportverein. Er selbst machte eine Friseurlehre und übernahm auch die politische Überzeugung seines Vaters. Nach dem Verbot der Sozialdemokratie in Österreich im Februar 1934 betätigte sich Ofner in der von nun an als illegal geltenden kommunistischen Jugend. Als Jugendlicher erlebte Ofner nicht nur die Wirtschaftskrise, sondern auch die politische Radikalisierung der Gesellschaft und den Aufstieg des Nationalsozialismus. Auf seine Anregung entwickelte die kommunistische Jugend seit dem Frühjahr 1939 ihre politische Aktivität. Dort traf Ofner auch auf die Genossin Rosa Hofmann, die als Tochter eines Sozialdemokraten im Salzburger Stadtteil Maxglan aufwuchs. Nachdem Ofner zur Wehrmacht eingezogen wurde, übernahm sie 1941 die Leitung der kommunistischen Jugendgruppe, die ihre primäre Aufgabe in der Aufklärung junger Menschen über Faschismus, Krieg und NS-Herrschaft sah. Ebenso wie ihre ältere Schwester Therese wurde Rosa Hofmann in den sozialdemokratischen Jugendorganisationen Naturfreunde, Kinderfreunde und Rote Falken sozialisiert. Nach Ofners Einberufung 1941 intensivierte Hofmann ihre konspirative Widerstandstätigkeit in Richtung Wien und Linz, was in Anbetracht des Vernichtungskrieges gegen die Sowjetunion immer gefährlicher wurde. Seit Februar 1941 leitete der Monteur Anton Reindl aus Itzling die gesamte kommunistische Landesorganisation in Salzburg,

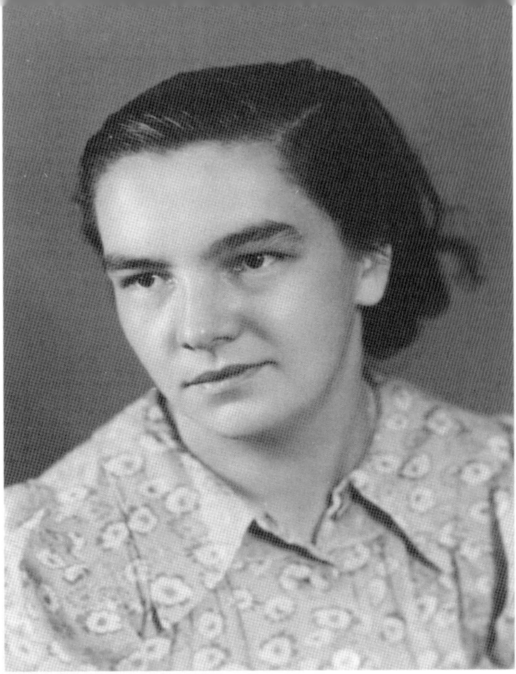

Rosa Hofmann kurz vor ihrer Hinrichtung im März 1943.

inklusive Braunau und Mattighofen, mit ihren Unterorganisationen. Seine Ehefrau Anna Reindl leitete eine Frauenzelle, der auch Rosa Hofmann angehörte. Zu Beginn des Kriegsjahres 1942 gelang es der Gestapo, alle sozialistischen und kommunistischen Gruppen des Widerstandes in Salzburg durch Einschleusen von Spitzeln aufzudecken und zu zerschlagen. Die Gestapo verhaftete Rosa Hofmann am 17. April 1942, wenige Tage nach ihrem konspirativen „Osterausflug" mit einem Linzer Gesinnungsgenossen. Hofmann befand sich zunächst im Gefangenenhaus des Landesgerichtes Salzburg und wurde von dort nach Berlin in das Strafgefängnis des Volksgerichtshofes transferiert und vor Gericht gestellt. Am 15. Dezember 1942, zu Beginn der Kriegswende in Stalingrad, verurteilte das NS-Gericht Hofmann wegen „Zersetzung der Wehrkraft

des deutschen Volkes in Verbindung mit landesverräterischer Begünstigung des Feindes und Vorbereitung zum Hochverrat zum Tode und zum Verlust der bürgerlichen Ehrenrechte auf Lebenszeit". Hofmann bekannte sich vor Gericht zu ihren Widerstandshandlungen. In ihrem Abschiedsbrief an ihre Mutter und Schwester schreibt sie: „Heute heißt es Abschied nehmen von Euch, denn das Gnadengesuch ist abgelehnt worden. Aber ich bin ganz ruhig, liebe Mutter. Ich danke Dir, liebes Mütterlein, für Deine Liebe, und ich stehe so tief in Deiner Schuld wegen dem Kummer, den ich Dir jetzt bereite." Hofmann wurde am 9. März 1943 im Alter von 23 Jahren in Berlin-Plötzensee enthauptet.
Ihr Gesinnungsgenosse Franz Ofner wurde im Jänner 1942 während seines Wehrdienstes verhaftet und am 15. Juli 1943, kurz vor seinem 22. Geburtstag, in München-Stadelheim geköpft. Anton Reindl wurde ebenfalls im Juli 1943 in München-Stadelheim hingerichtet, seine Ehefrau Anna Reindl wurde als eine von sechs widerständigen Frauen nach Auschwitz deportiert und dort bereits im August 1942 ermordet.

Der Volksgerichtshof definierte die Revolutionären Sozialisten ebenso wie die kommunistische Widerstandsbewegung als marxistische Organisation, die auf den „gewaltsamen" Sturz des Nationalsozialismus hinzuwirken versuchte, und dies speziell nach dem Angriff auf die Sowjetunion, was als besonders erschwerend galt. Der am 5. Februar 1942 verhaftete Weiß, Obmann der Revolutionären Sozialisten in Salzburg, wurde am 28. September 1943 in der Berliner Zentrale des Volksgerichtshofes wegen „Vorbereitung zum Hochverrat" zum Tode verurteilt.

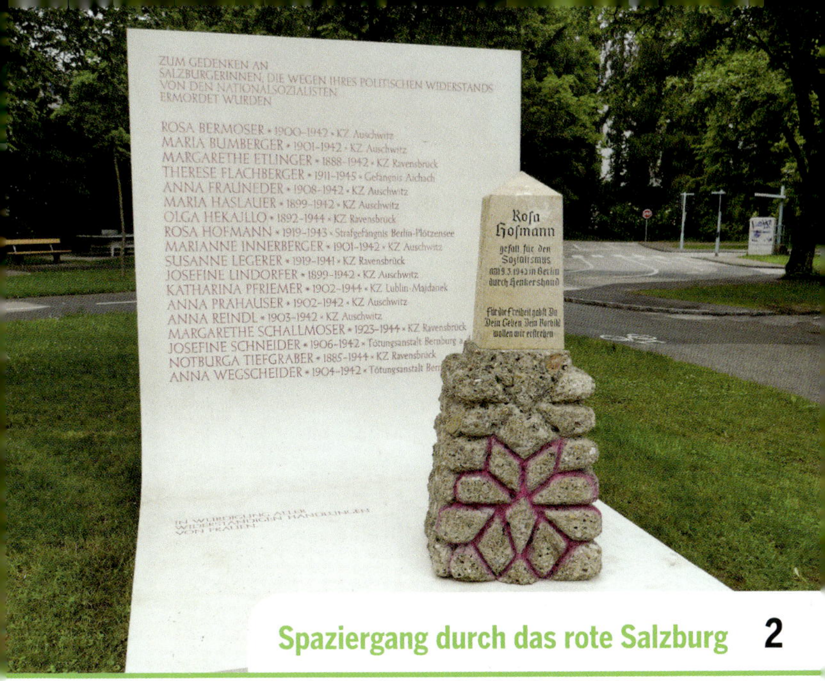

Spaziergang durch das rote Salzburg 2

Rückgrat des sozialistischen und kommunistischen Widerstandes gegen die Nazi-Diktatur waren die Eisenbahner. Ein kleiner Rundgang im Salzburger Bahnhofsviertel.

Anforderung Einfacher Stadtspaziergang. Dauer: 1 Stunde.

Ausrüstung Turnschuhe.

Ausgangspunkt Hauptbahnhof Salzburg, Haupthalle.

Route Die ersten beiden Mahnmale für die Opfer der Nazis finden wir im Bahnhofsgebäude. Hier ist beim Abgang (Rolltreppen) von der Haupthalle zur Lokalbahn die Gedenktafel für die im Kampf gegen den Faschismus ermordeten Eisenbahner zu finden. Die Rolltreppe hinunter findet man dann in der Mitte des Lokalbahnhofes (am

Foto: Rosa-Hofmann-Gedenkstein im Stölzlpark.

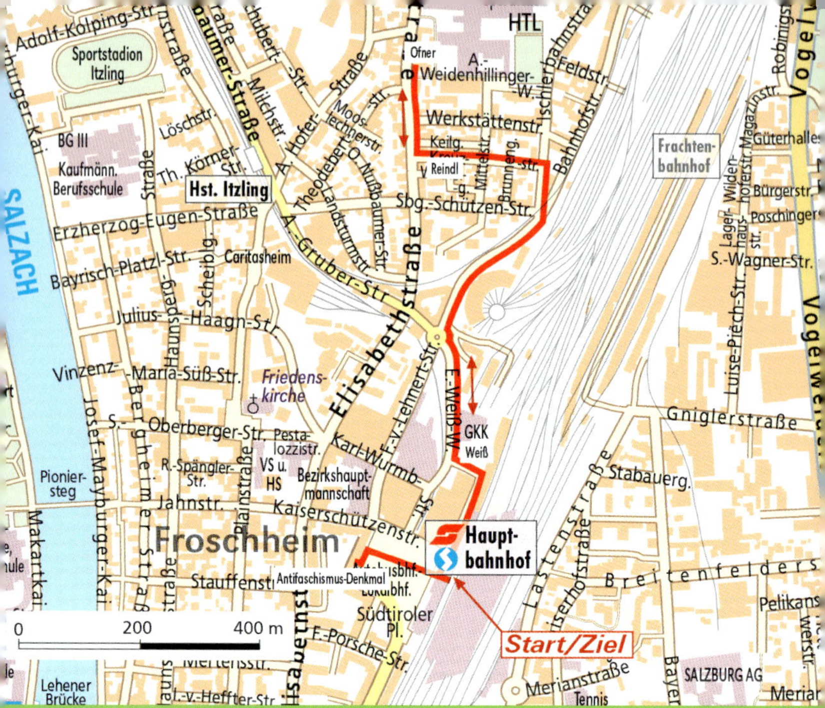
Adolf-Kolping-Str.
Sportstadion Itzling
HTL
Ofner
A.-Weidenhillinger-W.
Feldstr.
Werkstättenstr.
Keilg.
Reindl
Mittelstr.
Brunnerg.
Bahnhofstr.
Frachten-bahnhof
Güterhalle
Bürgerstr.
Löschstr.
BG III
Kaufmänn. Berufsschule
Th. Körner-Str.
Hst. Itzling
Milchstr.
A.-Hofer-Str.
Moos-lechnerstr.
Theodebert-str.
O.-Nußbaumer-Str.
Landsturmstr.
Sbg.-Schützen-Str.
SALZACH
Erzherzog-Eugen-Straße
Bayrisch-Platzl-Str.
Caritasheim
A.-Gruber-Str.
Elisabethstraße
S.-Wagner-Str.
Luise-Piech-Str.
Julius-Haagn-Str.
Vinzenz-Maria-Süß-Str.
Friedens-kirche
F.-v.-Lehnert-Str.
E.-Weiß-W.
GKK Weiß
Gniglerstraße
S.-Oberberger-Str.
Pesta-lozzistr.
Karl-Wurmb-Str.
Pionier-steg
R.-Spängler-Str.
VS u. HS
Bezirkshaupt-mannschaft
Stabauerg.
Jahnstr.
Kaiserschützenstr.
Josef-Mayburger-Kai
Makartkai
Froschheim
Haupt-bahnhof
Lastenstraße
Breitenfelderstr.
Stauffenstr.
Antifaschismus-Denkmal
Südtiroler Pl.
Pelikanstr.
0
200
400 m
F.-Porsche-Str.
Start/Ziel
Merianstraße
Tennis
SALZBURG AG
Lehener Brücke
L.-v.-Heffter-Str.
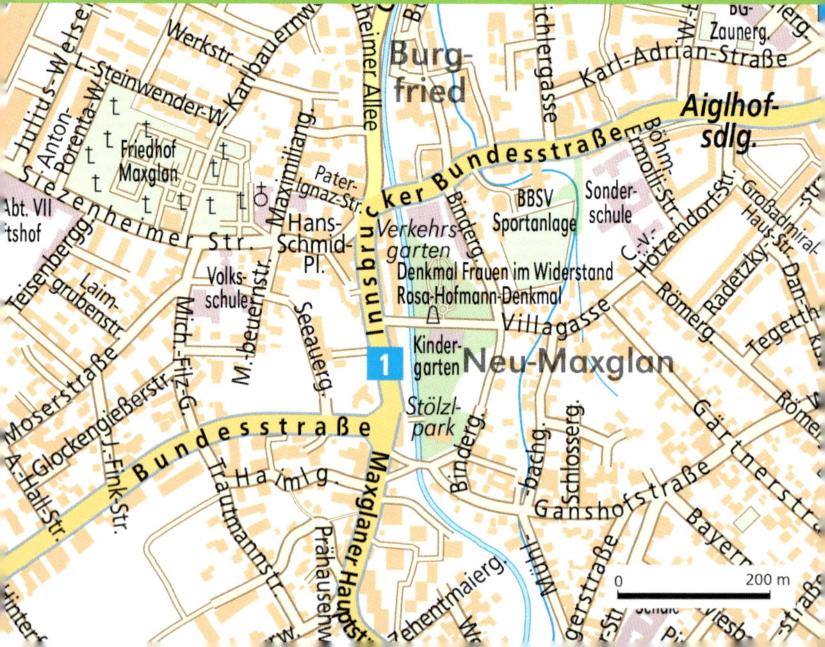
Zaunerg.
Karl-Adrian-Straße
Burg-fried
Werkstr.
Karlbauernweg
L.-Steinwender-W.
Julius-Welser-Str.
Anton-Porenta-W.
Friedhof Maxglan
Maximiliang.
Innsbrucker Bundesstraße
Aiglhof-sdlg.
Böhm-Ermolli-Str.
Pater-Ignaz-Str.
BBSV Sportanlage
Sonder-schule
Siezenheimer Str.
Hans-Schmid-Pl.
Verkehrs-garten
Binderg.
Hötzendorf-Str.
Radetzkystr.
Teisenbergg.
Laim-grubenstr.
Volks-schule
Denkmal Frauen im Widerstand
Rosa-Hofmann-Denkmal
Römerg.
Villagasse
M.-beuernstr.
Seeauerg.
Kinder-garten
Neu-Maxglan
1
Moserstraße
Glockengießerstr.
Mich.-Filz-G.
Stölzl-park
Schlosserg.
Bundesstraße
J.-Fink-Str.
A.-Hall-Str.
Haimlg.
Trautmannstr.
Binderg.
Gärtnerstr.
Ganshofstraße
Maxglaner Hauptstr.
Prähausenw.
Zehentmaierg.
0
200 m

Boden schwer sichtbar) die Erinnerung an drei Lokalbahner, die ihren Widerstand gegen die Nationalsozialisten mit dem Leben bezahlten. Auf der gegenüberliegenden Seite des Bahnhofsvorplatzes steht im Hain das 2002 errichtete Mahnmal der Stadt Salzburg für die Opfer des Nationalsozialismus. Der Gedenktext, der auch zu einem aktiven Auftreten gegen neue faschistische Tendenzen auffordert, ist in die Betondecke eingearbeitet. Zurück zum Bahnhofsgebäude, dann nach Norden entlang des nach dem Widerstandskämpfer Engelbert Weiß benannten Weges zum Krankenkassengebäude (Stolperstein) und weiter nach Norden in die Bahnhofsstraße. Vor dem Gasthaus zum guten Hirten in die Ischlerbahnstraße. Hier gleich nach links in die Kreuzstraße, wo wir bei der Hausnummer 4 die Stolpersteine für Anna und Anton Reindl sehen. Ums Eck, in der Itzlinger Hauptstraße 22 schließlich stoßen wir auf den für Franz Ofner verlegten Stolperstein. Ofner war quasi „der Kopf" des kommunistischen Widerstandes in Salzburg. Retour auf dem selben Weg. (Karte oben)

Einkehr Gasthaus zum guten Hirten. www.zumgutenhirten.at

Variante Das Denkmal für die kommunistische Widerstandskämpferin Rosa Hofmann befindet sich im Stölzlpark (Bindergasse 11, gegenüber dem Kindergarten). Der 1947 errichtete Gedenkstein für Rosa Hofmann wurde 2019 an ihrem 100. Geburtstag auf Initiative des KZ-Verbandes/VdA um ein Memorial für Salzburger Frauen im Widerstand gegen den Nationalsozialismus erweitert. Am besten erreichbar über die Haltestelle Hans-Schmid-Platz der Buslinien 1, 2 und 28 (salzburg-verkehr.at), dann kurz nach Süden und links in die Bindergasse über den Glanbach zum Denkmal. (Karte unten)

3

Josef Thorak
geehrt, gefördert, geduldet

Josef Thorak galt als Lieblingsbildhauer Adolf Hitlers und war neben Arno Breker der bedeutendste Bildhauer im Nationalsozialismus. Tagebucheinträge von Joseph Goebbels, in denen er Thorak als gern gesehenen Gast bei nachmittäglichen Teegesellschaften erwähnt, bezeugen dessen persönliche Kontakte zur obersten NS-Führungsriege. Diese Gegebenheiten verhalfen ihm zu einem großen Karrieresprung während der NS-Zeit. Thorak kokettierte schon früh mit dem nationalsozialistischen Machtapparat. Er diente sich der nationalsozialistischen Führung an, ließ sich von seiner jüdischen Ehefrau Hilda Lubowski scheiden und zeigte sich von der nationalsozialistischen Ideologie angetan. Im April 1937 ernannte ihn Adolf Hitler zum Professor der Münchner Akademie der bildenden Künste und verschaffte ihm persönlich ein repräsentatives Staatsatelier im bayerischen Baldham. Der NS-Ideologie entsprechend schuf Thorak fortan zahlreiche Monumentalskulpturen im Auftrag des NS-Staates. Seine politische Überzeugung belegt Thoraks eindeutige Formensprache, die mit der Betonung des „starken, gesunden, ‚arischen' Körpers" dem rassisch-politischen Denken entsprach. Im Februar 1940 verfasste Thorak ein Dankschreiben an Adolf Hitler persönlich, in dem er festhielt: „Mein Führer, Sie können überzeugt sein, dass ich mich weiterhin fleissig und mit ganzer Kraft für die deutsche Kunst einsetzen werde. Heil mein Führer, Thorak." In einer Vielzahl an Kunstausstellungen stellte er seine Arbeiten und Werke zur Schau. So auch in der Ausstellung „Deutsche Künstler und die SS", die 1944 in Salzburg gezeigt wurde. Thorak wusste um die nationalsozialistischen Verbrechen. Er kannte die Todesmaschinerie nicht nur von außen,

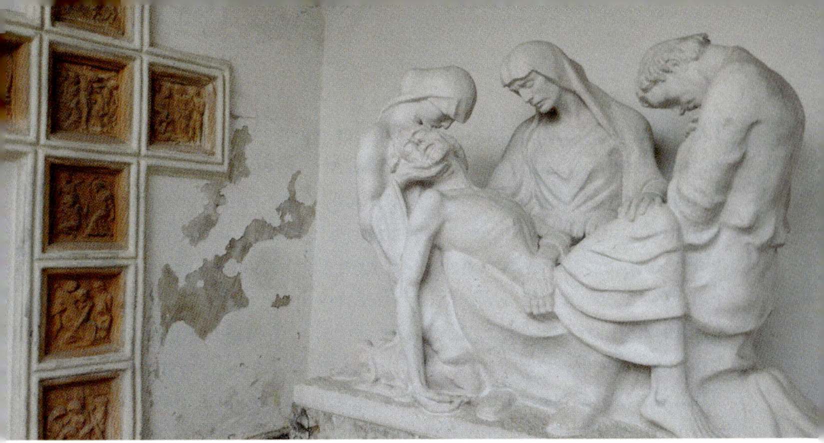

Detail des Thorak-Familiengrabes auf dem Friedhof St. Peter.

sondern bekam auch Einblicke in die nationalsozialistische Vernichtungspolitik. Er besuchte die SS-eigene Porzellanmanufaktur des Konzentrationslagers Dachau, ein Lieblingsprojekt Heinrich Himmlers, und bestellte KZ-Häftlinge für sein Atelier in Baldham. Thorak hatte keine Skrupel, den nationalsozialistischen Machthabern ihre Wünsche zu erfüllen.
Aber er profitierte nicht nur beruflich vom NS-System. Dank seiner engen Beziehungen zu den NS-Granden wurde es ihm 1943 ermöglicht, das „arisierte" Schloss Prielau bei Zell am See zu erwerben, das zuvor in Besitz Gertrude von Hofmannsthals – der Witwe des Mitbegründers der Salzburger Festspiele Hugo von Hofmannsthals – gewesen war. Das Schloss diente Thorak als Zweitwohnsitz. 1944 wurde er in die von Hitler und Goebbels geführte „Gottbegnadeten-Liste" aufgenommen. In ihr wurden jene Künstler angeführt, die als „unabkömmlich" galten und vom Kriegsdienst befreit waren. Thorak stand auf der Sonderliste der zwölf wichtigsten Künstler und wurde auf dieser als „Staatsbildhauer" bezeichnet.

Thoraks Karriere und sein Ansehen endeten nicht mit der Kapitulation des Deutschen Reiches. Nach dem Zweiten Weltkrieg bestritt der Künstler jegliche Verbindungen zum NS-Regime.

Da Freunde und Familienmitglieder zu seinen Gunsten aussagten und belastende Dokumente, wie etwa Belege für seine Mitgliedschaft bei der NSDAP, noch nicht zugänglich waren, wurde er im Spruchkammerverfahren in München freigesprochen. Seiner Professur enthoben und seines Vermögens enteignet, widmete er sich religiösen Themen und verstand es, sich als Opfer zu inszenieren. Er leugnete seine NSDAP-Mitgliedschaft und jegliche Beteiligung am verbrecherischen NS-System.

Thoraks Paracelsus-Figur blickt gegenwärtig auf das gleichnamige Hallenbad. Die Skulptur ist bis heute ein stummer Zeuge der nationalsozialistischen Herrschaft und des unkritischen Umgangs mit dem NS-Erbe in der österreichischen Nachkriegsgesellschaft.

Würdigung im öffentlichen Raum

Zum Zweck von Thoraks Rehabilitierung und Ehrung organisierte die Salzburger Kulturvereinigung gemeinsam mit dem Kulturamt der Stadt Salzburg im Jahr 1950 eine mit großem Aufwand verbundene Ausstellung. Thoraks Werke wurden am Rand der Salzburger Festspiele im Mirabellgarten ausgestellt und in verschiedenen Medien besprochen. Thorak selbst wurde von seiner Verantwortung freigesprochen. Die Täter-Opfer-Umkehr funktionierte: „Es ließen sich Seiten füllen über Ungerechtigkeiten, die Professor Thorak angetan wurden.“ Ihm sei „fast all sein Hab und Gut“ weggenommen und „selbst die bescheidenste Pension“ vorenthalten worden. Die Salzburger Nachrichten betonten die „Bedeutung Thoraks für die Stadt Salzburg und Großzügigkeit des Künstlers“.

Im Jahr 1963 wurde dem 1952 verstorbenen Thorak eine weitere Ehrung in Salzburg zuteil. Im Stadtteil Aigen wurde eine Straße nach ihm benannt. Initiativen von wissenschaftlicher, politischer, künstlerischer und privater Seite, die Straße umzubenennen, waren die Folge. Bisher ohne Erfolg. Bereits im Jahr 1988 reichte ein Anwohner in der Thorak-Straße einen

Antrag auf Umbenennung ein und schrieb an den damaligen Salzburger Bürgermeister Josef Reschen (SPÖ): „Ich finde es unzumutbar, wenn eine Mehrzahl von Bürgern, die sich durch die NS-Zeit belastet fühlen, zeitlebens an die Großtaten der damaligen NS-Günstlinge erinnert werden und an ihren Behausungen gezwungenermaßen deren Namen tragen müssen." Der Universitätsprofessor Rudolf Seitz, ehemaliger Präsident der Münchner Akademie der Bildenden Künste, forderte 1997 den damaligen Salzburger Bürgermeister Josef Dechant (ÖVP) auf, eine Umbenennung der Josef-Thorak-Straße in die Wege zu leiten. Er riet: „Salzburg täte gut daran, so schnell und unauffällig wie möglich, die Josef-Thorak-Straße umzubenennen, bevor es ernsthaft (und nicht unberechtigt) in Verruf kommt." 20 Jahre später beschäftigte sich eine Historikerkommission mit den belastenden Straßennamen in der Stadt Salzburg, unter anderem auch mit der Josef-Thorak-Straße im Stadtteil Aigen.

Der Bildhauer Bernhard Gwiggner initiierte 2016 das Projekt „GegenSetzung" im Salzburger Kurpark. Dabei erschuf er einen „Gegen-Paracelsus", den er dem Thorak-Paracelsus gegenüberstellte. Seit geraumer Zeit befindet sich eine Zusatztafel an dieser Stelle, die Thoraks künstlerisches Schaffen in der NS-Zeit kontextualisiert.

Nach dem Disput der letzten Jahre ist es wieder etwas ruhiger geworden um die Paracelsus-Skulptur des NS-Künstlers Thorak im Salzburger Kurgarten. Die vielfach geforderte Umbenennung der Thorak-Straße im Salzburger Stadtteil Aigen scheint politisch vom Tisch zu sein. Doch für manche Salzburger, Einheimische wie Zugezogene, ist das letzte Wort noch nicht gesprochen. Sie können und wollen sich nicht damit abfinden, dass Thoraks Kunst und sein Name derart prominent im öffentlichen Raum vertreten sind. Sie empfinden es als Verhöhnung der Opfer des Nationalsozialismus und fordern eine Umbenennung der Thorak-Straße sowie einen kritischen Umgang mit dem NS-Erbe im Sinn einer aktiven Erinnerungskultur.

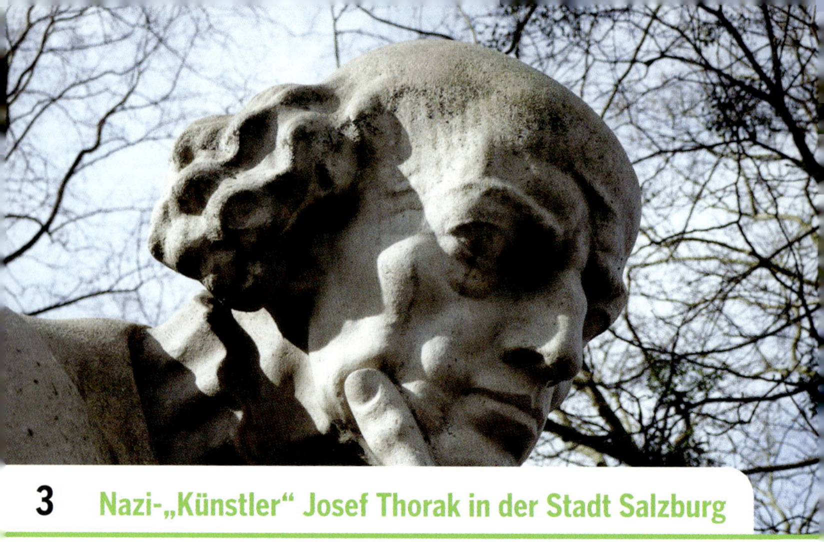

3 Nazi-„Künstler“ Josef Thorak in der Stadt Salzburg

Auf den Spuren von Hitlers-Lieblingsbildhauer durch die Stadt mit anderen Streiflichtern auf Gedenkorte der Nazi-Vergangenheit.

Anforderung Einfacher Stadtspaziergang. Dauer 1 Stunde.

Ausrüstung Turnschuhe.

Ausgangspunkt Bellini's Cafe & Bar, Mirabellplatz 4.

Route Vom Cafe an der Ecke des Schlosses Mirabell in den Kurgarten am Mahnmal für die Euthanasieopfer des NS-Terrors vorbei, bis man am nordwestlichen Ende des Kurgartens auf die Paracelsus-Statue von Josef Thorak stößt. Wir wechseln hinüber in den Zwerglgarten (Süden), wo Thoraks überdimensionaler Kopernikus zu finden ist. Der Weiterweg führt über den Müllner-Steg, dann über die Gstättengasse und den Bürgerspitalplatz zum Herbert-von-Karajan-Platz (Karajan ist am 8. April 1933 in Salzburg der NSDAP beigetreten). Weiter an den Festspielhäusern vorbei (die zwei Monumentalplastiken Paracelsus und Kopernikus im Mirabellgarten sind die Reste der

Foto: Detail der Paracelsus-Statue im Kurgarten.

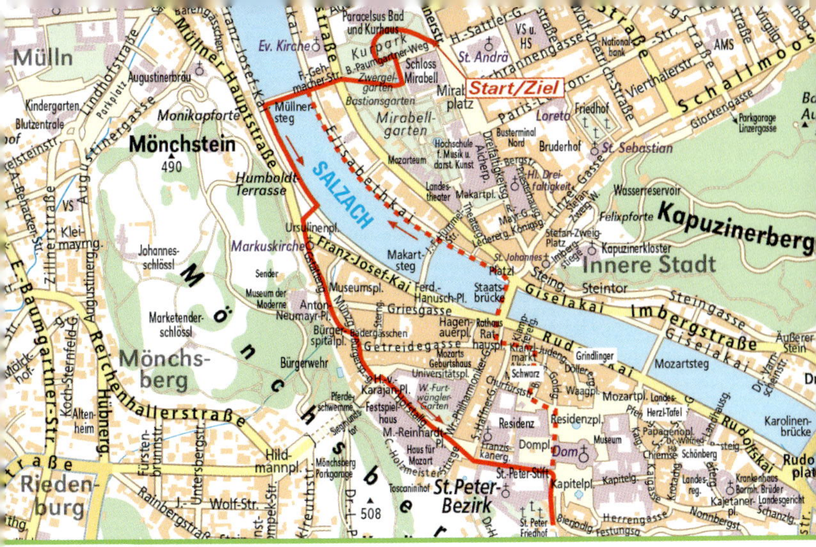

großen Thorak-Schau 1950, die im Rahmen der Salzburger Festspiele abgehalten wurden) in die Franziskanergasse. Hier findet man am Eck Franziskanergasse 5 eine unscheinbare Gedenktafel, die darauf hinweist, dass sich in den Gebäuden des Franziskanerklosters das Hauptquartier der Gestapo befunden hat. Wir gehen weiter durch den Innenhof des Stiftes St. Peter auf den St.-Peter-Friedhof. Hier findet man an der festungszugewandten Seite der Katakomben nahe dem östlichen Ausgang die von Thorak gestaltete Grabstätte seiner Mutter Mathilde (Nummer XXV). Hier wurde auch Josef Thorak 1952 im Beisein regionaler Polit- und Kunstprominenz begraben.

Einkehr Bellini's Cafe & Bar. +43 (0)662 871385

Variante Rückweg beispielsweise über Kapitel-, Dom- und Residenzplatz, Alter Markt, Getreidegasse und Staatsbrücke. Am Staatsbrückenkopf erinnert das Kunstwerk „Beyond Recall" von Brigitte Kowanz an die Kriegsgefangenen und Zwangsarbeiter, welche die Brücke erbauen mussten. Für ein namentlich bekanntes Opfer ist hier ein Stolperstein verlegt: René Lucien Coilliaux (1913–1942).

4

Stefan Zweig und seine Vertreibung aus der Welt von Gestern

Stefan Zweig lebte von 1919 bis 1934 im Paschinger Schlössl auf dem Salzburger Kapuzinerberg. Hier schrieb er unzählige Manuskriptseiten und einige seiner bedeutendsten literarischen Werke. Die Salzburger Zeit des jüdischen Schriftstellers endete mit der Machtübernahme der Nationalsozialisten in Deutschland und dem austrofaschistischen Ständestaat in Österreich. Zweig warnte vor den Abgründen des Faschismus und Nationalsozialismus. Er wanderte nach Brasilien aus, wo er sich 1943 das Leben nahm.
1919 bezogen Stefan Zweig und seine zukünftige Frau Friderike von Winternitz sowie deren Töchter aus erster Ehe, Suse und Alix, das Paschinger Schlössl auf dem Kapuzinerberg Nr. 5. Zweig hatte das historische Gebäude, es wurde von Erzbischof Paris Lodron als Jagdschloss im 17. Jahrhundert errichtet, bereits 1917 während des Ersten Weltkrieges erworben. Er widmete sich fortan seinem europäischen Netzwerk. Zweig nannte die Stadt Salzburg scherzhaft „Gmachlville", schätzte aber die Lage der Stadt, weil man von hier in kurzer Zeit nach München, Zürich, Venedig oder Paris reisen könne. Salzburg war für Zweig „durch die geographische Lage die idealste, weil am Rande Österreichs gelegen". In der Stadt selbst lebte er zurückgezogen und schloss nur mit wenigen Künstlerkollegen Freundschaft. Einer seiner Lieblingsorte war das *Café Bazar,* im *Café Mozart* in der Getreidegasse spielte er gerne Schach.
Zweig lernte sein neues Domizil in Salzburg mit der Zeit zu schätzen, auch wenn es anfangs mühsam war für die Familie Zweig, in einem heruntergekommenen Schlösschen zu leben: „Der kleine bewaldete Hügel, auf dem ich wohnte, war gleichsam die letzte abklingende Welle dieses gewaltsamen Bergzugs;

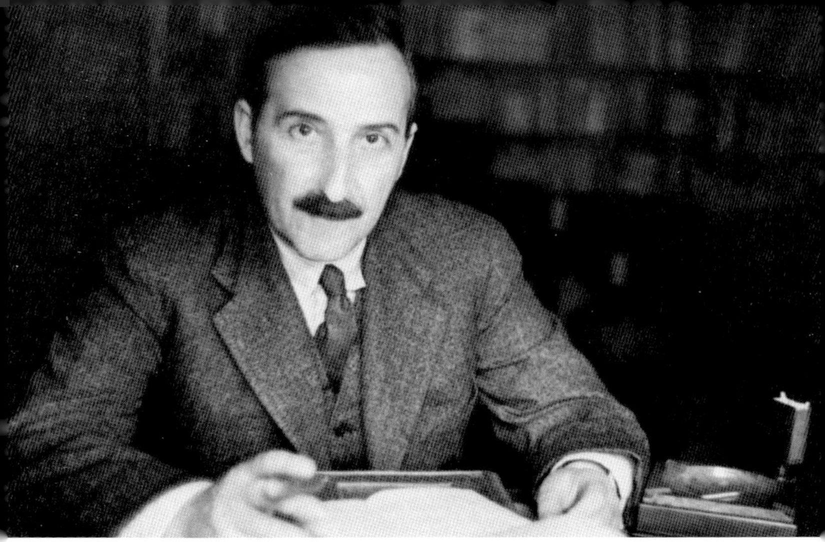

Stefan Zweig an seinem Schreibtisch in Salzburg, ca. 1930.

unzugänglich für Autos und nur auf einem drei Jahrhunderte alten Kalvarienweg mit mehr als hundert Stufen zu erklimmen, bot er als Entgelt für diese Mühsal von seiner Terrasse einen zauberhaften Blick über Dächer und Giebel der vieltürmigen Stadt“, erinnert er sich in „Die Welt von Gestern“. Zweig richtete sich im Schlössl eine umfangreiche Bibliothek ein. Er erwarb ausgesuchte Antiquitäten – darunter den Schreibtisch Ludwig van Beethovens –, rare Manuskripte und Partituren. Und er schrieb nach einer Schätzung Friderikes rund 200 000 Seiten. Neben Novellen, Essays und Dramen verfasste er hier „Sternstunden der Menschheit“ (1927), die Biografie Marie Antoinettes (1932) und die Novellen-Bände „Amok“ (1922) und „Verwirrung der Gefühle“ (1926). Im selben Jahr, 1926, feierte seine Komödie „Volpone“ am Wiener Burgtheater die Uraufführung. Innerhalb weniger Jahre schaffte Zweig international den Durchbruch und wurde auf seinen Tourneen in Europa, den USA und Südamerika begeistert empfangen. Seine Werke wurden in 20 bis 30 Sprachen übersetzt.

Im Sommer 1920 fanden die ersten Salzburger Festspiele statt. Obwohl Zweig sowohl mit Hugo von Hofmannsthal als auch mit Max Reinhardt bekannt war, kam es zu keiner Zusammenarbeit. Erst zu Beginn der 1930er-Jahre freundete sich Zweig mit den Salzburger Festspielen an, vor allem mit den Dirigenten Bruno Walter und Arturo Toscanini. Er lud sie zu sich auf den Kapuzinerberg und besuchte Proben und Aufführungen.

Im März 1933 brannten dann erstmals Zweigs Bücher bei einer nationalsozialistischen Bücherverbrennung. Der Insel-Verlag schickte ihm die Kündigung und Joseph Goebbels wetterte über den „Juden Zweig". Die antisemitische Stimmung in Salzburg und der aufkeimende Nationalsozialismus, der mit der Machtergreifung Adolf Hitlers 1933 auch in Salzburg immer mehr Sympathisanten fand, veranlassten Zweig dazu, die Stadt und Österreich zu verlassen. Als letzte Demütigung erlebte Zweig unter der austrofaschistischen Herrschaft im Februar 1934 noch eine Hausdurchsuchung. Der Schriftsteller wurde verdächtigt, in seinem Haus Waffen des sozialdemokratischen Schutzbundes zu verstecken. Der Entschluss, Salzburg zu verlassen, war zu diesem Zeitpunkt schon gefasst. Für Zweig war es aber eine letzte Provokation, die seine Entscheidung bekräftigte. Friderike und ihre beiden Töchter wohnten noch bis 1937 in dem Schlössl und flohen 1938 nach Frankreich und dann in die USA, die Ehe wurde 1938 geschieden.

Nachdem Zweig Salzburg verlassen hatte, lebte er für sechs Jahre in England und heiratete ein zweites Mal. Die deutsche Emigrantin Lotte Altmann war ab 1938 nicht nur seine Frau, sondern auch seine Sekretärin. Im Herbst 1939 kauften sie in dem Kurort Bath im Südwesten Englands ein Haus. Zweig nannte diesen Wohnsitz gerne sein „Ersatz-Salzburg". Im Juni 1940, zehn Monate nach dem deutschen Überfall auf Polen und dem Beginn des Zweiten Weltkrieges, verließen Lotte und Stefan Zweig Europa und wohnten abwechselnd im Exil in den USA und in Brasilien. Seine Wahlheimat Brasilien nannte er 1941 in der gleichnamigen Monografie „Ein Land der Zukunft". Er war fasziniert von der Natur des südamerikanischen Landes und der Toleranz der brasilianischen Gesellschaft. 1942 veröffentlichte er seine Erinnerungen „Die Welt von Gestern". Immer wieder blickte der Pazifist Zweig zurück auf Europa, auf viele seiner demütigenden Erfahrungen in Wien und in Salzburg und versuchte seine Utopien zu verarbeiten. Im Februar 1943 nahm er sich in Petrópolis, rund 50 Kilometer nordöstlich von Rio de Janiero das Leben. Seine zweite Ehefrau Lotte folgte ihm in den Tod.

Späte Beschäftigung mit dem Erbe von Stefan Zweig

Das Paschinger Schlössl befindet sich heute in Privatbesitz und ist öffentlich nicht zugänglich. Das Gebäude wurde 1937 von der Salzburger Geschäftsfamilie Gollhofer erworben, die es heute noch besitzt. Seit 1956 führt der Stefan-Zweig-Weg hinauf auf den Kapuzinerberg, aber erst seit 1995 inkludiert dieser auch die Häusernummern in der Salzburger Altstadt und beginnt nicht erst nach dem „Kruzifix" auf dem Passionsweg. Bei der Namensgebung des Weges im Jahr 1956 weigerten sich christlich-soziale Gemeinderäte, diesen nach Zweig zu benennen. Die Kompromisslösung blieb bis zur Revidierung des Beschlusses knapp 40 Jahre aufrecht.

Seit 2008 widmet sich das Stefan Zweig Zentrum in der Edmundsburg auf dem Mönchsberg der wissenschaftlichen Forschung rund um die Person Stefan Zweig und seine Werke. Das Zentrum veranstaltet Vorträge, Gespräche, Lesungen und wissenschaftliche Tagungen zur europäischen Literatur- und Kulturgeschichte. Eine Ausstellung mit Bildern und Dokumenten erzählt von Zweigs Leben und Werk. Im Mittelpunkt stehen jene Jahre, die er in Salzburg verbracht hat (1919–1934). Das Zweig-Zentrum beherbergt außerdem das Salzburger Literaturarchiv. www.stefan-zweig-zentrum.at

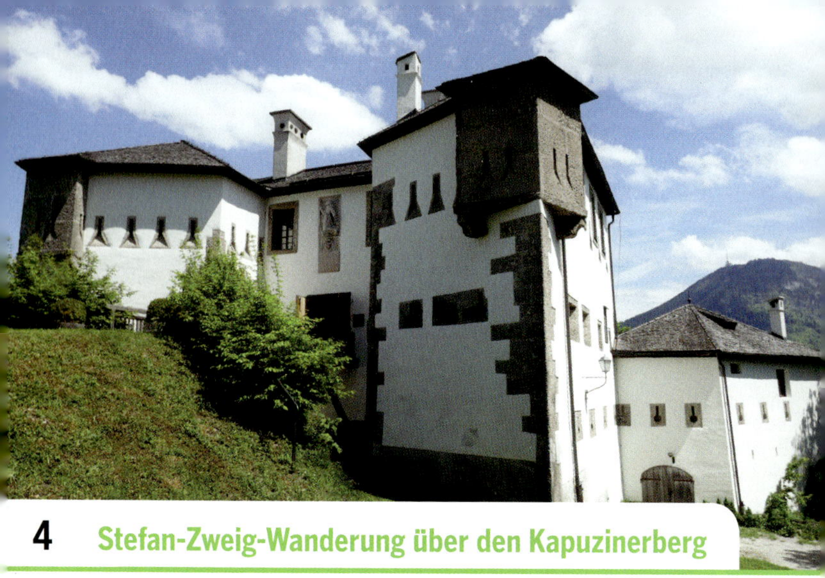

4 Stefan-Zweig-Wanderung über den Kapuzinerberg

Der weltberühmte Schriftsteller Stefan Zweig lebte einige Zeit im Paschinger Schlössl auf dem Kapuzinerberg, bevor er von den Faschisten drangsaliert und schikaniert aus Österreich flüchtete.

Anforderung Einfache Wanderung auf einem Salzburger Stadtberg. 200 Höhenmeter, 1 Stunde gesamt.

Ausrüstung Festes Schuhwerk.

Ausgangspunkt Stefan-Zweig-Platz/Linzer Gasse (früher Reitsamerplatz).

Route Start am Stefan-Zweig-Platz in der Linzer Gasse und durch die Franziskuspforte steil (Kapuzinerstiege) den Stefan-Zweig-Weg hinauf, durch die Felixpforte am Paschinger Schlössl vorbei (Stolpersteine) zum Kapuzinerkloster. Hier (Zweig-Büste, Mozart-Büste) hält man sich rechts und folgt dann dem Bastei-Weg an der Südseite des Kapuzinerberges. Der Bastei-Weg führt kurz auch

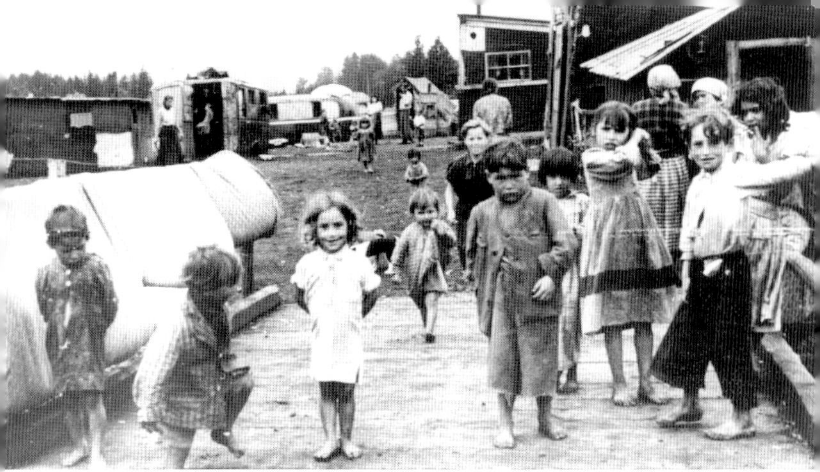

Kinder im „Zigeunerlager" Maxglan bzw. Leopoldskron-Moos, ca. 1940.

sanktionierten Verfolgung. 1938 wurde die NS-Rassenpolitik auf die „Ostmark" übertragen und auch die Familie Baumann gelangte ins Visier der nationalsozialistischen Behörden. Der Nährboden war schon vorbereitet worden. Sogleich berichtete das Salzburger Volksblatt Ende November 1938 und darauf im Jänner 1939 von der Verhaftung mehrerer „Zigeuner" in Salzburg, die angeblich wegen Diebstahls vom Gericht zu mehrmonatigen Arreststrafen verurteilt wurden. Mit gezielten Berichten schürten die Nationalsozialisten Ängste und bedienten Vorurteile. „Wie uns aus Maxglan mitgeteilt wird, führen die dortigen Bewohner über das Treiben der in der Nähe der Kendlersiedlung in Wohnwägen hausenden Zigeunern verständlicherweise Klage. […] Die Bevölkerung erwartet, daß sie bald von diesen aufdringlichen und betrügerischen Elementen befreit wird", schrieb die Salzburger Landeszeitung im NS-Jargon im Sommer 1939. In den darauffolgenden Monaten folgte eine Welle der Verhaftungen. Die NS-Justiz ließ Roma und Sinti aufgrund angeblicher illegaler Geldgeschäfte festnehmen und einsperren. Es folgte eine systematische Ausbeutung und Vernichtung der Roma und Sinti, veranlasst vom Reichssicherheitshauptamt in Berlin.

Relativ schnell einigten sich die nationalsozialistischen Gau- und Stadtpolitiker darauf, die aus dem gesamten Gau auf der Trabrennbahn versammelten Roma und Sinti auf den „Zigeunerlagerplatz Leopoldskron-Moos“ zu überstellen. Unter Aufsicht der Kriminalpolizei Salzburg wurden die Familien ab September 1940 in das Lager rechts der Glan, unweit des Schwarzgrabenweges gebracht. Wegen des sumpfigen Torfbodens und des häufigen Regens war die Seuchengefahr hoch. Die Anhaltung und systematische Erfassung der Roma und Sinti, die SS-Obergruppenführer Reinhard Heydrich per Erlass im Oktober 1939 forderte, waren nur der erste Schritt. Am Ende sollte die Deportation aller „Zigeuner“ aus dem „Großdeutschen Reich“ in das besetzte Polen stehen. Dieses war von den Nationalsozialisten zum zentralen Ort der Massentötung bestimmt worden. Das Lager in Leopoldskron-Moos wurde für viele also nur zur qualvollen Zwischenstation auf dem Weg in die Tötungslager. Rund 200 Menschen wurden in Salzburg-Leopoldskron im Blickfeld der dort ansässigen Bauern festgehalten. 80 weitere kamen kurz darauf aus dem Gau Tirol-Vorarlberg hinzu. Sie bekamen minderwertige Bekleidung und Schuhe, „die für die Volksgenossen keine Verwendung finden konnten, jedoch für die Zigeuner ihren Zweck erfüllten“. Als Bewacher stellte die Gauhauptstadt Salzburg zwei Polizisten und 13 Polizei-Reservisten der Salzburger Schutzpolizei ab. Ein zwei Meter hoher Stacheldraht schirmte das Gelände ab. Auf Flucht standen die sofortige Deportation in ein Konzentrationslager und Strafen gegen die Familie und das gesamte Lager. Ab Oktober kamen 35 Männer bei der Regulierung der Glan zum Einsatz, die Frauen verrichteten dagegen Flechtarbeiten für die Großfirma Wiesener in Frankfurt am Main. Auf diese Weise entwickelte sich die Ausbeutung der Roma und Sinti zu einer Einnahmequelle für die Gauhauptstadt Salzburg. Im Herbst 1940 trieben die Nationalsozialisten das menschenunwürdige Geschäft auf die Spitze. Sie überstellten ausgewählte Roma und Sinti, darunter Kinder, zum Filmset nach Mittenwald in Bayern. Nach der Idee der NS-Starregisseurin Leni Riefenstahl sollten südländisch aussehende Kinder und Erwachsene als Statisten für ihren Film „Tiefland" dienen. Nach dem Zwangscasting wurden die Komparsen unter Bewachung der Salzburger Kriminalpolizei in die bayerischen Alpen gebracht. Wieder profitierte die Salzburger NS-Kommune. Ein Großteil des Geldes floss in die „Zigeunergemeinschaftskasse" der Gauhauptstadt und damit in die Finanzierung des Lagers. Von den im Riefenstahl-Film mitwirkenden Roma und Sinti überlebten nur wenige die nationalsozialistische Verfolgung. Anna Krems, die Mutter des vorhin erwähnten Musikers Mathias Krems und Großmutter von Agathe und Frieda Baumann, war eine der Komparsinnen von Leni Riefenstahl. Sie starb am 2. März 1943 in Salzburg vor der Deportation ihrer Kinder und Enkelkinder. Die nicht einmal zweijährige Agathe und ihre damals vierjährige Schwester Frieda Baumann wurden im Mai beziehungsweise Oktober 1943 im Vernichtungslager Auschwitz ermordet.

Nur wenige überlebten den NS-Terror

Das sogenannte „Zigeunerlager Maxglan" wurde im April 1943 aufgelassen. Während der Großteil der nach Lackenbach überstellten Roma und Sinti 1945 befreit wurde und überlebte, starben die meisten der nach Auschwitz deportierten. 164 Menschen, darunter 100 Kinder und Jugendliche unter 18 Jahren wurden in dem Vernichtungslager getötet. 25 ehemalige Komparsen des Riefenstahl-Films starben in Auschwitz und anderen Konzentrationslagern. Unter den Ermordeten befanden sich auch 18 Kinder, die im Salzburger Zwangslager zur Welt gekommen waren. Die Todesrate der österreichischen Roma und Sinti im Nationalsozialismus war extrem hoch, nur zehn Prozent der rund 11 000 bis 12 000 vor 1938 in Österreich lebenden Menschen überlebte die Massenvernichtung.

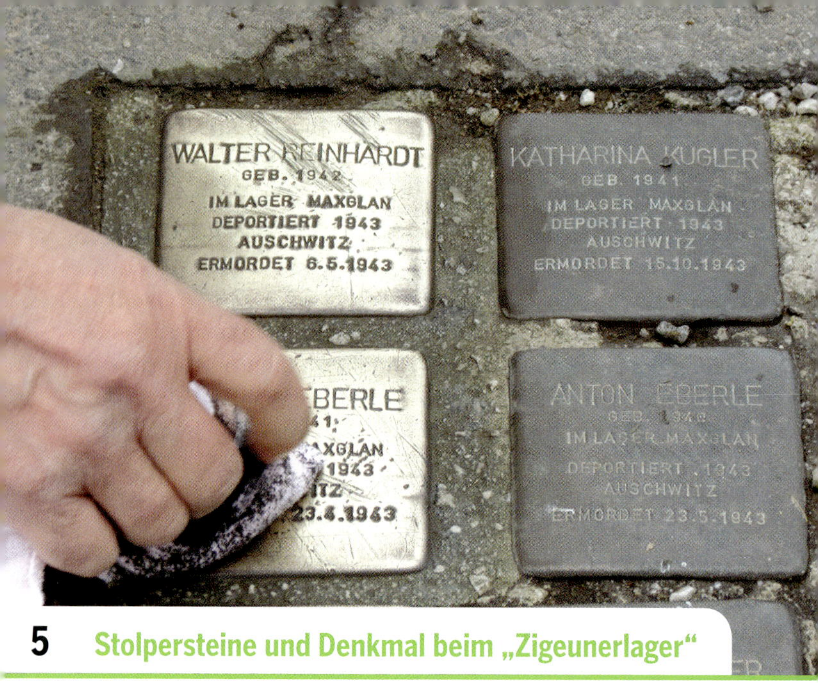

5 Stolpersteine und Denkmal beim „Zigeunerlager“

Beim Spaziergang entlang der Glan kann man auch die Erfolge der Renaturierung sehen.

Anforderung Stadtspaziergang. 1 Stunde Gehzeit.

Ausrüstung Turnschuhe.

Ausgangspunkt Haltestelle Kräutlerweg, Buslinie 27. salzburg-verkehr.at

Route Von der Haltestelle in der Kendlerstraße geht man den Kräutlerweg hinein bis zur Brücke über die Glan. An der orografisch rechten Bachseite findet man hier beim Schwarzgrabenweg ein kleines Denkmal, das an das „Zigeunerlager“ erinnert, gleich daneben eine ganze Fläche Stolpersteine für ermordete Sinti

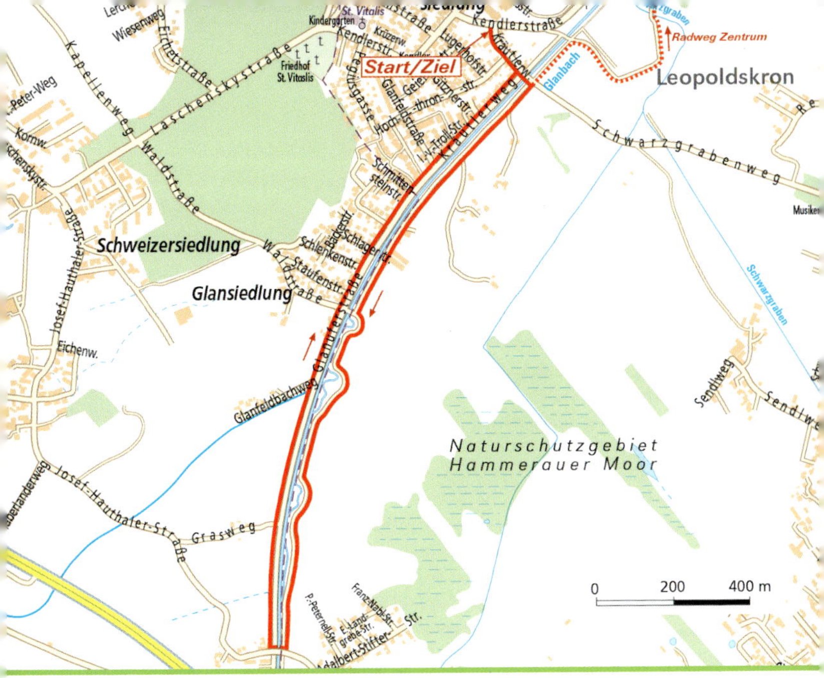

und Roma. Wir folgen nun dem Glantreppelweg nach Südwesten bis zur Brücke bei der Hammerauerstraße. Am Weg informieren Schautafeln über das Renaturierungsprojekt Glanbach. Bei der Hamerauerstraße wechseln wir die Bachseite und spazieren an der anderen Bachseite (Glanfeldstraße/Stadtgrenze/Kräutlerweg) retour zum Kräutlerweg und zur Bushaltestelle.

Einkehr Gastronomie entlang der Buslinie 27, beispielsweise Stiegls Brauwelt (Haltestelle Richard-Knoller-Straße, www.brauwelt.at).

Variante Der schöne Radweg entlang der Glan ist besonders empfehlenswert. Wer vom Stadtzentrum kommt, benötigt für die rund 4,5 Kilometer etwa 20 Minuten Fahrzeit. www.radlkarte.info

6

Zwangsarbeit mit Todesfolge im Salzburger Rüstungsbetrieb

Rund 22 000 zivile Zwangsarbeiterinnen und Zwangsarbeiter schufteten Ende September 1944 im Gau Salzburg für das Deutsche Reich, in der Stadt Salzburg waren es zur selben Zeit an die 5 500. Gegen Kriegsende sollte ihre Zahl auf über 7 000 steigen. Das war ein Drittel aller Beschäftigten. Die zur Arbeit gezwungenen Frauen und Männer waren in streng bewachten Lagern untergebracht. Sie mussten Straßen- oder Brückenbauarbeiten verrichten, wurden herangezogen, um den Bombenschutt wegzuräumen und waren in der Rüstungsindustrie eingesetzt, wie im Rüstungsbetrieb Oberascher in Kasern. Dort kamen ab 1941 französische Kriegsgefangene zum Einsatz, gefolgt von sogenannten „Ostarbeiterinnen und Ostarbeitern".

Der Salzburger Familienbetrieb Oberascher war 1922 vom Zentrum nach Kasern in den Norden der Stadt Salzburg übersiedelt. Wie andere Rüstungsbetriebe in der „Ostmark" profitierte das Unternehmen vom nationalsozialistischen Rüstungsboom nach dem „Anschluss". Die ehemalige Glockengießerei war ein wichtiger Wehrmachtsbetrieb. Die Fabrik produzierte 105-Millimetergeschosse für leichte Feldhaubitzen und später auch Wurfgranaten aus Gusseisen. Betriebsleiter war ein gewisser Friedrich Thomas aus Nürnberg. Er organisierte ab Juli 1939, noch vor dem Überfall auf Polen, die Umstellung auf Kriegsproduktion und verordnete Zwölf-Stunden-Schichten sowie eine wöchentliche Arbeitszeit von 60 Stunden. Das führte innerhalb der Belegschaft zu Widerstand. Selbst das Wehrkreiskommando kam zu der Ansicht, dass er in „Tarif- und sozialen Fragen vielleicht doch nicht den geeigneten Ton" gefunden habe. Nichtsdestotrotz wurde weiterhin auf seine technischen Kenntnisse, die Produktion betreffend, vertraut. Die Zahl der Mitarbeiterinnen und Mitarbeiter stieg in den ersten Kriegsmonaten bis Jahresende 1939 stark an und erreichte 1941 223 Beschäftigte. Durch die Einberufungen und Verhaftungen der Gestapo von widerständigen, meist kommunistischen Arbeitern, dezimierte sich die Zahl der Arbeiterinnen und Arbeiter. Ausgeglichen wurde dieser „Abgang" ab 1941 durch rund 70 französische Kriegsgefangene. Diese waren die ersten Zwangsarbeiter, die bei der Firma Oberascher eintrafen. Parallel dazu warb die Firma Arbeiterinnen und Arbeiter aus verbündeten Staaten an, vor allem aus Ungarn und Kroatien sowie dem Reichsprotektorat Böhmen und Mähren. Zu diesen gesellten sich ab April 1942 zwischenzeitlich 40 „Arbeitsmaiden", die aus Nordwestdeutschland zum Kriegshilfsdienst verpflichtet worden waren. Nachdem diese im Oktober 1942 ihren Arbeitsdienst bei der Firma Oberascher beendeten, trafen die ersten rund 100 „Osterarbeiterinnen und Ostarbeiter" in Kasern ein. Von den Frauen, die etwa ein Drittel ausmachten, war die Mehrheit unter 20 Jahre alt. Je länger der Krieg dauerte, desto jünger wurden die eintreffenden „Ostarbeiterinnen und Ostarbeiter". Am Beginn des Jahres 1944 verfügte der als kriegswichtig eingestufte Betrieb über 106 inländische Arbeiterinnen und Arbeiter, 64 Zivilarbeiterinnen und Zivilarbeiter aus sogenannten „befreundeten" Staaten und 152 „Ostarbeiterinnen und Ostarbeiter". Diese waren in einem eigenen Lagerbereich an der Bahntrasse untergebracht. Das Misstrauen den Arbeiterinnen und Arbeitern aus den von der Wehrmacht im Osten besetzten Gebieten gegenüber war groß. Deshalb setzte der Betrieb ab 1943 zusätzlich zum Werkschutz V-Leute der Gestapo ein. Die Verpflegung der „Ostarbeiterinnen und Ostarbeiter" war katastrophal, die Unterkunftsbaracke unbeheizt und feucht. Die zur Rüstungsarbeit gezwungenen Frauen und Männer hatten oft keine Schuhe und es fehlte ihnen an Kleidung. Einige versuchten zu entkommen und flohen aus dem Lager. Der 31-jährige Semen Dobriedem aus Charkow brach 1943 aus, wurde aber verhaftet und in das Konzentrationslager Dachau eingeliefert. Er überlebte und wurde im Mai 1945 in einem Nebenlager in Nürnberg befreit. Andere hatten weniger Glück. Den Buchhalter Ferdinand Lang, der wegen Hören des „Feindsenders“ und angeblicher „staatskritischer“ Äußerungen denunziert wurde, nahm die Gestapo fest. Er wurde 1944 in München-Stadelheim geköpft. Die Gestapo fürchtete einen Aufstand. Auch sonst blieb die Situation im Betrieb Oberascher bis zum Kriegsende angespannt und vor allem für die Zwangsarbeiterinnen und Zwangsarbeiter lebensbedrohlich. Im Sommer 1943 flüchteten mehrere männliche „Ostarbeiter“ bei den Unionwerken in der Nähe des Hauptbahnhofes. Die Gestapo warnte die Salzburger Bevölkerung sofort vor den scheinbar gewalttätigen Flüchtigen und nahm von den vermuteten sieben Rädelsführern vier fest. Sie wurden zur Abschreckung auf dem Betriebshof der Firma Oberascher vor den Augen der dort internierten Zwangsarbeiterinnen und Zwangsarbeiter gehenkt. Darüber hinaus starben laut den Forschungen des Salzburger Historikers Thomas Weidenholzer mindestens acht „Ostarbeiterinnen und Ostarbeiter“ und vier Einheimische der Belegschaft bei Oberascher eines gewaltsamen Todes. Der nationalsozialistische Betriebsführer Thomas wurde im Juli 1944 wegen Verstoßes gegen die Kriegswirtschaftsverordnung von einem NS-Sondergericht angeklagt. Nach 1945 entging er im Zuge der Entnazifizierung einer Verhaftung, Thomas setzte sich nach Deutschland ab und tauchte unter.

Wenige Tage vor der Befreiung ereignete sich auf dem Gelände der Firma Oberascher noch ein Mord an einer jungen Zwangsarbeiterin aus der Sowjetunion. Die 19-jährige Halina Steschko starb am 1. Mai 1945 an den Folgen einer Schussverletzung. Sie war Hilfsarbeiterin in dem Salzburger Rüstungsbetrieb. Ihr Mord wurde nie untersucht, der Mörder nie gefunden und das Verbrechen nie gesühnt.

Zwangsarbeit in der Stadt Salzburg

Bereits wenige Wochen nach Kriegsbeginn trafen die ersten polnischen Kriegsgefangenen in Salzburg ein. Sie wurden im Lager Plain der Deutschen Arbeitsfront (DAF) im Norden der Stadt Salzburg untergebracht und zunächst beim Reichsautobahnbau eingesetzt. Um die Bestimmungen der Genfer Konvention umgehen zu können, begannen die Nationalsozialisten im Sommer 1940 mit der Umwandlung polnischer Kriegsgefangener in Zivilarbeiter. Für den Umbau des Salzburger Verschubbahnhofes beschäftigte ab Sommer 1940 das Bauunternehmen Universale hundert flämische Kriegsgefangene aus Belgien. Im Dezember 1941 „verwaltete" die Gauhauptstadt etwa 350 Kriegsgefangene. Die Stadt verlieh diese an Salzburger Betriebe. Sowjetische Kriegsgefangene kamen beim Staatsbrückenbau zum Einsatz. Im April 1940 erreichten die ersten polnischen Zivilarbeiter Salzburg. Die meisten von ihnen, wie auch das Gros der Kriegsgefangenen, wurden in die Gebirgsgaue vermittelt und vor allem in der Landwirtschaft eingesetzt. In der ersten Phase kamen nur wenige Polen in der Stadt unter, und dann vor allem im Baugewerbe, zum Beispiel beim Saalachkraftwerksbau in Liefering. Ab Herbst 1942 trafen die ersten „Ostarbeiter" in der Stadt Salzburg ein. Sie wurden umgehend auf das Land verteilt oder in der Stadt Salzburg an Betriebe weitervermittelt. Ab Herbst 1944 wurden aus Dachauer KZ-Häftlingen Aufräumkommandos gebildet und diese unter anderem zum Entschärfen von Blindgängern und Langzeitzündern eingesetzt.

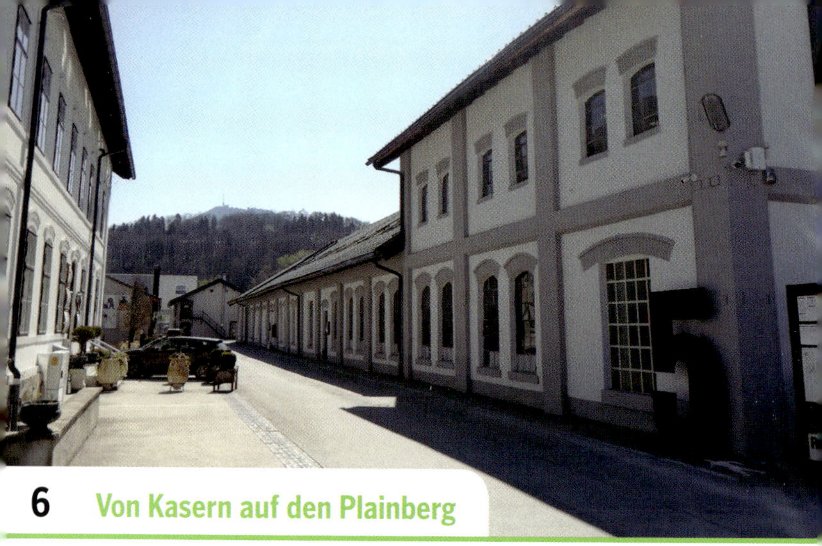

6 Von Kasern auf den Plainberg

Eine Wanderung von der ehemaligen Glockengießerei Oberascher zu einem der schönsten Aussichtspunkte der Stadt Salzburg.

Anforderung Einfache Wanderung, 150 Höhenmeter, 1,5 Stunden gesamt.

Ausrüstung Turnschuhe.

Ausgangspunkt S-Bahn-Haltestelle Kasern (450 m, salzburg-verkehr.at).

Route Von der Bahnhaltestelle nach Süden zur Straßenunterführung, hier weiter auf der Söllheimerstraße am Tümpel in Kasern vorbei zum Eingang der ehemaligen Glockengießerei Oberascher, dem heutigen Gusswerk. Weiter auf der Straße und bei der Kreuzung links bis zum Werner-von-Siemens-Platz (Bushaltestelle, Linie 21). Nun die Carl-Zuckmayer-Straße entlang bis zum Jägerwirt. Kurz vor dem Jägerwirt leiten ein gelber Wegweiser, die Markierung Nr. 810 und ein Wegweiser des Jakobsweges nach rechts. Man kommt auf einem

Foto: Ehemalige Produktionshalle des Rüstungsbetriebes Oberascher in Kasern.

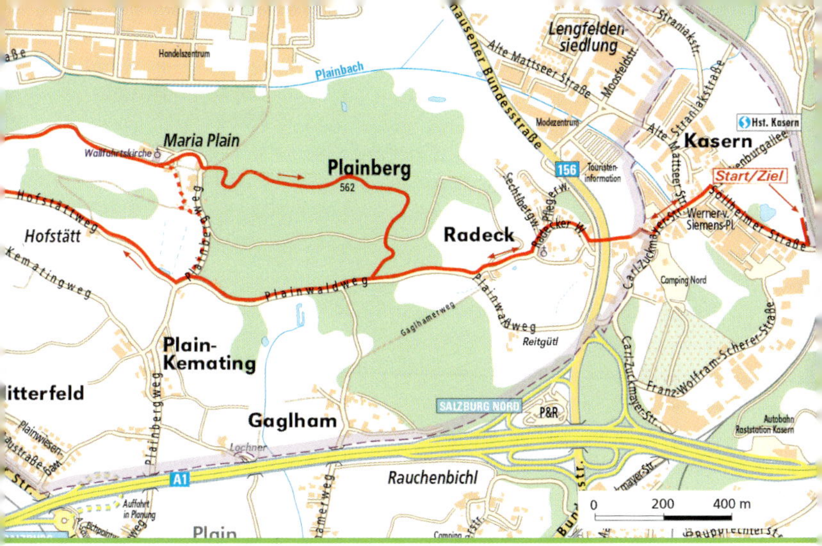

schmalen Weg zu einer großen Wiese (Wegweiser) und an deren Rand zur Unterführung unter die B 156. Dahinter den Radeckerweg hinauf, um das Gehöft herum und leicht fallend zum Plainwaldweg. Diesem folgt man nun nach Westen zur Plainlinde. Auf dem Weg dorthin passiert man einen unscheinbaren roten Pflock, dieser markiert die Einmündung des Rückweges. Von der Plainlinde auf dem Hofstättweg weiter nach Westen bis zu einer Kreuzung (Wegweiser), rechts entlang des Pfarrweges nach Norden und bei einem sehenswerten Marterl auf einen Fußweg abzweigen. Dieser führt durch eine Naturbestattungsanlage zur Wallfahrtskirche (530 m). Von der Kirche hinunter in den Sattel oberhalb des Wirtshauses und gleich auf einer Forststraße nach Osten. Der Weiterweg führt in einem weiten Rechtsbogen etwas unterhalb des Plainberges wieder auf den Plainwaldweg – Einmündung, roter Pflock. Weiter wie Hinweg.

Einkehr Gasthof Maria Plain. www.mariaplain.com

Variante Alternativ bietet sich der Abstieg von Maria Plain über den Kalvarienberg hinunter zur Plainlinde an.

7

Nationalsozialistischer Terror vor 1938 und der blutige Juliputsch in Liefering 1934

Die Stadt Salzburg und Umgebung waren aufgrund der Grenzlage ab den frühen 1930er-Jahren ein wichtiges Operationsgebiet der ab 1933 in Österreich als illegal geltenden nationalsozialistischen Bewegung. Im Zuge des nationalsozialistischen Putschversuches im Juli 1934 eskalierte die Lage und es kam bei einer Schießerei zwischen illegalen SA-Mitgliedern und der Gendarmerie in Liefering zu Todesopfern.

Salzburg hatte aufgrund seiner geografischen Lage bereits in den Anfangsjahren große Bedeutung für die Nationalsozialisten. Es war kein Zufall, dass hier am 8. und 9. August 1920 die erste zwischenstaatliche überregionale Tagung aller nationalsozialistischen Gruppierungen stattfand, bei der Adolf Hitler als Redner auftrat. Hitler kam im Herbst 1920 noch einmal als politischer Redner nach Salzburg. Am 1. Oktober 1920 bei der Wählerversammlung der Nationalsozialisten im städtischen Kurhaus sprach er als „Führer der bayerischen Nationalsozialisten" über die Bestimmungen des Versailler Friedensvertrages und davon, dass die „Entente Deutschland zu erwürgen" versuche. Einen ersten politischen Höhepunkt für die nationalsozialistische Bewegung bildete aber der erste bundesweite, österreichische Parteitag Mitte August 1923 in Salzburg, bei dem Hitler bereits den Parteivorsitz innehatte und Hermann Göring vor einer Abordnung von Salzburger und bayerischen SA-Männern eine Rede hielt. Trotz straffer militärischer Organisation zeigte sich noch eine tiefe Zerrissenheit der nationalsozialistischen Bewegung. Das sollte sich nach der Freilassung Hitlers aus der Festungshaft in Landsberg ab 1925 ändern. Während er in Deutschland wieder die Kontrolle

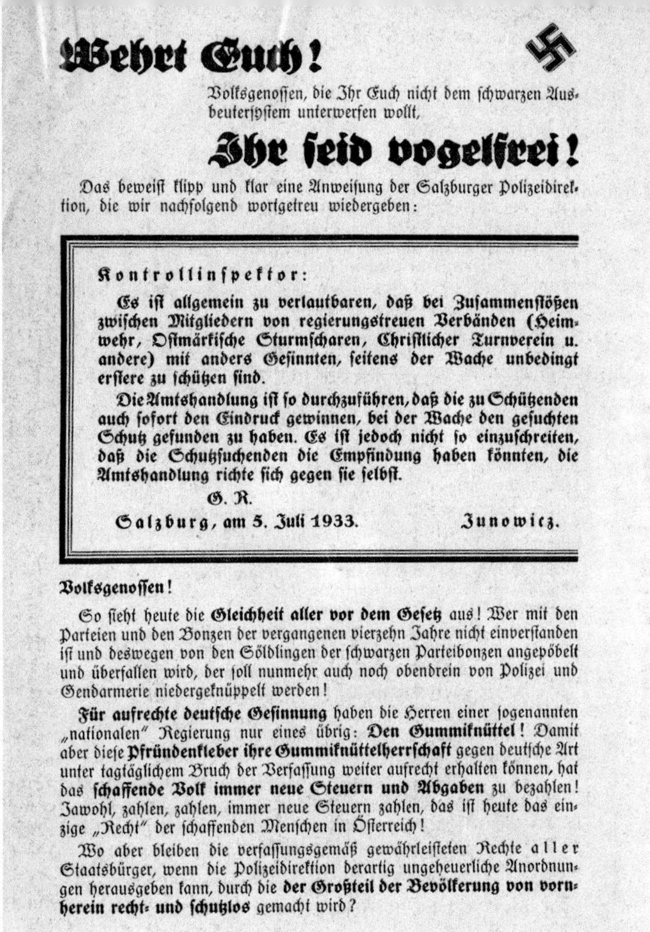

Wehrt Euch!

Volksgenossen, die Ihr Euch nicht dem schwarzen Ausbeutersystem unterwerfen wollt,

Ihr seid vogelfrei!

Das beweist klipp und klar eine Anweisung der Salzburger Polizeidirektion, die wir nachfolgend wortgetreu wiedergeben:

Kontrollinspektor:

Es ist allgemein zu verlautbaren, daß bei Zusammenstößen zwischen Mitgliedern von regierungstreuen Verbänden (Heimwehr, Ostmärkische Sturmscharen, Christlicher Turnverein u. andere) mit anders Gesinnten, seitens der Wache unbedingt erstere zu schützen sind.

Die Amtshandlung ist so durchzuführen, daß die zu Schützenden auch sofort den Eindruck gewinnen, bei der Wache den gesuchten Schutz gefunden zu haben. Es ist jedoch nicht so einzuschreiten, daß die Schutzsuchenden die Empfindung haben könnten, die Amtshandlung richte sich gegen sie selbst.

G. R.

Salzburg, am 5. Juli 1933. Junowicz.

Volksgenossen!

So sieht heute die **Gleichheit aller vor dem Gesetz** aus! Wer mit den Parteien und den Bonzen der vergangenen vierzehn Jahre nicht einverstanden ist und deswegen von den Söldlingen der schwarzen Parteibonzen angepöbelt und überfallen wird, der soll nunmehr auch noch obendrein von Polizei und Gendarmerie niedergeknüppelt werden!

Für aufrechte deutsche Gesinnung haben die Herren einer sogenannten „nationalen" Regierung nur eines übrig: **Den Gummiknüttel!** Damit aber diese **Pfründenkleber ihre Gummiknüttelherrschaft** gegen deutsche Art unter tagtäglichem Bruch der Verfassung weiter aufrecht erhalten können, hat das **schaffende Volk immer neue Steuern und Abgaben** zu bezahlen! Jawohl, zahlen, zahlen, immer neue Steuern zahlen, das ist heute das einzige „Recht" der schaffenden Menschen in Österreich!

Wo aber bleiben die verfassungsgemäß gewährleisteten Rechte aller Staatsbürger, wenn die Polizeidirektion derartig ungeheuerliche Anordnungen herausgeben kann, durch die **der Großteil der Bevölkerung von vornherein recht- und schutzlos** gemacht wird?

Vorderseite eines im Juli 1932 über der Stadt Salzburg abgeworfenen Flugblattes der illegalen NSDAP-Gauleitung Salzburg.

über die NSDAP erlangte, ging er auch in Österreich daran, die Nationalsozialisten seinem Führungsanspruch unterzuordnen. Die katastrophale Wirtschaftslage zu Beginn der 1930er-Jahre, der die etablierten Großparteien weitgehend konzeptlos gegenüberstanden, eine tiefe politische Krise und der

Muß da nicht jedes Vertrauen, jedes Rechtsempfinden in allen anständigen Menschen vernichtet werden?

Die Behörden werden wahrscheinlich die Echtheit dieser Verfügung abzustreiten versuchen! Ihre Mühe ist jedoch umsonst, denn wir haben ein Original dieser Anordnung in unseren Händen!

Glaubt den schwarzen Lügenbolden und ihren Helfern nicht mehr länger, denn wer imstande ist, derartig niederträchtige Verfügungen zu veranlassen, der wird auch bedenkenlos in Versammlungen und Zeitungen die gemeinsten Lügen mit eiserner Stirne und hohlem Pathos vorbringen!

Gerade an diesem Beispiel könnt Ihr aber auch ermessen, wie es in Wirklichkeit um die Bombenattentate und all die anderen Übeltaten, die man den Nationalsozialisten in die Schuhe schiebt, bestellt ist!

Der Zweck dieser ganzen schwarzen Lügenhetze wird durch derartige polizeiliche Anordnungen jedem offenbar:

Immer und überall und unter allen Umständen müssen die Nazi die Schuld haben! Denn so wollen es der „Ehrengeneral" Vaugoin und der Geschäftskatholik Fey (der wegen gänzlicher Verarmung die Kirchensteuer nicht mehr bezahlen konnte und daher aus der evangelischen Kirche austrat!!)!

Eine Schande jedoch ist es, daß Österreichs Berufsbeamtentum sich zu solchen Lumpereien mißbrauchen lassen muß! Um seines kargen Verdienstes willen muß heute ein jeder Wachmann **gegen** seine beschworene Pflicht, alle Staatsbürger gleichmäßig zu behandeln, verstoßen, wenn er nicht diese polizeiliche Anordnung mißachten und dadurch um sein Brot kommen will!

Aber dieses mutwillige Treiben der heutigen Zwingherren wird nicht ungestraft bleiben! Jede Unehrlichkeit, jede Vergewaltigung des Volkswillens findet früher oder später doch gerechte Strafe!

Die Herren von heute mögen nur so weiter machen, sie werden die Angeklagten von morgen sein! Am Tag der Abrechnung aber wird es ihnen laut in die Ohren dröhnen:

Ihr habt das Volk vergewaltigt und geknechtet,
ihr habt ihm seine selbstverständlichsten Rechte geraubt,
ihr habt es hungern lassen und es obendrein verspottet!

Gebt Rechenschaft!

Und dieser Tag der Abrechnung wird desto eher kommen, je brutaler und ungerechter die schwarzen Volksunterdrücker heute vorgehen!

Bis zu diesem Tag aber gilt eines:

Wehrt Euch! Rüstet zum Widerstand!

Die Gewaltherrschaft der Christlichsozialen Partei und ihrer Trabanten muß zerschlagen werden, damit unser Volk wieder leben kann!

Durch Kampf zum Sieg!

N.S.D.A.P. Hitlerbewegung Österreichs

Karl Scharizer e. h. Ing. Parson e. h.

Rückseite eines im Juli 1932 über der Stadt Salzburg abgeworfenen Flugblattes der illegalen NSDAP-Gauleitung Salzburg.

Vertrauensverlust großer Teile der Bevölkerung sowie die offensiv-aggressive Agitation der NSDAP begünstigten auch in Salzburg den Aufstieg der nationalsozialistischen Bewegung. Bei Parteiveranstaltungen der NSDAP kam es nicht selten zu gewalttätigen Übergriffen, wie beispielsweise am 10. Oktober 1930 bei einer Wählerversammlung in Hallein. Teilweise prominente nationalsozialistische Redner sprachen immer wieder öffentlich in Salzburg, so am 8. April 1930 der damals bayerische Landtagsabgeordnete Heinrich Himmler im Salzburger Kurhaus vor über 300 Teilnehmern. Bei den Gemeinderatswahlen im März 1931 erreichten die Nationalsozialisten in der Stadt Salzburg mit 1877 Stimmen 9,21 Prozent und vier Mandate. Bei der Landtagswahl im April 1932 kam die NSDAP im Bundesland Salzburg bereits auf 20,79 Prozent. In Gemeinden wie in Stadtteilen gründeten sich ab den frühen 1930er-Jahren zahlreiche Ortsgruppen, so zum Beispiel die NSDAP-Ortsgruppe Maxglan (1930), Aigen (1931), Gnigl (1931) oder Morzg (1931). Die Gewaltbereitschaft zeigte sich in den uniformiert und mit Knüppeln bewaffnet auftretenden Ordnerdiensten der SA und HJ. Bereits am Abend des 3. Oktober 1932 kam es in Lamprechtshausen zu einer Schießerei zwischen Nationalsozialisten und angeblich kommunistischen Angreifern. Nach der Machtübernahme Hitlers am 30. Jänner 1933 verstärkten Nationalsozialisten in ganz Österreich die Propaganda, teilweise mit gewalttätigen Mitteln. Hakenkreuzschmierereien an Gebäuden, das Abbrennen von überdimensionalen Hakenkreuzen auf Almen oder nationalsozialistische Kundgebungen bei Sportveranstaltungen waren keine Seltenheit. In Liefering wurde mit Jauche ein Hakenkreuz in eine Wiese markiert. Besonders an der Grenze zu Bayern kam es vermehrt zum Einsatz von Schusswaffen. So hatten im April 1933 bayerische Nationalsozialisten in Oberndorf einen Sozialdemokraten durch Schüsse schwer verletzt. Als Reaktion auf die Terrorakte, insbesondere nach dem Handgranatenanschlag auf einen unbewaffneten Turner in Krems, befahl die österreichische Bundesregierung im Juni 1933 das Verbot der NSDAP und die Verhaftung und Verfolgung von Nationalsozialisten.

Dennoch gingen die Terroranschläge der Nationalsozialisten im Frühjahr 1934 unvermindert weiter und nahmen im Juli einen fatalen Ausgang. Während in der Landeshauptstadt rund um den nationalsozialistischen Putschversuch und die Ermordung von Bundeskanzler Engelbert Dollfuß keine Kampfhandlungen stattfanden, kam es in Liefering, damals noch zur Gemeinde Wals gehörend, zu blutigen Zusammenstößen. Dort planten Nationalsozialisten den örtlichen Gendarmerieposten und das Zollamtsgebäude zu besetzen. Sie wollten den erwarteten Einmarsch der „Österreichischen Legion" vorbereiten. Ausgangspunkt war das Gasthaus Hartlwirt. In diesem versammelten sich gegen sieben Uhr abends 16 bewaffnete Angehörige des SA-Motorsturms Salzburg unter der Führung des Bäckermeisters Franz Martin. Sie waren für die Besetzung des Gendarmeriepostens vorgesehen. Die als Hilfsgendarmen eingesetzten Heimwehrleute erfuhren von den Plänen und umstellten das Gebäude. Beim Versuch, die im Gasthaus verschanzten SA-Männer zu verhaften, kam es im Vorhaus zu einem Schusswechsel. Bei diesem wurde der örtliche Heimwehrkompanieführer Felix Egger durch einen Pistolenschuss in die Brust getötet und weitere Hilfsgendarmen verwundet. Zwei davon erlagen wenige Tage später im Spital ihren Verletzungen. Den SA-Männern gelang die Flucht, ein Großteil von ihnen konnte aber später verhaftet werden. Drei der nationalsozialistischen „Putschisten" verschwanden vorerst in den nahen Salzach-Auen. Sie verloren aber in der Dunkelheit die Orientierung und während der Anführer nach Durchschwimmen der Salzach in Anthering verhaftet wurde, ertrank ein anderer auf seiner Flucht in der Salzach. Seine Leiche wurde zwei Wochen später in Obernberg am Inn gefunden. Nur einem gelang bei Liefering-Rott die Flucht über die Grenze in das Deutsche Reich. An der Grenze in Liefering-Rott lieferten sich Heimwehrformationen und Gendarmerie noch länger Gefechte mit den flüchtenden „NS-Putschisten". Noch am 27. Juli 1934 wurde das Standrecht verhängt, das zu einer massiven Verhaftungswelle und der Festnahme von 689 Nationalsozialisten in Salzburg führte.

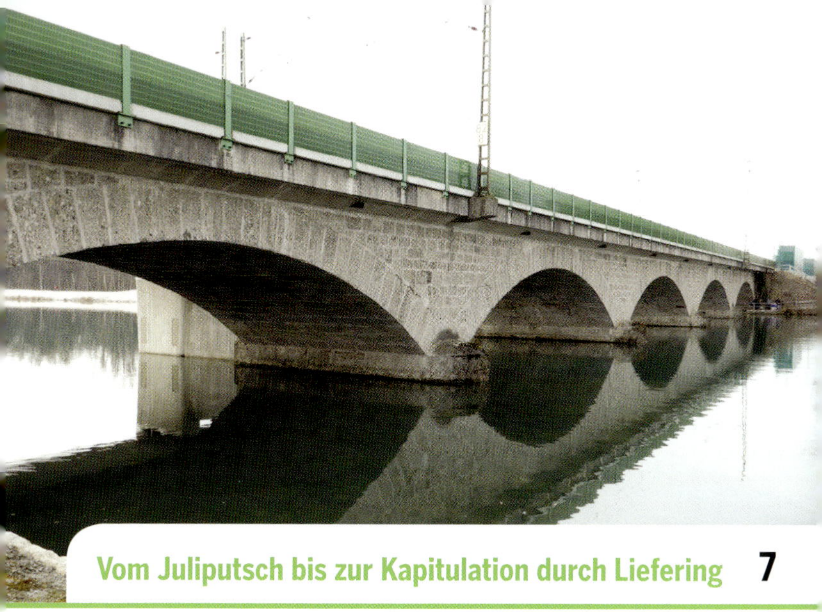

Vom Juliputsch bis zur Kapitulation durch Liefering 7

Im Salzburger Stadtteil Liefering sind die Schauplätze des beginnenden Nazi-Terrors und der absoluten Niederlage des Nationalsozialismus auf engstem Raum zu finden.

Anforderung Stadtspaziergang. 1,5 Stunden Gehzeit.

Ausrüstung Turnschuhe.

Ausgangspunkt S-Bahn-Station Europark. fahrplan.oebb.at

Route Von der S-Bahn-Station auf der Lieferinger Seite kurz die Peter-Pfenninger-Straße nach Nordosten bis zur Schautafel des Lieferinger Kultur-Wanderweges Nr. 13 „Lager Lexenfeld". Hier nach links die Baldehofstraße hinunter bis zur Lexengasse und in diese nach rechts einbiegen. Wenige Meter danach zweigt nach links (Nordwest) eine schmalere Straße ab, die an die Lärmschutzwand der Autobahn heranführt, um dann in einem

Foto: Ort des Terrors und der Befreiung: Bahnbrücke über die Saalach.

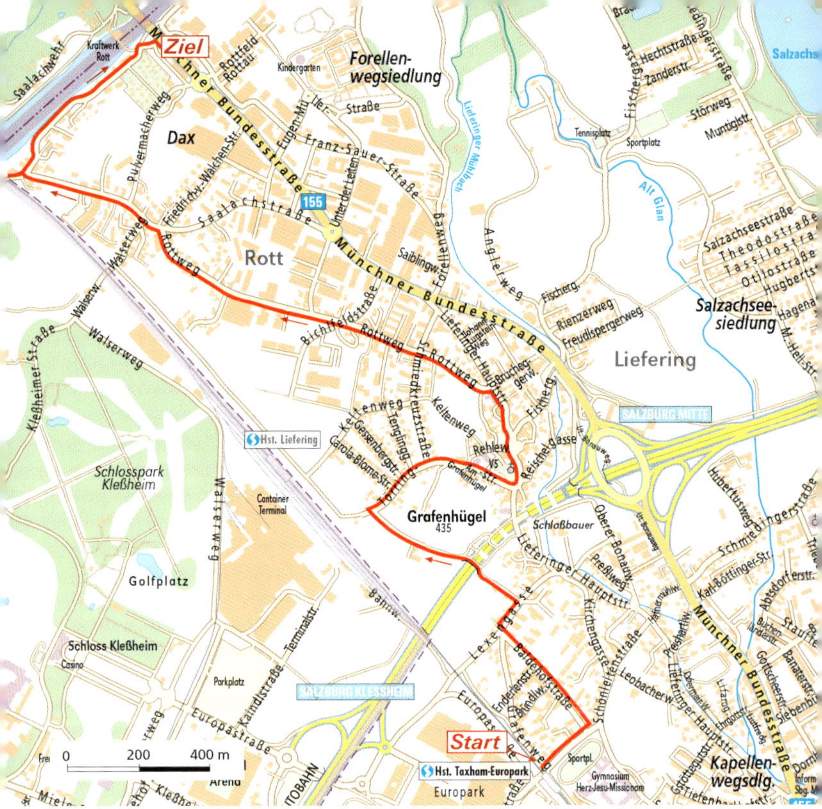

„S“ an der Nordseite des neuen Dorfplatzes über dem Gabitunnel weiter nach Nordwesten zu führen. (Auf dem Dorfplatz selbst erinnert die Schautafel Nr. 6 an den Autobahnbau 1938, der das Dorf Liefering brutal zerschnitten hatte.) Am Ende des kleinen Weges (Törringstraße) steht am Knick der Törringstraße eine Schautafel (Nr. 47), die das Elend der Zwangsarbeiter in Liefering thematisiert. Wir spazieren von hier weiter die leicht geschwungene Törringstraße Richtung Dorfzentrum, kommen am Pfenninger-Haus und der Kirche vorbei auf die Lieferinger Hauptstraße. Hier nach links (Norden) die Lieferinger Hauptstraße hinauf zum Hartlwirt (Schauplatz des Juliputsches 1934), dann die Hauptstraße weiter bis zur Abzweigung des Rottweges. Diesem konsequent folgend zur Einmündung in die Saalachstraße. Hier links zur Eisenbahnbrücke über die Saalach und zur Tafel (Nr. 38), die sich der kampflosen Kapitulation der Wehrmacht und der Übergabe der Stadt Salzburg an die US-Befreier widmet. Zuletzt flussabwärts, an der neuen Wehr vorbei und auf die Münchner Bundesstraße, wo man bei der Haltestelle Rott mit der Busline 24 zurück in die Stadt fahren kann. Fahrplan: salzburg-verkehr.at

Einkehr Hartlwirt. www.hartlwirt.at

Variante Empfehlenswert ist die Hin- und Rückfahrt mit dem Fahrrad. Man folgt vom Stadtzentrum überwiegend der Salzach und den Bahngleisen. www.radlkarte.info

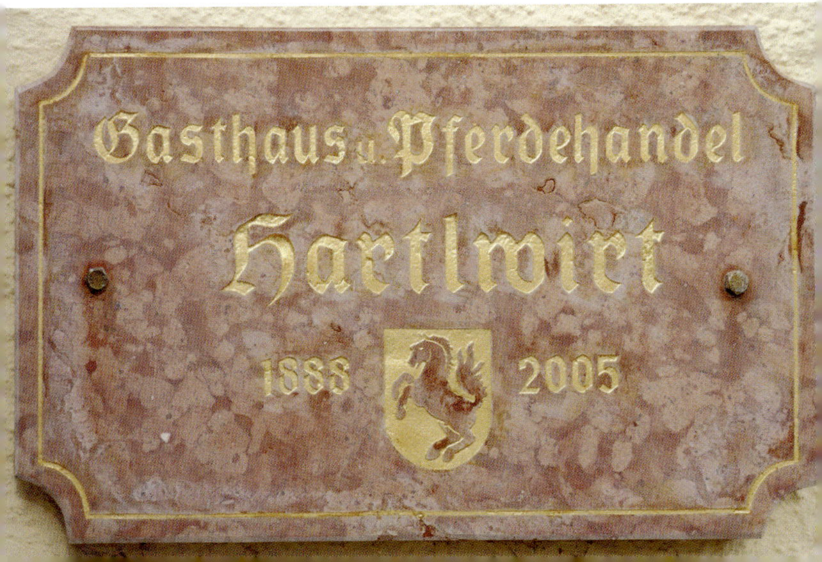

8

Antisemitischer Ungeist im Sommerfrische-Idyll

„Es war zum Schluss sehr hässlich in Mattsee. Die Leute dort haben mich scheinbar so verachtet, wie wenn sie meine Noten kennten“, schrieb der Wiener Komponist Arnold Schönberg im Juli 1921 an seinen Freund und Berufskollegen Alban Berg. Kurz zuvor hatte Schönberg seinen Sommeraufenthalt von Mattsee nach Traunkirchen verlegt.

In den Reiseführern präsentierte sich die kleine Gemeinde im Salzburger Flachgau als Ferien- und Sommerfrische-Idyll für stressgeplagte Städter. Diese scheinbare Idylle wurde jäh unterbrochen, als der Mattseer Gemeindevorstand 1921 verkündete, der Ort sei nun offiziell „judenfrei“. Mattsee war kein Einzelfall. Die Abneigung gegenüber Jüdinnen und Juden eilte der nationalsozialistischen Herrschaft voraus. 1924 gründeten jüdische Bergsteiger ihren eigenen Verein, weil sie der Alpenverein als „Nicht-Arier“ nicht mehr duldete. 1923 versagte der Skiverband jüdischen Skiläufern die Mitgliedschaft. Im steirischen Feldbach beschwerte sich der Heimkehrerbund im selben Jahr über die jüdischen Sommergäste. Antisemitismus war en vogue und drang in sämtliche gesellschaftliche Bereiche vor. Der Sommerfrische-Antisemitismus in Österreich wie im Salzkammergut ging nicht von Einzelpersonen aus. Tourismusverbände, Verschönerungsvereine und Gemeindeverwaltungen agierten gegen jüdische Gäste. In Verlautbarungen schrieben sie gegen diese an und verbannten sie per Gemeinderatsbeschlüssen aus den Orten.

Als in Mattsee mit der Eisenbahn in der zweiten Hälfte des 19. Jahrhunderts der Tourismus ankam, dominierte die

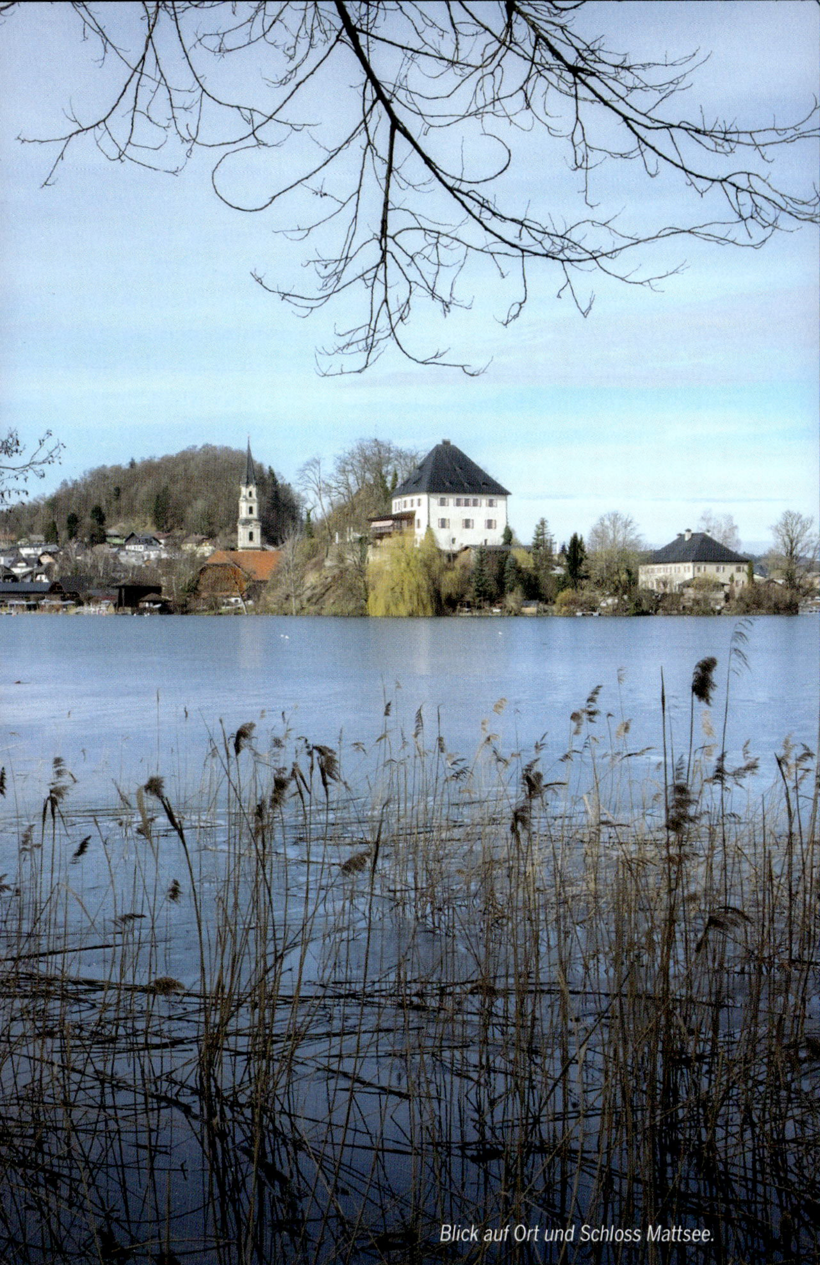

Blick auf Ort und Schloss Mattsee.

Landwirtschaft die Wirtschaftsstruktur und die katholisch-konservative Fraktion den Gemeinderat. Die sozialdemokratische Partei war bis in die 1920er-Jahre in Mattsee so gut wie nicht präsent. In den ersten Jahren zog vor allem das Seebad die Gäste aus Wien, Linz und Salzburg an. Nach Ende des Ersten Weltkrieges folgte die Krise. Versorgungsknappheit, Missernten und Inflation ließen die Lebensmittelpreise ins Unerschwingliche steigen. Der Fremdenverkehrsverein, der noch um 1890 den jüdischen Wiener Journalisten, Schriftsteller und Sportfunktionär Balduin Groller (Adalbert Goldscheider) zum Ehrenmitglied ernannt hatte, änderte nach 1918 seine ideologische Ausrichtung. Die Tourismusverantwortlichen begrüßten den 1919 ins Leben gerufenen „Arierparagraphen". Der Gemeindevorstand reagierte nicht zuletzt auf die Beschwerden deutschnationaler Gäste und untersagte jüdischen Urlaubern den Aufenthalt.

Antijüdische Apelle

Der dringende Appell an die Dorfbewohner, keine Zimmer an Juden zu vermieten, folgte 1921. Der mit 20. Juni 1921 datierte öffentliche Aufruf erschien neun Tage nach der Ankunft von Arnold Schönberg. Der Komponist hatte Verwandte in Mattsee und wollte dort seine „Harmonielehre" abschließen. Im Sommer 1921 wurde er erstmals nach einem „Ariernachweis" gefragt. Schönberg reagierte empört, war er doch seit 1898 protestantisch. Er reiste unverzüglich ab.
Die Botschaft, die in Mattsee und anderen Tourismusorten des Salzkammergutes ab den 1920er-Jahren ihre Verbreitung fand, war unmissverständlich. Jüdische Gäste waren unerwünscht. Die Satire nahm den Sommerfrische-Antisemitismus zum Anlass und Karl Farkas schrieb im Juli 1929 darüber: „Im Gebirg stürzt den Verjuder der Natur man glatt vom Fels und am See gibt's ein Geruder ob der Kinder Israels!"

Keine zehn Jahre später erließen die NS-Behörden in Salzburg im Juni 1938 eine Verordnung, die Juden das öffentliche Tragen von Trachten verbieten sollte. Zu diesem Zeitpunkt war die nationalsozialistische Verfolgung der jüdischen Bevölkerung schon im Gang. Dabei konnte das NS-System auf antijüdische Traditionen aufbauen, die auch in Mattsee gelebt worden waren. Unter anderem von Arthur Seyß-Inquart, der ab 1932 ein regelmäßiger Gast in seiner Villa in Mattsee war. Der spätere SS-Obergruppenführer unterschrieb 1938 das „Anschlussgesetz" und war bis 1939 Reichsstatthalter sowie später Reichskommissar in den besetzten Niederlanden und damit verantwortlich für den Massenmord an der dortigen jüdischen Bevölkerung. Zu diesem Zeitpunkt befand sich Schönberg schon in seinem amerikanischen Exil.

Während Seyß-Inquart nach 1945 als einer der NS-Hauptkriegsverbrecher in Nürnberg zum Tod verurteilt wurde, wirkte in Mattsee die NS-Vergangenheit bis in die Gegenwart nach. So fand der NS-Gegner und Mattseer Stiftskooperator Heinrich Summereder, der 1943 im KZ-Dachau ermordet wurde, bisher wenig Beachtung. Im Gegensatz dazu ist dem Chirurgen, bekennenden Nationalsozialisten und NSDAP-Mitglied Burghard Breitner, der nach 1945 Präsidentschaftskandidat der VdU (Verband der Unabhängigen) war, ein Denkmal am See gesetzt worden.

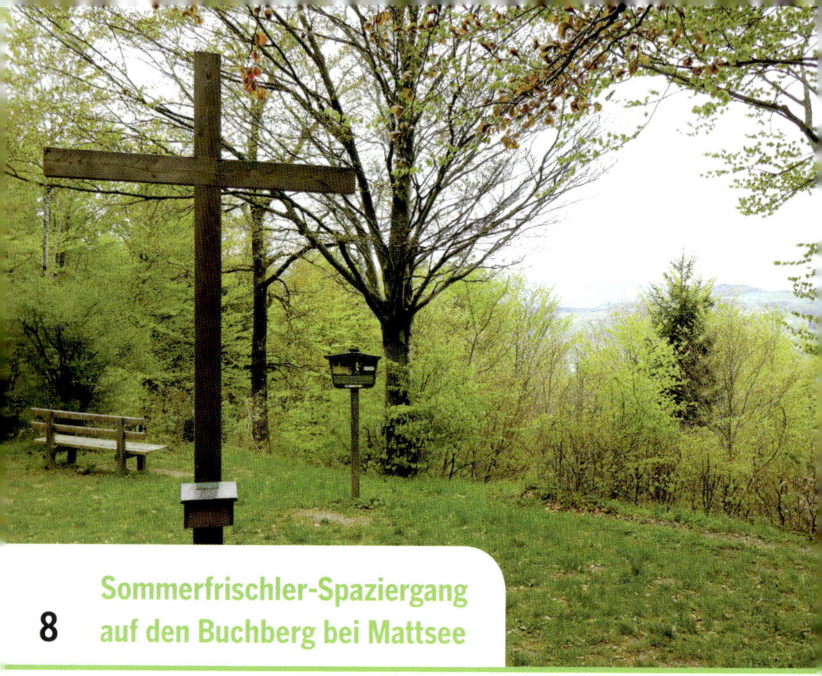

8 Sommerfrischler-Spaziergang auf den Buchberg bei Mattsee

Der 801 Meter hohe Buchberg zwischen Obertrumer See und Mattsee war schon in der Zwischenkriegszeit und ist bis heute beliebtes Ziel der Einheimischen und der Gäste. Er ist auch Österreichs allererster Naturpark – gegründet 1972.

Anforderung Einfacher Bergspaziergang, 300 Höhenmeter im Anstieg, Gesamtrunde 2,5 Stunden. An den Ausgangspunkten der Buchberg-Anstiege stehen Infotafeln samt Landkartenskizzen. Verirren ist auf dem Buchberg so gut wie unmöglich.

Ausrüstung Wanderausrüstung, festes Schuhwerk.

Ausgangspunkt Ortszentrum Mattsee, Buslinie 120. salzburg-verkehr.at

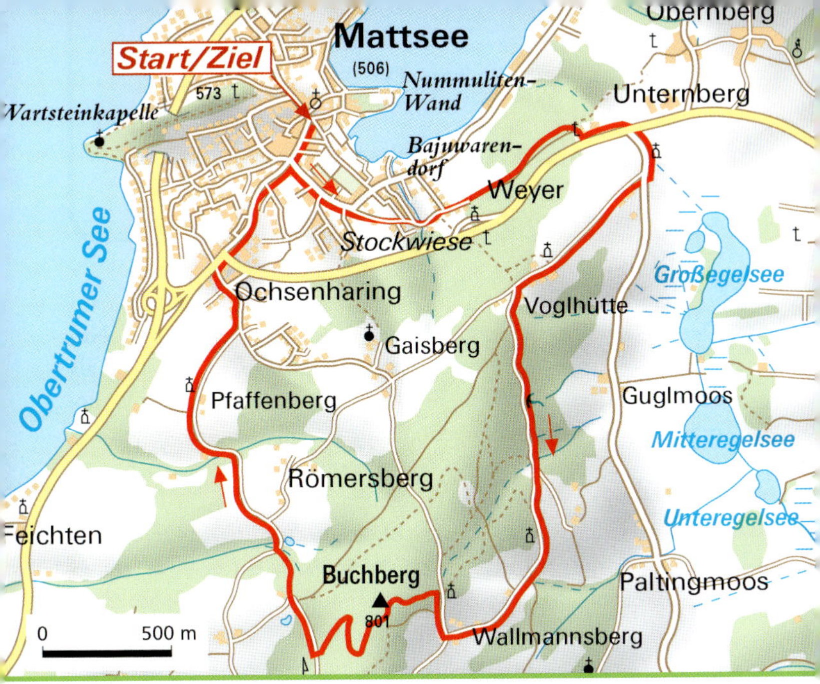

Route Von Mattsee aus südwärts an den Tennisplätzen vorbei und nach Osten auf dem markierten Weg Nr. 20 nach Unternberg. Dann weiter auf der nach rechts nach Süden abzweigenden Straße, bis man nach etwa 200 Metern auf den Weg Nr. 7 einbiegt. Bei der nächsten Gabelung weiter nach Süden (Weg Nr. 3) nach Wallmannsberg. Der Gipfelanstieg führt direkt nach Norden. Der Abstieg retour geht den „Waldweg“ (Themenweg) hinab nach Westen und weiter nach Norden in einem weiten Rechtsbogen zurück in den Ort.

Einkehr Gastronomie in Mattsee (www.mattsee.at/TOURISMUS/Gastronomie)

Variante Über den Buchberg führen verschiedenste Themenwege. Eine Übersicht samt Karte findet man auf der Homepage der Gemeinde Mattsee. www.mattsee.at/Buchberg_Wanderung

9

Leopold Engleitners ungebrochener Wille zu überleben

Der Bauernknecht Leopold Engleitner verweigerte den Nationalsozialismus aufgrund seiner religiösen Überzeugung als Zeuge Jehovas. Er lehnte den Dienst in der Deutschen Wehrmacht ab und durchlebte daraufhin verschiedene Stationen der nationalsozialistischen Vernichtungsmaschinerie in mehreren Konzentrationslagern. Bis zu seinem Tod im Jahr 2013 trat er immer wieder in der Öffentlichkeit auf, um der jüngeren Generation vom NS-Terror und von seinem Schicksal zu erzählen.
Leopold Engleitner wurde am 23. Juli 1905 als Sohn eines Sägearbeiters und einer Bauerntochter in Strobl am Wolfgangsee geboren und wuchs im nahegelegenen Bad Ischl auf. Seine Eltern waren streng katholisch. „Steh gerade", verlangten sie von ihm. Trotz aller Anstrengungen konnte Engleitner aber nicht aufrecht stehen. Seine Wirbelsäule war von Geburt an verkrümmt. Aufgrund seiner körperlichen Einschränkung wurde er vom Turnunterricht ausgeschlossen und von den Mitschülern verspottet.
Trotz seiner geringen Schulbildung entwickelte der junge Engleitner eine starke weltanschauliche Neugier. Er kam mit überzeugten Atheisten und auch mit Protestanten in Berührung. Ein Freund überredete ihn schließlich, eine Zusammenkunft der Ernsten Bibelforscher, wie die Zeugen Jehovas damals genannt wurden, zu besuchen. Engleitner war begeistert und trat 1932 aus der katholischen Kirche aus. Die Mitgliedschaft bei den Zeugen Jehovas gab dem gesellschaftlichen Außenseiter ein neues, bisher nicht gekanntes Selbstbewusstsein. Als die Weltwirtschaftskrise Österreich erfasste, wurde Engleitner arbeitslos. 1933, ein Jahr nach seinem Austritt aus der katholischen

Kirche, wurde ihm die Arbeitslosenunterstützung entzogen. Die Begründung lautete, dass nur Anhänger der nominellen Kirchen ein Anrecht darauf hätten. Engleitner wollte diese ungerechte Behandlung nicht akzeptieren. Er berief sich darauf, dass der Staat damit klar gegen den Friedensvertrag von St. Germain verstoße, in dem jedem Bürger das Recht auf freie Religionsausübung zugesichert worden war. Doch die zuständigen Behörden waren nicht gewillt, ihm dieses Recht zuzugestehen. Während der austrofaschistischen Herrschaft in Österreich saß Engleitner in der Folge mehrmals in Haft. Der christlichsoziale Ständestaat ging gegen die „Bibelforscher" vor und ließ diese ebenso wie politische Gegner nicht nur überwachen und kontrollieren, sondern auch festnehmen. Religiöse Zusammenkünfte der Zeugen Jehovas wurden zuerst auf regionaler Ebene

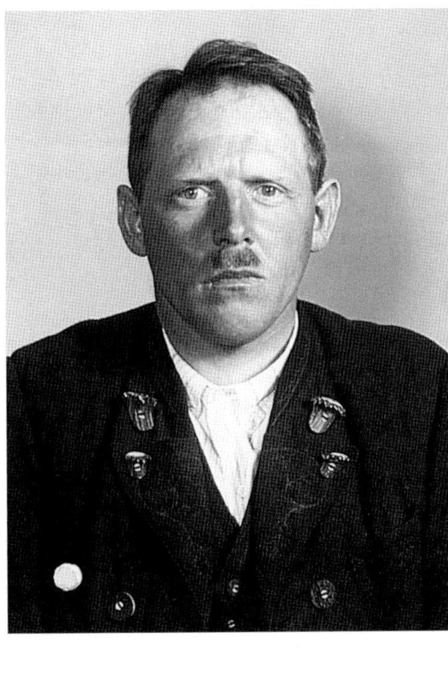

Leopold Engleitner am 4. April 1939 bei der Verhaftung durch die Gestapo in Linz.

und schließlich im Februar 1936 nach einem längeren Rechtsstreit landesweit verboten. Nachdem der arbeitslose Engleitner im Oktober 1937 aus der Haft in Bad Aussee entlassen wurde, versprach das Jahr 1938 mit dem „Anschluss" eine kurzzeitige Besserung seiner wirtschaftlichen Lage. Engleitner bekam eine Arbeit zugeteilt. Doch schon am 4. April 1939 wurde Engleitner während einer religiösen Feier zum Gedenken an den Todestag Jesu Christi in Bad Ischl von der Gestapo verhaftet und vor Gericht gestellt. Er wurde mehrmals verhört, wich aber nicht von seiner religiösen Überzeugung ab und verweigerte den Wehrdienst. Das Verfahren gegen ihn wurde schließlich aufgrund eines Gnadenerlasses am 21. September 1939 eingestellt. Wie andere religiös und politisch Verfolgte wurde Engleitner aber nicht freigelassen, sondern der Gestapo übergeben und am 5. Oktober 1939 in das KZ Buchenwald deportiert. Engleitner kam in die gefürchtete „Strafkompanie" und hatte im Steinbruch am Ettersberg schwere körperliche Arbeiten zu verrichten. Am 7. März 1941 wurde er mit einem größeren Transport ins KZ Niederhagen in Wewelsburg gebracht. Dort wurde Engleitner zunächst einem Arbeitskommando zugeteilt, bei dem er Kanal- und Kabelschächte ausmauern musste. Anschließend musste er gemeinsam mit anderen KZ-Häftlingen im „Kommando Waldsiedlung" Häuser für die SS und ihre Familien errichten. Im April 1943 wurde Engleitner aufgrund der Auflösung des KZ Niederhagen in das KZ Ravensbrück überstellt. Dieses war zu dem Zeitpunkt derart überfüllt, dass die KZ-Häftlinge die Mahlzeiten im Stehen einnehmen mussten. Durch die miserablen hygienischen Zustände im Lager bekam Engleitner eitrige Geschwüre und sein Körper war von Ungeziefer befallen. Im Juni 1943 erhielt er plötzlich das Angebot, aus der KZ-Haft entlassen zu werden, wenn er sich einer lebenslangen Zwangsarbeit in der Landwirtschaft verpflichte. Er unterschrieb und wurde am 15. Juli 1943 aus dem KZ Ravensbrück entlassen. Heinrich Himmler selbst hatte 1943 angeordnet, die

„Bibelforscher“ in die Zwangsarbeit zu „entlassen“. Anstatt sie in den KZs auszuhungern und zu ermorden, sollte ihre Arbeitskraft bis zuletzt ausgebeutet werden. Die SS-Führung ging von keiner akuten Fluchtgefahr aus. Engleitner wurde einem Bauernhof in der Nähe seiner Heimatgemeinde zugeteilt. Mitte August 1943 erhielt er dennoch die Vorladung zur Musterung. Nachdem Engleitner zuerst aufgrund seiner Wirbelsäulenverkrümmung zurückgestellt worden war, wurde der Befund auf „Kriegsverwendung Front“ revidiert. Noch am 17. April 1945 erhielt Engleitner auf diese Weise den Einberufungsbefehl an die Front. Dieser veranlasste ihn schließlich zur Flucht. Engleitner floh in die nahe gelegenen Berge auf die Meisterebenalm, musste aber, nachdem er beim offenen Herd Verbrennungen erlitten hatte, ins Tal zurückkehren. Nur widerwillig gewährten ihm seine Eltern Unterschlupf. Seine Flucht hatte sich bereits herumgesprochen und ein NS-Trupp war auf der Suche nach ihm. Engleitner flüchtete sich daraufhin erneut auf die Meisterebenalm. Der Suchtrupp hatte inzwischen Engleitners früheren Arbeitskollegen Franz Kain angeheuert. Diesem gelang es, den Suchtrupp von der Alm fernzuhalten.
Nach dem Zweiten Weltkrieg fand Engleitner eine Stelle als Nachtwächter in einer Seifenfabrik, in weiterer Folge war er bis zu seiner Pensionierung 1969 bei der Straßenmeisterei Bad Ischl als Straßenbauarbeiter beschäftigt. 1949 heiratete er Theresia Kurz. Als ehemaliger KZ-Häftling war Engleitner noch lange nach der nationalsozialistischen Herrschaft der Diskriminierung ausgesetzt und als Zeuge Jehovas wurde ihm erst spät der Opferstatus zuerkannt. Doch Engleitner ließ sich nicht beirren und fand in seinem späteren Biografen Bernhard Rammerstorfer einen Begleiter und Freund, mit dem er seine Geschichte in aller Welt erzählen konnte. Bis zu seinem Tod unternahmen die beiden mehrere Reisen in die USA. Das Buch „Ungebrochener Wille“ erschien 2008 und enthält Briefe Engleitners und persönliche Berichte aus den Gefängnis- und KZ-Aufenthalten.

Die Verfolgung der Zeugen Jehovas im Nationalsozialismus

Ihre strikte Ablehnung jeder Gewaltanwendung im Allgemeinen und des Kriegsdienstes im Speziellen führte dazu, dass die „Bibelforscher" von den Nationalsozialisten besonders verfolgt wurden. Die Verfolgung durch den NS-Staat war dementsprechend brutal. Im kollektiven Gedächtnis aber fanden sie ebenso wenig Platz wie Sinti und Roma, Homosexuelle oder Deserteure. Etwa 10 000 der insgesamt etwa 25 000 Zeugen Jehovas wurden inhaftiert, 2 000 kamen in ein Konzentrationslager, etwa 1 200 starben oder wurden hingerichtet – 250 davon wegen Kriegsdienstverweigerung. In den Frauen-Konzentrationslagern Moringen, Lichtenburg und Ravensbrück waren die Zeuginnen Jehovas in den Vorkriegsjahren 1935 bis 1939 eine der größten Häftlingsgruppen. 1937 gab es in Österreich offiziell 549 Zeugen, 445 von ihnen wurden in der NS-Zeit eingesperrt, mindestens 145 zum Tode verurteilt und hingerichtet oder in einem Konzentrationslager zu Tode gebracht.

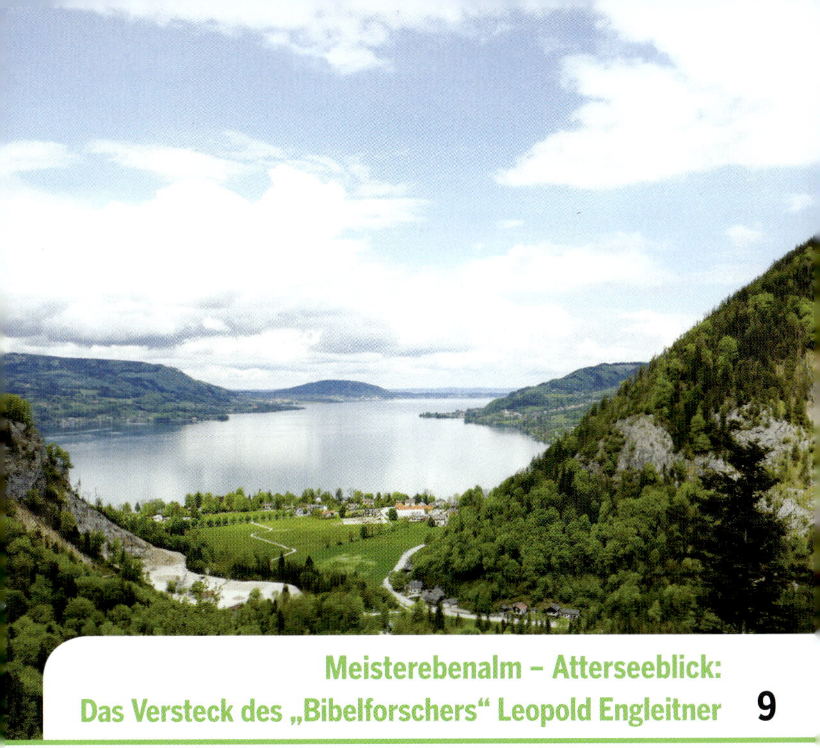

Meisterebenalm – Atterseeblick: Das Versteck des „Bibelforschers“ Leopold Engleitner 9

Die Wanderung zur Meisterebenalm, dem Versteck Leopold Engleitners, führt gleichzeitig zu einem der schönsten Aussichtspunkte rund um Österreichs größten See, zum „Atterseeblick“ hoch über Burgau am Salzburger Zipfel des Attersees.

Anforderung Einfache Voralpenwanderung, etwas Trittsicherheit notwendig. 700 Höhenmeter und 2 Stunden Anstieg zum „Atterseeblick“. Gesamtrunde mit Gegenanstiegen 900 Höhenmeter und 4 Stunden.

Ausrüstung Wanderausrüstung, festes Schuhwerk.

Foto: Atterseeblick beim Anstieg zur Meisterebenalm.

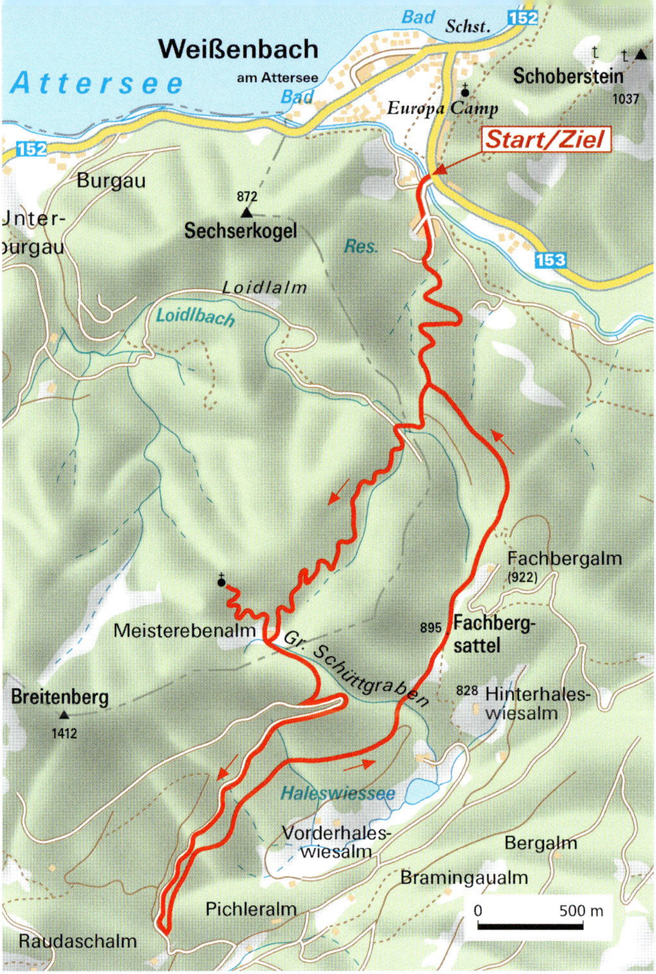

Ausgangspunkt Parkplatz am Ausgang des Weißenbachtales (500 m, Wegweiser). Zufahrt von Weißenbach kurz Richtung Ischl/ Ebensee über die erste Brücke im Weißenbachtal.

Route Vom Parkplatz folgt man den Wegweisern „Meistereben" (Weg Nr. 8) durch die Häuser zum Wald und dann über einen

Graben (Brückerl). Hier beginnt der schön angelegte „Meisterebenweg“, der durch den Steilwald in vielen Kehren nach Süden an einer munter sprudelnden Quelle vorbei zu einer Forststraße führt (725 m, Wegweiser). Der Straße kurz nach Westen in einen Graben folgen, dann wieder auf dem Waldsteig an einer Jagdhütte vorbei hinauf zu einer weiteren Forststraße. Diese führt zur Meisterebenalm (1 760 m). Von hier (Wegweiser) zirka zehn Minuten nach Norden (Straße zwei Mal queren) zu einer Kapelle (1 209 m). Der eigentliche „Atterseeblick“ liegt etwa 20 Höhenmeter unterhalb des höchsten Punktes.
Der Abstieg führt wieder zur Alm zurück und folgt der Straße, bis man auf den Haleswiesweg (Wegweiser, 890 m) stößt. Dieser jahrhundertealte Übergang vom Wolfgangsee zum Attersee führt oberhalb des Haleswiessees eben nach Nordosten über den kaum wahrnehmbaren Fachbergsattel und an der Fachbergalm vorbei. Hinter der Alm durch Wald (mit Wegweisern gut gekennzeichnete Verzweigungen) wieder hinunter zum oben erwähnten Punkt 725. Abstieg auf dem „Meisterebenweg“.

Einkehr Hotel Post in Weissenbach. www.hotelpost-attersee.at

Auf der Meisterebenalm.

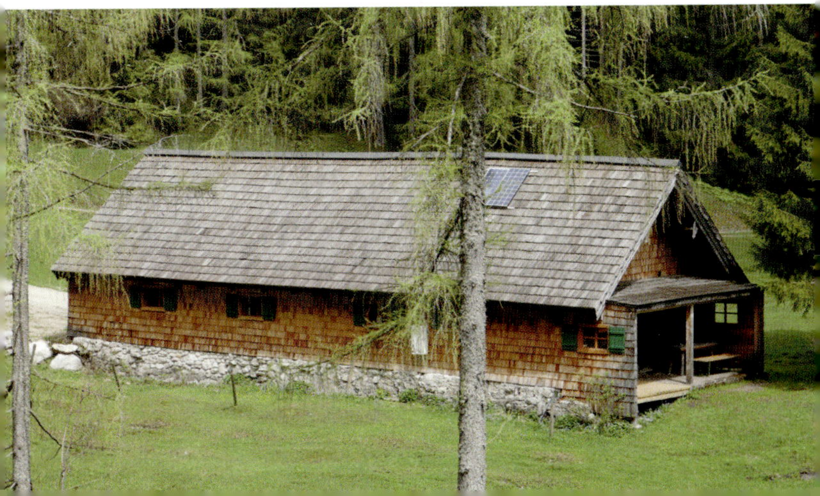

10

Die abenteuerliche Flucht von Sepp Plieseis über die Berge

Dank der Hilfe von Freunden und der lokalen Bevölkerung konnte der Widerstandskämpfer Sepp Plieseis im Herbst 1943 aus dem KZ-Außenlager Hallein ausbrechen und sich über die Osterhorngruppe und die Postalm bis ins Salzkammergut durchschlagen, ohne von der SS erwischt zu werden. Trotz einer massiven Suche nach dem abtrünnigen Regimegegner hatten die nationalsozialistischen Verfolger das Nachsehen. Allein diese Tatsache sollte aus Plieseis nach 1945 einen „Helden" machen. Doch die geglückte Flucht war nicht sein alleiniges Verdienst und begann eigentlich schon in Dachau. Plieseis konnte auf Helferinnen und Helfer vertrauen, die ihm den Weg ebneten, den Rücken freihielten und Unterschlupf boten.

Nach seiner Gefangennahme durch die Nationalsozialisten wurde Plieseis vom besetzten Frankreich aus Ende 1941 in das Konzentrationslager Dachau deportiert. Dort wurde er zur Arbeitskolonne eingeteilt. Kurz nachdem er in dem Lager ankam, traf er im Krankenrevier auf seinen Freund und Weggefährten aus dem Spanischen Bürgerkrieg Jack Jaritsch. Während Plieseis an einer schweren Lungenentzündung erkrankte und diese überstand, starb Jaritsch an Flecktyphus. Plieseis schwor sich daraufhin, den antifaschistischen Kampf fortzusetzen. Durch die Unterstützung der illegalen Lagerorganisation erreichte Plieseis seine Überstellung in das Außenlager des KZ-Dachau nach Hallein. Dort angekommen, setzte Plieseis seine Fluchtpläne in die Realität um. Dabei schien es zunächst äußerst schwierig, wenn nicht sogar unmöglich, von dort zu flüchten. Grund war das SS-Ausbildungslager in unmittelbarer Nähe. In diesem waren zum damaligen Zeitpunkt rund 1 500 bis 2 000 SS-Männer der

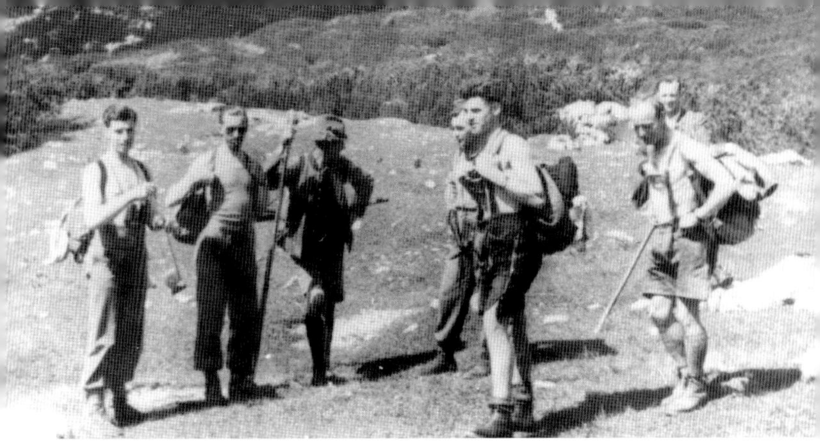

Sepp Plieseis (im Vordergrund) und Karl Gitzoller (rechts) mit Gesinnungsgenossen 1946 im Toten Gebirge.

Waffen-SS stationiert. Das Lager diente ab 1943 der Ersatz- und Ausbildungseinheit der 6. SS-Gebirgsdivision „Nord" als Stützpunkt, welche für Kriegsverbrechen an der finnisch-sowjetischen Grenze verantwortlich war. Während einige der SS-Männer für den Kampfeinsatz an die Ostfront abkommandiert wurden, übernahmen andere im Lager Hallein und darüber hinaus Wachdienste und Spezialeinsätze. Sie überwachten KZ-Häftlinge und Zwangsarbeiter bei ihren Arbeitseinsätzen. Rund 1 000 Mann des SS-Lagers Hallein wurden 1944 bei der Jagd auf die Goldegger Deserteure (siehe Seite 202ff.) eingesetzt. Aufgrund dieser massiven Truppenkonzentration wusste Plieseis, wie gefährlich es war, aus dem Lager auszubrechen. In seinen späteren Aufzeichnungen erinnert er sich: „Im Lager Hallein selbst schien es zuerst gar nicht so, als ob ich meine Pläne verwirklichen könnte." Als aber eines Tages die Arbeit der KZ-Häftlinge auf einen Schießplatz außerhalb des Lagers verlegt wurde, nutzte Plieseis die Gelegenheit. Unterstützt durch Bauern der Umgebung, die schon vor der Flucht in Verbindung mit Genossen von Plieseis getreten waren, konnte dieser die Flucht planen und umsetzen. Wesentlichen Anteil daran hatte schließlich auch die widerständige

Tabakarbeiterin Agnes Primocic aus Hallein. Sie nahm Kontakt mit der Mutter von Sepp Plieseis auf und teilte ihr mit, dass dieser ausbrechen und Unterstützung benötigen werde. Daraufhin machte sich der Freund und Gesinnungskollege Karl Gitzoller mit dem Fahrrad auf nach Hallein und wartete dort an dem ausgemachten Tag auf Plieseis. Primocic, die selbst im Widerstand tätig war, organisierte indessen Lebensmittel, eine Waffe und Zivilkleider für die Flucht. Die Sachen deponierte sie bei der Bäuerin Therese Weiß in der „Rabenmühle“ unweit des Schießplatzes der SS. Von dort aus flüchtete Plieseis Ende Oktober 1943 über die Berge. Sein Freund Gitzoller, der bereits auf Plieseis wartete, hatte einen Rucksack mit drei Pistolen und Munition bei sich, einen Schlosseranzug für Plieseis und zusätzliche Lebensmittel. Die beiden stiegen über die Genneralm zum Hohen Zinken auf und seitlich vom Osterhorn, geschützt von Lärchen, in Richtung Postalm ab. Über die Almfläche setzten sie ihre Flucht bei der

Karl Gitzoller, unbekannt, Sepp Plieseis und Franz Mittendorfer (v. l.) bei einer Wandertour 1946 im Toten Gebirge.

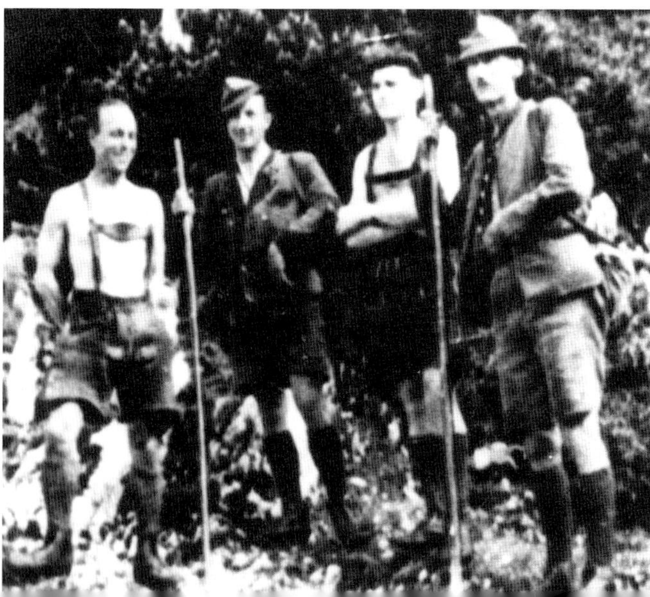

Braunalm vorbei talwärts bis Strobl fort. Gitzoller erinnerte sich später an die gemeinsame Flucht: „Es dürfte um etwa 15 Uhr gewesen sein. Plötzlich sehe ich jemanden übers Feld laufen. Es war Plieseis! Wir sind sofort in den Wald gelaufen. Dort hat er sich dann seines KZ-Gewandes entledigt und den mitgebrachten Schlosseranzug angezogen." Die SS-Wachmannschaften nahmen sofort die Fährte der beiden Flüchtigen auf und durchkämmten das Gebiet rund um die Postalm. Plieseis und Gitzoller flüchteten sich deshalb im Schutz der Dunkelheit auf eine Fichte. „Spät in der Nacht, nachdem von den immer wieder vorbeiziehenden Suchtrupps nichts mehr zu hören war, sind wir dann vom Baum gestiegen." Der starke Regen kam den beiden zugute. Er verhinderte, dass die Hunde der SS-Wachmannschaften die Spur aufnehmen konnten. Hinzu kam, dass Gitzoller das Gebiet von seinen jugendlichen Bergtouren her gut kannte und wusste, wo sie sich zu bewegen hatten, um nicht entdeckt zu werden. Von Strobl aus setzten Plieseis und Gitzoller ihre Flucht zum Schwarzensee fort. „Dort gönnten wir uns wieder einmal eine Rast. Wir hatten diese sehr notwendig, denn die Anspannung war sehr groß. Immerhin waren wir nun schon 22 Stunden unterwegs." Über die Moosalm stiegen die beiden dann anschließend durch die Burggrabenklamm zum Südufer des Attersees hinab und begaben sich durch das Weißenbachtal in Richtung Bad Ischl. „In Weißenbach haben wir vorsichtig sein müssen, denn im ganzen Gebiet waren in den Erholungsheimen, Villen und Hotels Militär und SS einquartiert. Immer wieder mussten wir über Felder und in den Wald hinauf ausweichen." Auf dem Weg nach Ischl diente ihnen die Wegmacherhütte in der Nähe von Weißenbach als Versteck. Die Hütte lag im Aufsichtsbereich des Straßenwärters Franz Stieger, der laut Schilderungen ein überzeugter Antifaschist war und die beiden unterstützte. Plieseis und Gitzoller bezogen auf dem Heuboden Quartier und warteten einige Tage ab, bis der Kontakt zu den Genossen in Ischl hergestellt war. Bei der Kontaktaufnahme half Theresia Pesendorfer, die bereits ab 1937 eine Frauengruppe im Widerstand gegen den Austrofaschismus führte und ab März 1938 offen gegen die nationalsozialistische Herrschaft auftrat. Pesendorfer, die ebenso wie Plieseis und Gitzoller KPÖ-Mitglied war, versorgte die beiden mit Lebensmitteln und stellte die Verbindung mit den Ischler Genossen her. Auf diese Weise traf Plieseis im November 1943 in Bad Ischl mit Alois Straubinger zusammen, der wie Gitzoller 1942 aus der NS-Haft entflohen war und gemeinsam mit Plieseis und Gitzoller die Widerstandsgruppe „Willy-Fred" im Salzkammergut ins Leben rief. Nach Ende des Winters 1943/44 errichteten die drei im Toten Gebirge den „Igel" als Unterschlupf und Versteck. Zur Tarnung nannten sie sich zuerst nur „Willy". Dieser Name war jedoch bald bekannt und so wählten sie als neuen Decknamen „Fred". In der Geschichtsforschung wird die Widerstandsgruppe deshalb meist als „Willy-Fred" bezeichnet. Der aus Vöcklabruck stammende Schriftsteller Franzobel bearbeitete die Geschichte der Widerstandsgruppe 2006 in seinem Theaterstück „Hirschen".

Frauen im organisierten Widerstand

Die Geschichte des Widerstands im Nationalsozialismus ist stark männlich besetzt. Dabei übten Frauen nicht zu unterschätzende Funktionen aus. Sie hielten die Infra- und Kommunikationsstrukturen aufrecht, sorgten für Unterkünfte, Verpflegung, Nachschub und Informationen. Es gab aber auch Frauen, wie die Tabakarbeiterin Agnes Primocic aus Hallein, die politisch organisiert waren und Widerstand leisteten. Sie verteilten Flugblätter oder sammelten Gelder für die kommunistische Rote Hilfe. Frauen waren zudem auch im bewaffneten Widerstand aktiv und kämpften beispielsweise als ehemalige Spanienkämpferinnen gegen den Nationalsozialismus. In der Salzkammergut-Widerstandsgruppe rund um Sepp Plieseis traten Theresia Pesendorfer, Marianne Feldhammer, Helene Egger, Cäcilia Langeder in Erscheinung.

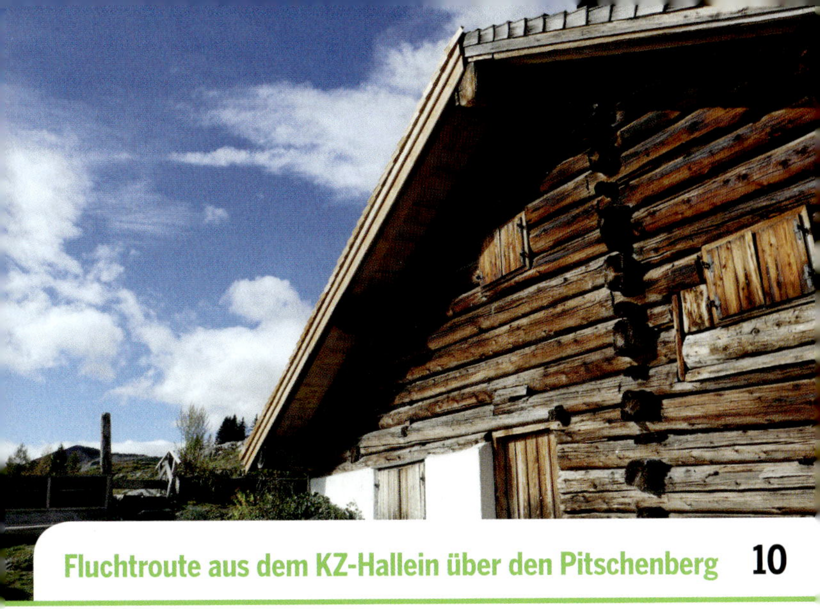

Fluchtroute aus dem KZ-Hallein über den Pitschenberg 10

Am ersten Tag seiner Flucht aus dem Außenlager des KZ-Dachau in Hallein kam Sepp Plieseis, die zentrale Persönlichkeit des Widerstandes im Inneren Salzkammergut, von Hallein quer durch die Osterhorngruppe über den Pitschenberg bis zu Postalm.

Anforderung Einfache Bergwanderung, etwas Trittsicherheit erforderlich. 650 Höhenmeter Anstieg, 3,5 Stunden für die Gesamtrunde.

Ausrüstung Wanderausrüstung.

Ausgangspunkt Abzweigung Lienbachstraße von der Postalm-Mautstraße (Wegweiser, 1180 m) auf der Abtenauer Seite.

Route Von der Straße über den Bach auf die alte Postalmstraße, dann gleich rechts (Wegweiser) auf der Almstraße vorbei an der Innerlienbachalm bis zur Wegkreuzung vor der Labenbergalm

Foto: Auf der Pitschenbergalm.

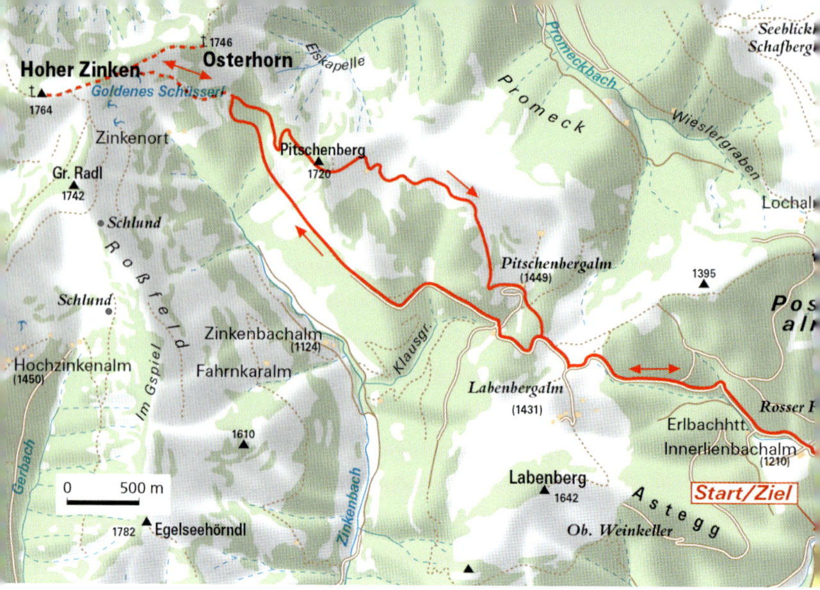

(Wegweiser, 1390 m). Hier Richtung Pitschenberg (rechts, Nordwesten) und nicht entlang der Markierungen, sondern konsequent auf der Almstraße bleibend nach Nordwesten die Flanke des Pitschenbergs queren. Die Straße endet auf zirka 1400 Meter und geht direkt in einen nicht markierten, aber gut begehbaren Steig über (eine der damals möglichen Fluchtrouten). Dieser quert zwei steile Grasflanken und wird dann wieder flacher, bis er in der Senke zwischen Pitschenberg und Osterhorn auf den markierten Wanderweg trifft. Hier nach Südosten und steil zwischen Felsabbrüchen hinauf unter den Gipfel des Pitschenberges. Nach einem kurzen Abstecher auf den Gipfel Abstieg über die weite Flanke nach Südosten und flacher werdend durch lichten Lärchenwald zur Pitschenbergalm (eine andere mögliche Fluchtroute). Entlang des Almweges retour zur Kreuzung bei der Labenbergalm und auf dem Anstiegsweg retour.

Einkehr Pitschenberghütte. www.wolfgangsee.at/pitschenberghuette

Variante Aus der Senke zwischen Pitschenberg und Osterhorn kann man nach Nordwesten in den kleinen Sattel zwischen Zinken und Osterhorn ansteigen und so einen der beiden oder beide Gipfel „mitnehmen". Das verlängert die Tour insgesamt um knapp 2 Stunden und 250 bis 300 Höhenmeter.

Postalm mit Blick auf Dachsteinmassiv und Gosaukamm.

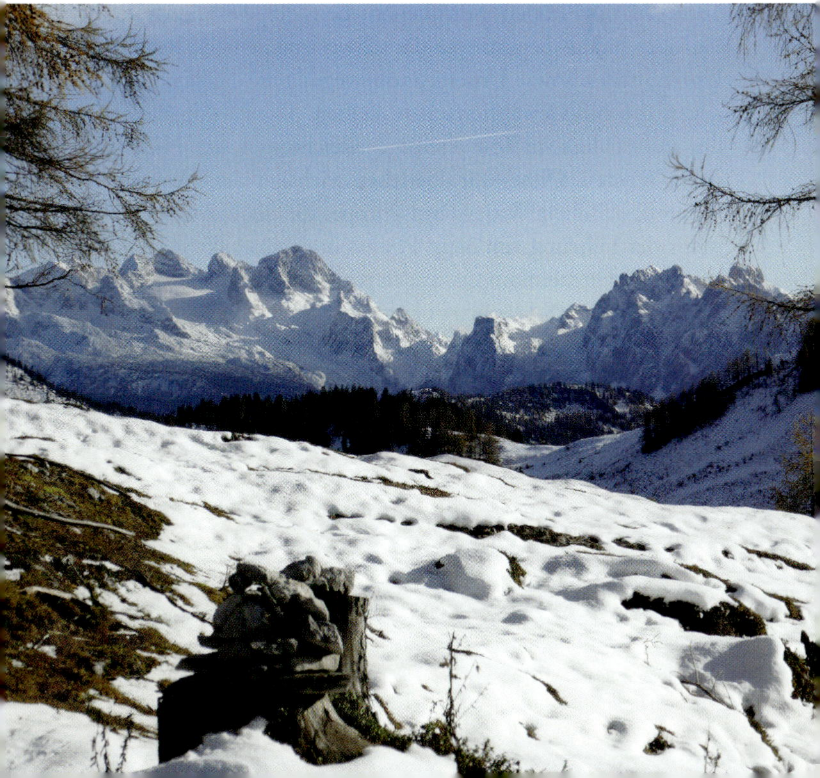

11

Sepp Plieseis
Wilderer, Rebell und Anführer der „Salzkammergut-Partisanen“

Es ist kein Zufall, dass sich im inneren Salzkammergut Widerstand gegen das NS-Regime formierte. Protest und Rebellion hatten hier eine jahrhundertelange Tradition. Diese lange Erfahrung in der Konfrontation mit der Obrigkeit begünstigte ein Widerstandsverhalten. Ebenso war die genossenschaftliche Selbsthilfe, die zu einer starken politischen Organisation der Arbeiterschaft führte, sehr ausgeprägt. Deutlich wird das bei den Wahlen bis 1934 in den hohen Stimmenanteilen der Sozialdemokratie. Darüber hinaus begünstigte die schwer zugängliche Region das Untertauchen sowie Untergrundbewegungen, die sich ab 1938 gegen die NS-Gewaltherrschaft stellten. Die Waldgebiete und das unerschlossene Tote Gebirge erleichterten das Nicht-Entdeckt-Werden. Dieses war überlebenswichtig für die Männer der kommunistischen Widerstandsgruppe, die ab November 1943 unter der Führung von Sepp Plieseis und unter aktiver Mithilfe von Frauen gemeinsam mit anderen antifaschistischen Bewegungen gegen die NS-Herrschaft kämpfte.

Plieseis wurde als Sohn einer Schusterfamilie geboren. Schon der Großvater Alois Plieseis, ein führender Hersteller des „Goiserer-Schuhs“, geriet gegen Mitte des 19. Jahrhunderts in Konflikt mit der staatlichen Obrigkeit, da er dem aufgeklärten und religionskritischen „Bauernphilosophen“ Konrad Deubler nahestand. Der Vater von Sepp Plieseis, Johann Plieseis, war ebenfalls Schuster, zudem Steinmaurer und ein überzeugter Sozialist. Gemeinsam mit seiner Frau Josefine Danzer, der Tochter eines Tagelöhners, versuchte er, die Familie durch die materielle Not am Beginn des 20. Jahrhunderts zu bringen. Sepp Plieseis, der am 29. Dezember 1913 in Lauffen bei Bad Ischl geboren wurde, musste schon früh mithelfen, um die Familie zu erhalten. Der Vater hatte keine eigene Werkstatt und verdingte sich als Tagelöhner. Die Umstände waren bescheiden und die wirtschaftliche Situation der Familie kann als prekär beschrieben werden. Ideologisch war Plieseis seit seiner Kindheit und Jugend vorgeprägt. Er war Mitglied der sozialistischen Kinderfreunde und der Arbeiterjugend. In den 1930er-Jahren soll er sich politisch im Schutzbund engagiert haben. Die Erfahrungen des Bürgerkrieges 1934 waren seine Grundlage für den späteren antifaschistischen Kampf gegen den Nationalsozialismus. Plieseis wandte sich der kommunistischen Partei zu. „Im Jahre 1934 haben wir gekämpft in Ebensee gegen die Heimwehr. Aber nach den Februarkämpfen 1934 ist mir klar geworden, dass ein konsequenter Kampf gegen den Faschismus und gegen den Nationalsozialismus nur in der Kommunistischen Partei möglich ist.“ Plieseis übernahm laut eigenen Angaben die Leitung der als illegal geltenden KP-Organisation in Bad Ischl. Inwieweit er tatsächlich an den Februarkämpfen 1934 beteiligt war, ist nicht bekannt. Das Jahr 1934 war aber sicherlich prägend für den 21-Jährigen. Zu den innenpolitischen Konflikten kam die materielle Not der Familie und der Suizid des Vaters. Bis 1937 blieb Plieseis jedoch relativ unbescholten – bis zu dem Zeitpunkt als sich der beschäftigungslose Hilfsarbeiter der Wilderei schuldig machte. Mit Karl Gitzoller unternahm er im März 1937 einen Pirschgang im Bereich der Hohen Schrott.

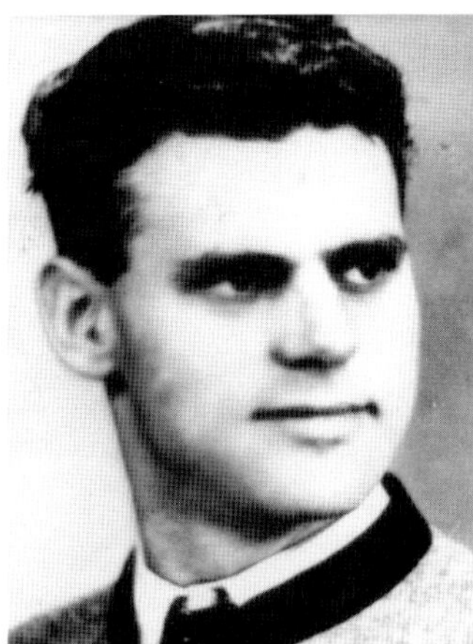

Dort stießen sie auf Beamte der Jagdaufsicht. Plieseis und Gitzoller wurden daraufhin dem Kreisgericht Wels überstellt. Dort hatten sie sich vor einem Schöffengericht zu verantworten.

Plieseis wurde zu sechs Monaten schweren Kerkers verurteilt. Er entzog sich seiner Haftstrafe und befand sich im Juni 1937 auf dem Weg nach Spanien, um dort auf den Seiten der internationalen Brigaden im Bürgerkrieg gegen Francos Truppen zu kämpfen. Nach mehreren Aufenthalten in französischen Lagern wurde er 1941 an das Deutsche Reich ausgeliefert und nach Verhören im Polizeigefängnis Linz im Konzentrationslager Dachau interniert. Von dort wurde er zum Arbeitseinsatz in das KZ-Außenlager Hallein überstellt. 1943 gelang Plieseis die Flucht aus dem Lager Hallein. Er tauchte im Salzkammergut unter und gründete eine Widerstandsgruppe. Die Gruppe, bestehend aus 30 bis 40 Mann nahm Kontakt mit anderen Gegnern des NS-Regimes auf und überredete Wehrmachtssoldaten auf Fronturlaub zu desertieren. Als Unterschlupf diente den Widerstandskämpfern ab dem Frühjahr 1944 der „Igel" in der Nähe der Schwarzenbergalm unweit der Ischler Hütte. Mitglieder der Ausseer Widerstandsgruppe schlossen sich der Gruppe an. Frauen aus dem Tal versorgten unter Lebensgefahr die Männer mit Lebensmitteln. Sie verrichteten Botengänge und sorgten für Nachschub. Im September 1944 leitete die Gestapo gemeinsam mit dem Sicherheitsdienst eine Suchaktion auf der Wildensee-Alm ein, wo sie die „Partisanen" vermutete. Ab Ende April 1945 agierte im Höllengebirge eine von den Briten abgesetzte Kampfgruppe. Diese leitete der spätere SPÖ-Abgeordnete Albrecht Gaiswinkler (siehe Seite 100 ff.). Die Widerstandsgruppe rund um Plieseis beteiligte sich Anfang Mai 1945 an der Befreiung und wirkte an der Rettung der von den Nationalsozialisten geraubten Kunstschätze mit, die in einem Stollen des Salzbergwerks in Altaussee eingelagert waren. Diese hätten auf Geheiß von Oberdonau-Gauleiter August Eigruber vernichtet werden sollen.

Nach Kriegsende wurde Plieseis von den Amerikanern zum Gemeindevorstand für Sicherheitswesen eingesetzt und saß für die KPÖ im Gemeinderat. 1959 verlieh ihm der Ministerrat der DDR, Otto Grotewohl die „Medaille für Kämpfer gegen den Faschismus 1933–1945". „Plieseis stand als Kommunist mehrmals auf der falschen Seite der Geschichte", schreibt Michael Kurz zum 100. Geburtstag des Widerstandskämpfers. Im Nationalsozialismus verfolgt, wurde er unmittelbar nach Kriegsende zum Helden stilisiert, um danach als Kommunist beargwöhnt zu werden, während die Geschichte der „Salzkammergut-Partisanen" zum Mythos erhoben wurde. Plieseis schrieb seine Lebensgeschichte bereits 1946 in der Autobiografie „Vom Ebro zum Dachstein" nieder. Er starb am 21. Oktober 1966 mit 53 Jahren in Bad Ischl.

Bewaffneter Widerstand und Partisanenkampf

Der Partisanenkampf ist keine Erfindung des Zweiten Weltkrieges. Das Wort „Guerilla" (Kleiner Krieg) leitet sich vom spanischen Unabhängigkeitskrieg gegen Napoleon ab. Zu einem Partisanenkrieg im Sinne eines „Volkskrieges" kam es aber erst im Lauf des Zweiten Weltkrieges mit dem Überfall auf Jugoslawien, die Sowjetunion und später in den kriegerischen Auseinandersetzungen in Indochina beziehungsweise Vietnam. Die ersten bewaffneten Widerstandsgruppen, die sich gegen die NS-Gewaltherrschaft 1942 auf dem Gebiet des heutigen Österreich formierten, gingen meist auf kommunistische Initiativen zurück. Militärisch und politisch bedeutsam waren die slowenischen Partisanen in Kärnten. Der kommunistische Widerstand konnte bis zuletzt aufrechterhalten werden. Die im sowjetischen Exil befindliche KPÖ-Führung setzte dazu kampferprobte Funktionäre aus den Reihen der Februar- und Spanienkämpfer ein. Sie wurden mit Fallschirmen abgesetzt, um bewaffnete Verbände aufzubauen. Ein solcher war die „Kampfgruppe Steiermark", besser bekannt als „Koralmpartisanen".

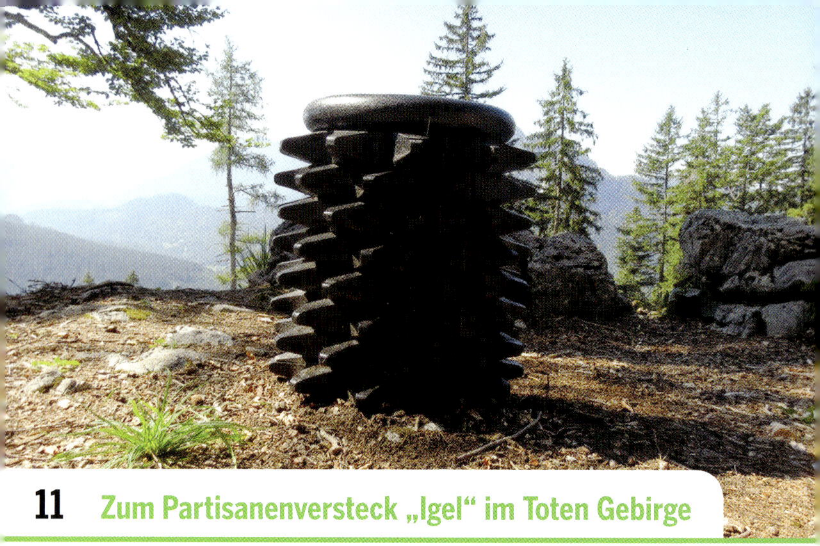

11 Zum Partisanenversteck „Igel" im Toten Gebirge

Sehr lohnende, anspruchsvolle Rundtour über den Nagelsteig zum „Igel" und zur Ischler-Hütte.

Anforderung Mittelschwere Bergwanderung, am besten in Kombination mit dem Fahrrad. 1 200 Höhenmeter Gesamtanstieg und 4,5 Stunden für die ganze Runde. Trittsicherheit und Schwindelfreiheit erforderlich. Ohne Rad gut 1 Stunde länger.

Ausrüstung Wanderausrüstung, festes Schuhwerk, Mountainbike.

Ausgangspunkt Rettenbachalm im Rettenbachtal (629 m).
Zufahrt über die Ausfahrt Bad Ischl Süd.

Route Von der Rettenbachalm mit dem Rad taleinwärts an der Solestube vorbei durch den Tunnel bis zur Abzweigung des Kainalpenbachsteiges (Wegweiser). Zu Fuß weiter bis zur Abzweigung des Nagelsteiges (Wegweiser, Brücke) und den teilweise seilgesicherten Steig durch die Felsabbrüche hinauf. Im Wald wird der Steig zusehends flacher, bis man auf etwa 1 230 Meter zur Abzweigung

Foto: Skulptur am ehemaligen Partisanenversteck Igel.

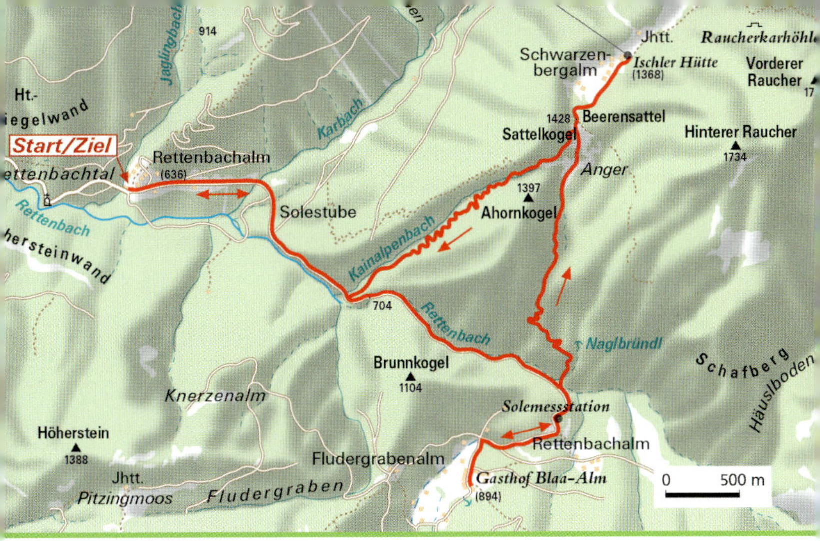

zum Igel kommt (Hinweisschild). Nun auf dem nicht markierten, aber mit Steinmandln gut bezeichneten Steig nach Osten in den Wald bis zum Igel (Gedenktafel, Skulptur von Eva Grubinger im Rahmen der Aktion „politische Landschaft – Kunst, Widerstand, Salzkammergut; www.politische-landschaft.org).
Retour zur Abzweigung und nach Norden über den Schwarzenberganger über den Beerensattel (1 430 m, höchster Punkt) zu den Almen hinab und zur Ischler Hütte. Retour bis zur Abzweigung des Nagelsteiges (Wegweiser), hier aber geradeaus (Südwesten) hinunter und entlang des steilen Forstweges weiter bergab ins Rettenbachtal zum geparkten Bike, auf dem man dann gemütlich das Tal hinausrollen kann.

Einkehr Ischler Hütte (www.alpenverein.at/bad-ischl), Rettenbachalm (www.rettenbachalm.info).

Variante Die Tour ist in ähnlicher Weise auch von der steirischen Seite machbar. Startpunkt ist dann die Blaa-Alm, die man mit dem Pkw über Altaussee (Richtung Loser) erreicht.

12

Der Wildensee – Rebellengebiet und Refugium geflüchteter NS-Schergen

Das Salzkammergut war gegen Ende des Zweiten Weltkrieges nicht nur Operationsgebiet für Widerstandskämpfer, sondern diente auch hochrangigen SS-Tätern als Versteck. Kriegsverbrecher des nationalsozialistischen Führungskaders zogen sich auf der Flucht vor der alliierten Verfolgung in das schwer zugängliche Tote Gebirge und das Dachsteingebiet zurück. Ernst Kaltenbrunner und Adolf Eichmann zählten zu den bekanntesten unter ihnen. Ihre Spuren kreuzten sich kurz nach Kriegsende im inneren Salzkammergut zum letzten Mal.

Vor 1938 war das Ausseer Land eine beliebte Sommerfrische-Destination der Großstädter. Auch jüdische Intellektuelle, Künstler, Schriftsteller und Wissenschafter wie Hugo von Hofmannsthal, Gustav Mahler oder Sigmund Freud ließen sich von den Bergen und Seen inspirieren. Die antisemitische Rassenpolitik des Nationalsozialismus machte dem ein fatales Ende. Anstatt jüdischer Sommerfrischler beanspruchten nun NS-Funktionäre die „arisierten" Villen als ihr Eigentum. So wurde die Villa Roth am nordöstlichen Ufer des Grundlsees ab 1941 zum Aufenthaltsort des Reichspropagandaministers Joseph Goebbels und seiner Familie. Doch nicht nur Goebbels residierte im Ausseer Land, auch der sadistische NSDAP-Gauleiter und Reichsstatthalter von Oberdonau, August Eigruber, bewohnte dort eine Villa. Mit dem Zusammenbruch der NS-Herrschaft und den heranrückenden alliierten Truppen verwandelte sich die Region zu einem beliebten Fluchtziel für NS-Schergen. Die Villen in Altaussee und am Grundlsee und die Almhütten im angrenzenden Toten Gebirge dienten den nationalsozialistischen Schlächtern Ernst Kaltenbrunner und Adolf Eichmann als Unterschlupf. Der Wildensee,

wo Tage zuvor noch die „Salzkammergut-Partisanen" operiert hatten, wurde zum Rückzugsgebiet für NS-Sadisten.
Kaltenbrunner, geboren 1903 im oberösterreichischen Ried, machte schnell Karriere innerhalb der NSDAP und der SS. Er trat der Partei bereits 1930 bei und war ab 1931 Angehöriger der SS. 1936 wurde er Chef der österreichischen SS und wenige Monate nach dem „Anschluss" übernahm er im August 1938 die Agenden des Staatssekretärs für öffentliche Sicherheit in der nunmehrigen „Ostmark". Heinrich Himmler machte ihn schließlich zum Höheren SS- und Polizeiführer. Als Reinhard Heydrich bei einem Anschlag ums Leben kam, wechselte Kaltenbrunner im Jänner 1943 an die Spitze des Reichssicherheitshauptamtes und übernahm auch die Leitung der Sicherheitspolizei und des SS-Sicherheitsdienstes. Die Zeitgenossen beschrieben Kaltenbrunner als gnadenlos, brutal und menschenverachtend. Ihm wurde der Beiname „kleiner Himmler" zuteil. Der Sohn eines Anwaltes, der 1926 in Rechtswissenschaften promovierte und 1929 die Anwaltsprüfung in Linz ablegte, war ein eiskalter, berechnender Bürokrat mit Holzfällermanier – breitschultrig und fast zwei Meter groß mit Narben im Gesicht. Diese stammten von der Mensur aus Kaltenbrunners Studienzeit. Ab 1938 baute Kaltenbrunner ein dichtes Geheimdienstnetz auf. Als Chef der Sicherheitspolizei und des SS-Sicherheitsdienstes konnte er auf dieses zurückgreifen und seine Machtfantasien in die Tat umsetzen. Als sich die Schlinge um Kaltenbrunner im April 1945 immer enger zog, begab er sich zu seiner Familie nach Strobl am Wolfgangsee. Von dort setzte er sich in den ersten Maitagen 1945 gemeinsam mit seiner Geliebten Gräfin Gisela von Westarp nach Altaussee ab. Im Ausseerland konnte sich Kaltenbrunner auf das Netz des SS-Sicherheitsdienstes verlassen. Die dort verbliebene Führungsriege der SS und des SD war überzeugt von Friedensverhandlungen mit den Westmächten und hielt am bewaffneten Kampf fest. Kaltenbrunner zog sich zunächst in die „arisierte"

Villa Kerry zurück. Dort traf bald darauf sein langjähriger Weggefährte Adolf Eichmann ein. Der ehemalige Leiter der „Zentralstelle für jüdische Auswanderung" in Wien sowie der „Reichszentrale für jüdische Auswanderung" in Berlin und damit verantwortlich für die Deportation und Ermordung von Millionen Jüdinnen und Juden, wählte ebenso das innere Salzkammergut als Rückzugsbasis.

Mit Adolf Eichmann war Kaltenbrunner schon in seiner Jugend befreundet. Beide waren sie rücksichtslose Sadisten, die über Leichen gingen. Je näher die Front rückte, desto mehr schwand der Rückhalt in den eigenen Reihen. Der Selbsterhaltungstrieb war größer als die Bereitschaft, sich gegenseitig zu helfen und der Diensteid besaß für Kaltenbrunner keine Geltung mehr. Wenn auch höchster SS-Offizier in der Region, wollte er keine Befehle mehr ausgeben. Wenige Tage nach der deutschen Kapitulation zog er sich in die Berge zurück.

Im Visier des US-Geheimdienstes

Mit Proviant ausgerüstet und mit Maschinenpistolen bewaffnet, hatte sich Kaltenbrunner, begleitet von zwei SS-Männern und den einheimischen Jägern Fritz Moser und Sebastian Raudaschl, zur Wildenseehütte bringen lassen. Mittlerweile hatte sich der US-Militärnachrichtendienst CIC an Kaltenbrunners Fersen geheftet. Robert Eliott Matteson war als *special agent* dafür zuständig, den Chef des Reichssicherheitshauptamtes aufzuspüren. Am 11. Mai 1945 erhielt der US-Oberst einen ersten Hinweis zu Kaltenbrunners Aufenthaltsort. Fritz Moser, einer der Jäger, die Kaltenbrunner zum Versteck begleitet hatten, gab den Aufenthaltsort an einen Verbindungsmann des österreichischen Widerstandes weiter und auf diese Weise gelangte die Information an Matteson: „[Bürgermeister] Johannes Brandauer berichtete, dass der Förster von Altaussee – ein Mitglied der Freiheitsbewegung – General Kaltenbrunner, Scheidler und zwei SS-Offiziere auf der Wildenseehütte oben im Toten Gebirge gesehen habe. […] Ich bat ihn daher, mir sofort zwei zuverlässige Österreicher zu bringen, die die Bergpfade kannten und als Bergführer dienen sollten." Verkleidet als Wanderer in österreichischer Tracht mit Lederhose, Janker und Hut sowie begleitet von österreichischen Wehrmachtsdeserteuren und US-Infanteristen machte sich Matteson im Schutz der Dunkelheit kurz vor Mitternacht des 11. Mai 1945 auf den Weg zur Wildenseehütte. Über meterhohe Schneefelder ging es in einem fünf- bis sechsstündigen Marsch vom Ufer des Altausseer Sees auf die Wildenseealm auf 1525 Meter Seehöhe. Dort angekommen, näherte sich Matteson alleine der Hütte und überraschte Kaltenbrunner im Schlaf. Matteson zeigte dem gesuchten Kriegsverbrecher einen Brief von dessen Geliebter Gisela von Westarp, worauf dieser aufgab. Kaltenbrunner gab sich als einfacher Wehrmachtsarzt aus. Nach seiner Verhaftung im Morgengrauen des 12. Mai 1945 wurde Kaltenbrunner beim internationalen Militär-Tribunal in Nürnberg der Prozess gemacht. Er zeigte sich bis zum Schluss nicht geständig und behauptete, von den „Judenmorden" nichts gewusst zu haben. Kaltenbrunner wurde am 16. Oktober 1946 am Galgen hingerichtet. Seine letzten Worte lauteten: „Ich bedauere, dass Verbrechen begangen worden sind, ich hatte keinen Anteil an ihnen."

Sein Kompagnon Eichmann wurde ebenfalls am 12. Mai 1945 auf einer Alm bei Altaussee verhaftet. Ihm gelang 1946 die Flucht aus der US-Haft und 1950 konnte er sich über die sogenannte „Rattenlinie" von Italien aus mithilfe der katholischen Kirche nach Argentinien absetzen. Er wurde am 11. Mai 1960 vom israelischen Geheimdienst in Buenos Aires aufgespürt und 1961 in Israel zum Tode verurteilt. Seine Hinrichtung erfolgte am 1. Juni 1962 im Gefängnis Ramleh bei Tel Aviv. In seinem Abschiedsbrief an seine Frau schrieb Eichmann: „Ich bin das Opfer eines Fehlschlusses. Meine Schuld war mein Gehorsam." Eichmann war in seinen NS-Funktionen zentral mitverantwortlich für die Ermordung von sechs Millionen Menschen.

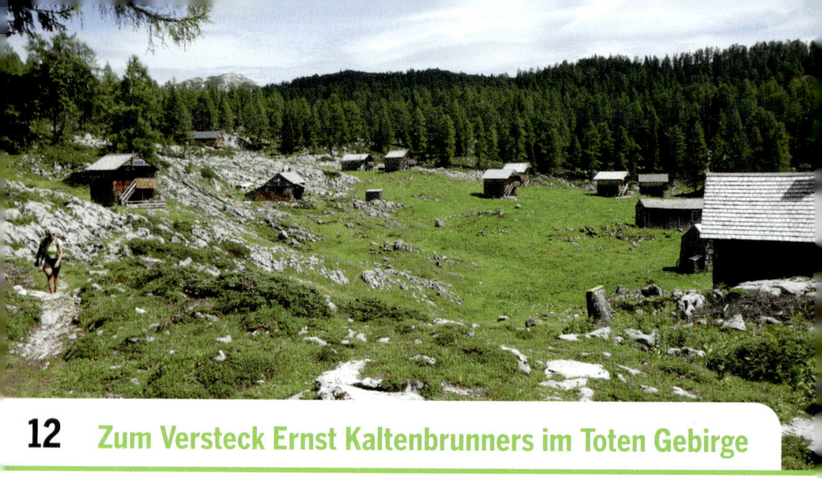

12 Zum Versteck Ernst Kaltenbrunners im Toten Gebirge

Der lange Anstieg zur Wildenseealm, wo Ernst Kaltenbrunner 1945 verhaftet wurde, führt mitten auf das Plateau des Toten Gebirges.

Anforderung Konditionell fordernd. Trittsicherheit erforderlich. Gesamt 1300 Höhenmeter und 8 bis 10 Stunden Gehzeit.

Ausrüstung Wanderausrüstung.

Ausgangspunkt Parkplatz Fischerndorf (gebührenpflichtig) am Straßenende von Altaussee zum See. Altaussee ist mit Öffis relativ gut zu erreichen (fahrplan.oebb.at).

Route Vom Parkplatz an der Nordseite des Sees am Friedhof vorbei zur Seewiese (an der Friedhofsmauer Gedenktafel für Ernst Königsgarten, ermordet im KZ-Theresienstadt 1942). Unterwegs kommen wir an den Denkmälern für den jüdischen Kletterpionier Paul Preuss und den Präsidenten der NS-Reichsmusikkammer (1933–1935) Richard Strauss vorbei. Beim Wegweiser geht es hinauf auf eine Forststraße. Dieser folgt man (markierte Abschneider) bis hinauf zur Oberwasseralm (1 182 m). Weiter geht es unter spektakulären Felsen und am „Nosnbä-Bründl" vorbei auf den Hochklapfsattel (1 498 m).

Foto: Hüttendorf auf der Wildenseealm.

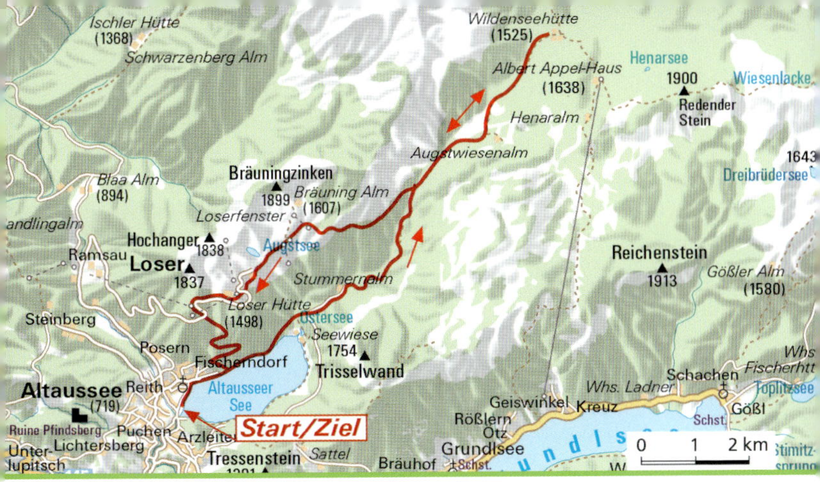

Abstieg im ruppigen Karst weiter nach Nordosten hinunter zu den schönen Augstwiesen und auf dem linken Weg bleibend (Nr. 212) über die Wiesen, dann durch lichten Lärchenwald, vorbei an der Jagdhütte „Füchslein in Not“ zu dem Hütteldorf der Wildenseealm. Der Abstieg führt retour zum Hochklapfsattel. Hier aber folgt man dem Karl-Stöger-Steig nach Südwesten zur Loseralm. Der Steig ist stellenweise etwas ruppig, schmal und kurz luftig und verlangt noch einmal viel Energie. Unterwegs passieren wir die Kunstinstallation „Der Partisan“ des serbischen Künstlers Bojan Šarčević (www.politische-landschaft.org). Langsam legt sich der Weg dann etwas zurück und man gelangt auf das Plateau des Loserstockes. Nun ein Stück der Straße folgen und dann (Abschneider, Wegweiser) nach der Loserhütte am Kilerweg in weiten Kehren hinunter nach Altaussee.

Einkehr Loseralm (www.loser.at),
Loser Hütte (www.willkommeninaltaussee.at).

Variante Die Tour ist auch mit Übernachtung auf der Wildenseehütte (Selbstversorgerhütte) möglich. Alle Infos zur Wildenseehütte www.alpenverein.at/wildenseehuette.

13

Befreundete Agenten aus der Luft auf der Jagd nach Joseph Goebbels

Am 8. April 1945 sprangen vier im Dienst des britischen Geheimdienstes stehende Österreicher in der Nähe der Rieder Hütte mit dem Fallschirm ab. Sie sollten eigentlich in der Nähe von Bad Aussee landen, um den dort weilenden NS-Propagandaminister Joseph Goebbels gefangenzunehmen oder, falls sich dieser widersetzte, zu erschießen. Bei Schlechtwetter verlor der Pilot jedoch die Orientierung und setzte die vier Agenten über dem Höllengebirge ab. Dort versteckten sich die Widerstandskämpfer zwei Tage lang in der Rieder Hütte. Das britische Kommandounternehmen schlug fehl, Albrecht Gaisbichler beteiligte sich in den Wochen danach an der Befreiung des Salzkammerguts.

Brindisi, am 8. April 1945: Nach einem ersten missglückten Versuch im März des Jahres starteten erneut vier österreichische Agenten im britischen Dienst mit einer Maschine der Royal Air Force in Richtung Bad Aussee. An Bord befanden sich neben der Besatzung Albrecht Gaiswinkler, Karl Standhartinger, Karl Lzicar und Josef Hans Grafl. Der Sozialist Gaiswinkler, der schon 1940 im Widerstand gegen die NS-Herrschaft im Ausseer Land führend aktiv war, lief 1944 im besetzten Frankreich von der Wehrmacht zum britischen Geheimdienst über. Für seine Mission, Joseph Goebbels zu verhaften oder notfalls zu erschießen, wurden ihm die drei ebenfalls aus Österreich stammenden Agenten Standhartinger, Lzicar und Grafl zugeteilt. Goebbels weilte zu diesem Zeitpunkt in der ehemaligen Villa Roth am Grundlsee. Doch wie schon im März waren auch diesmal die Flugbedingungen äußerst schlecht.

Tiefhängende Wolken und starker Wind erschwerten die Orientierung. „Es war um 3 Uhr nachts, der Himmel war bedeckt, kein Mond, keine Sterne waren zu sehen, es war vollkommen finster. Der Absprungbefehl ist von einem Offizier gekommen, aber der Pilot hat unsere Position nicht genau gekannt", erinnerte sich Grafl später an den Einsatz. Er und die drei anderen sprangen irrtümlicherweise über dem Feuerkogel ab und landeten aufgrund der viel zu hohen Geschwindigkeit weit verstreut rund 500 Meter von der Rieder Hütte entfernt im unwegsamen Höllengebirge. „Die Landung war sehr hart, ich steckte bis zum Hals im Schnee." Nach der Landung machte sich Grafl unverzüglich auf die Suche nach den anderen, konnte diese aber nicht finden, ebenso wie den Behälter mit dem Funkgerät, dem Bargeld und den Lebensmittelmarken, den sie erst zwei Tage später bergen konnten. Albrecht Gaiswinkler traf als ersten Karl Lzicar. Gemeinsam machten sie sich auf die Suche nach einem Unterschlupf. Da die Hochebene noch tief verschneit war, fanden sie kein passendes Versteck. Aus der Entfernung sahen sie plötzlich Rauch und entdeckten in einer Mulde einen Schornstein emporragen. Wenig später erkannten sie in der Dämmerung die Umrisse einer Hütte. Skispuren im Schnee mahnten sie zur Vorsicht: „Das war entweder ein Stützpunkt der Bergwacht oder es hatte sich dort ein Skikurs der Gebirgsjäger niedergelassen." Gaiswinkler und Lzicar beschlossen, sich trotz der Gefahr anzuschleichen. Die Kälte und das durchnässte Gewand trieb sie in die Wärme. Über dem Eingang entdeckten sie das Schild „Rieder Hütte" und wussten nun, wo sie sich befanden. Die beiden traten ein und zu ihrer Überraschung trafen sie auf ein junges Mädchen namens Annerl. Sie stellten sich als abgeschossene, hilfesuchende deutsche Flieger vor. Das Mädchen kochte ihnen Tee und erzählte den beiden, dass nur kurz vor ihrer Ankunft eine Gruppe Gebirgsjäger die Hütte verlassen hatte. Im weiteren Gespräch erfuhren Gaiswinkler und Lzicar von der täglich um 9 Uhr vorbeikommenden Streife der Bergwacht und der Hüttenwirtin Maria Puchinger aus Ebensee, einer Nationalsozialistin, die bald wiederkommen würde. Das Mädchen versprach den beiden, die Bergwacht nicht zu informieren. Gaiswinkler und Lzicar zogen sich daraufhin in den oberen Stock der Hütte zurück. Das Mädchen hielt Wort und verriet die beiden Männer nicht. Gaiswinkler machte sich danach allein auf die Suche nach Standhartinger und Grafl. Auf Skiern durchforstete er das unebene Karstgelände des Höllengebirges und traf zuerst auf Standhartinger und dann auf Grafl. Dieser lag erschöpft und zusammengerollt in einer kleinen Mulde. Eine HJ-Streife hätte ihn fast entdeckt, aber er war trotz des aufgezogenen Sturms wohlauf. Auf dem Rückweg kam den wieder versammelten Fallschirmspringern ihr Freund Karl Lzicar entgegen. Drei Unteroffiziere der Bergwacht, genauer genommen des Feuerkogel-Flugmeldedienstes hatten ihn überrascht und waren verstohlen abgezogen. Die vier Fallschirmspringer waren nun in höchster Alarmbereitschaft. Sie entschlossen, dennoch zur Hütte zurückzukehren. Dort trafen sie auf die Hüttenwirtin Maria Puchinger, die sie mit einer drohenden Verurteilung durch die Österreichische Freiheitsbewegung einschüchtern konnten. Am nächsten Morgen machten sie sich auf der Suche nach dem verloren gegangenen Kanister auf den Weg zum Großen Höllkogel. Sie fanden den Behälter mit dem Funkgerät und dem Geld in den latschenbewachsenen Hängen. Gegen zehn Uhr vormittags stiegen sie nach Ebensee ab. Da nur mehr ein Teil der Skiausrüstung auffindbar war, rutschten sie großteils über die Lawinenhänge hinab. In Ebensee angekommen, fuhren sie aufgeteilt auf verschiedene Waggons mit dem Zug nach Bad Aussee. Um nicht aufzufallen, trug Grafl eine deutsche Gebirgsjägeruniform. Ihren Auftrag, Goebbels zu verhaften, konnten sie nicht mehr ausführen. Dieser war bereits abgereist. Gaiswinkler und Grafl beteiligten sich in den folgenden Wochen als Widerstandskämpfer an der Befreiung des Salzkammerguts. Nach Kriegsende wurde Gaiswinkler von den amerikanischen Truppen kurzfristig als Regierungskommissär von Aussee eingesetzt. Der spätere SPÖ-Nationalratsabgeordnete veröffentlichte seine Erinnerungen an das britische Kommandounternehmen im April 1945 in seinem 1947 erschienenen Buch „Sprung in die Freiheit".

Österreichischer Widerstand im Dienst der britischen Krone

Die *Special Operations Executive*, kurz SOE, des britischen Geheimdienstes wurde für verschiedene Missionen im vom Deutschen Reich besetzten Europa eingesetzt. Die von Winston Churchill 1940 gegründete nachrichtendienstliche Spezialeinheit hatte den Auftrag, in den besetzten Ländern Widerstand zu organisieren. Die SOE besaß auch eine österreichische Sektion (*Austrian Section*), für die Albrecht Gaiswinkler angeworben wurde. Die Hauptaufgabe dieser Sektion war es, Kontakte zu bestehenden Widerstandsorganisationen herzustellen und diese mit Waffen, Sprengstoff, Funkgeräten und Informationen zu versorgen.

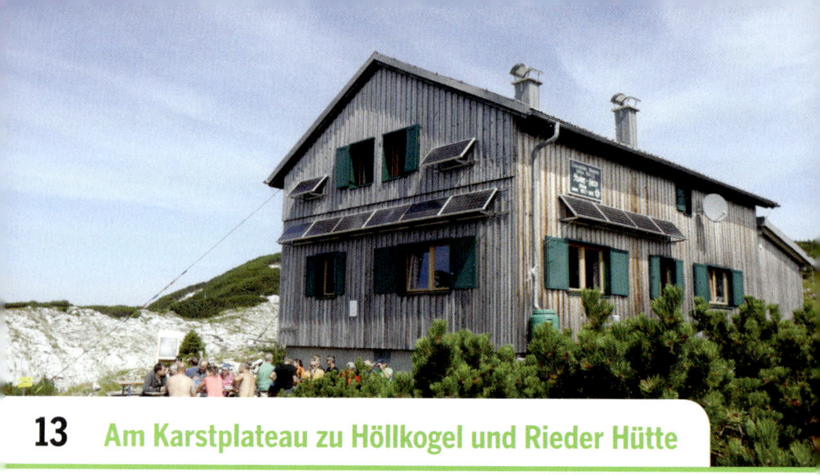

13 Am Karstplateau zu Höllkogel und Rieder Hütte

Wanderungen im Höllengebirge sind ruppige Karsttouren: Die Wege führen in Schlingen und Schlaufen durch Latschengassen und über scharfkantig ausgewaschenen Kalk. Ein Irrgarten für die Fallschirmspringer auch im April 1945.

Anforderung Mittelschwere Bergwanderung, technisch einfach. Gesamt 600 Höhenmeter mit Gegenanstiegen. Feuerkogel–Höllkogel: 2,5 Stunden, Höllkogel–Rieder Hütte: 30 Minuten, Rieder Hütte–Feuerkogel 2 Stunden.

Ausrüstung Wanderausrüstung.

Ausgangspunkt Ebensee, Talstation Feuerkogelbahn. Auffahrt mit der Seilbahn auf den Feuerkogel. feuerkogel.info

Route Von der Bergstation (Wegweiser) entlang der Häuser (hoch ansetzen) an der Talstation des Heumahdgupfliftes vorbei auf die Gasslhöhe und ins Edltal absteigen. Weiter auf dem Weg Nr. 820 (Weitwanderweg E4) am Totengrabengupf (1 782 m) vorbei zu einer Wegverzweigung (Wegweiser, 1 726 m). Nach Süden direkt hinunter in die Höllkogelgrube, dann kurz nach Westen (Wegweiser) und

Foto: Auf der Rieder Hütte.

durch Latschengassen Richtung Süden auf den Großen Höllkogel. Retour absteigen, dann aber nach Nordwesten zur Rieder Hütte (1 752 m). Zurück auf dem Hüttenweg über die oben genannte Verzweigung (1 726 m) zur Seilbahnstation.

Einkehr Rieder Hütte (www.alpenverein.at/riederhütte). Kranabethhütte (5 Minuten Gehzeit; www.kranabethhuette-feuerkogel.at).

Variante Eine längere Runde ergibt sich von der Bergstation auf dem breiten Spazierweg nach Westen bis zur Wegteilung Rieder Hütte/Helmeskogel. Hier südwärts und auf gemütlichem Wanderweg auf den Helmeskogel (1 633 m, beeindruckende Tiefblicke). Vom Gipfel ein kurzes Stück zurück und auf dem Kaiserweg (Nr. 837) durch ruppiges Karstgelände nach Südwesten zur Vorderen Spitzalm (1 381 m, zwei Stunden vom Helmeskogel). Kurze seilversicherte Wegstücke ohne besondere technische Anforderungen. Nach der Spitzalm geht es durch die Haselwaldgasse nordwärts bis zur Abzweigung des Gipfelsteiges nach Süden. (700 Höhenmeter Anstieg, 7 Stunden.)

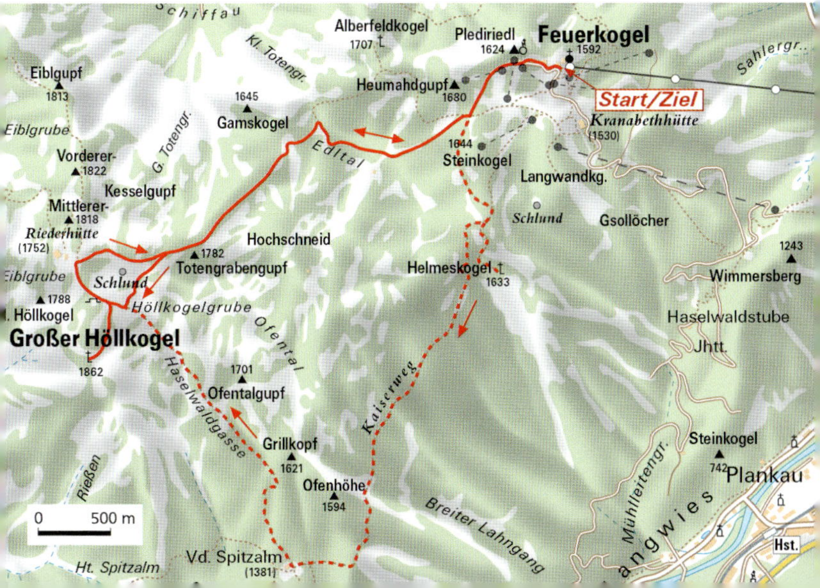

14

Franz Jägerstätter
Märtyrer des katholischen Widerstandes

Jahrzehntelang wurde der Wehrdienstverweigerer und Katholik Franz Jägerstätter von Teilen der Amtskirche diffamiert und kritisiert. Erst 2007 wurde er von der katholischen Kirche seliggesprochen. Bei Weltkriegs-Veteranen und Kameradschaftsverbänden von Wehrmacht und SS sowie rechten Politikern galt Jägerstätter als „Feigling“ und „Verräter“. Seine Entscheidung, sich gegen das nationalsozialistische Unrechtsregime und den Vernichtungskrieg zu stellen, wurde als gewissenlose Handlung interpretiert. Dabei handelte Jägerstätter in bestem Sinne nach seinem Gewissen.
Er tat dies aus Überzeugung und aus einem tiefen Glauben heraus: „Welcher Katholik getraut sich, diese Raubzüge, die Deutschland schon in mehreren Ländern unternommen hat und noch immer weiterführt, für einen gerechten und heiligen Krieg zu erklären?“
Der einfache Landwirt erkannte früh die kriminelle Energie des Nationalsozialismus. Bei der nationalsozialistischen „Volksabstimmung“ im April 1938 über den „Anschluss“ stimmte er als einziger Bürger seiner Heimatgemeinde St. Radegund mit „Nein“. Jägerstätter ging auf Distanz zum NS-Regime. Er las viel und schrieb seine Überlegungen hinsichtlich seiner politischen und religiösen Verantwortung nieder. Er verfasste einen Katechismus zu Glaubensfragen.

Geboren im oberösterreichischen St. Radegund an der Grenze zu Bayern fand Jägerstätter im Alter von 20 Jahren zunächst Arbeit auf einem Bauernhof im bayerischen Teising. Von dort aus besuchte er den Wallfahrtsort Altötting. Kurz darauf zog

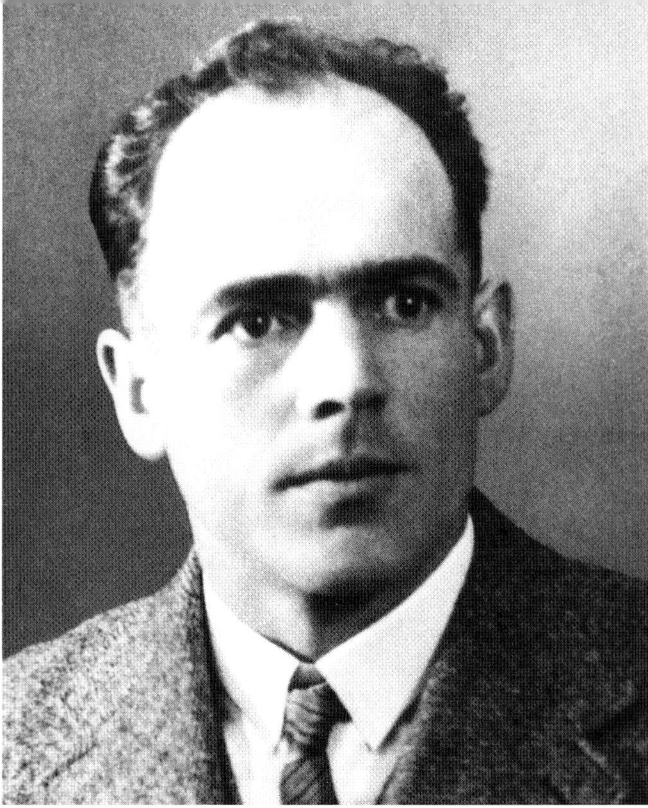

Franz Jägerstätter verweigerte aus Gewissensgründen den Dienst in der Deutschen Wehrmacht.

es Jägerstätter in das steirische Eisenerz. 1930 kehrte er zurück. Drei Jahre später wurde er Vater einer unehelichen Tochter und 1936 heiratete er Franziska Schwaninger, eine fromme Katholikin. Neben seiner landwirtschaftlichen Tätigkeit übernahm Jägerstätter das Amt des Mesners. Die Bevölkerung von St. Radegund war laut Volkszählung von 1934 einheitlich katholisch. Die christlichsoziale Partei dominierte die Gemeindepolitik. In diesem katholisch-konservativ geprägten Umfeld erlebte Jägerstätter seine Jugend und jungen Erwachsenenjahre.

Während die NSDAP bei der Landtagswahl 1931 in St. Radegund keine Stimme verzeichnen konnte, kam sie im benachbarten Ostermiething auf 50 Anhänger. Spätestens 1938 sollte sich das politische Klima aber auch in Radegund zugunsten der nationalsozialistischen Machthaber radikal verändert haben.
Im Gegensatz zur Bevölkerung, die mehrheitlich wegschaute und schwieg, war Jägerstätter ein aufmerksamer Beobachter und tat seine Meinung kund. Er äußerte sich mehrfach öffentlich gegen die NS-Diktatur und kündigte an, für dieses Regime nicht in den Krieg ziehen zu wollen. Gemeinsam mit seiner Frau Franziska diskutierte er politische Fragen. Sie gab ihm Rückhalt und unterstützte seinen Weg. Jägerstätter machte sich Gedanken zum nationalsozialistischen Euthanasieprogramm, der systematischen Ermordung von behinderten und kranken Menschen. In der Heil- und Pflegeanstalt in Ybbs, von wo aus Kranke in die Mordanstalt nach Hartheim gebracht und dort vergast wurden, „sollen sich sehr traurige Dinge" abgespielt haben, schrieb Jägerstätter.
Jägerstätter erhielt im Februar 1943 die Einberufung. Er rückte nach Enns ein und verweigerte den Wehrdienst, konsequent beharrte er auf seiner christlich motivierten Einstellung und Haltung und sprach sich gegen eine Gewaltherrschaft und damit gegen das NS-Regime aus. Im Mai wurde er als Häftling nach Berlin verlegt und vom Reichskriegsgericht Charlottenburg wegen „Wehrkraftzersetzung" zum Tod verurteilt. Jägerstätter wurde am 9. August 1943 im Zuchthaus Brandenburg enthauptet.

Seine Verweigerung und sein Widerstand wurden seiner Ehefrau noch lange nach der NS-Herrschaft zum Vorwurf gemacht. Das gesellschaftliche Stigma der österreichischen Nachkriegsgesellschaft traf Franziska Jägerstätter mit voller Wucht. Sie sei am Tod ihres Mannes mitschuldig. Während ein großer Teil der Zweiten Republik Jägerstätter vergessen wollte, erschien in den USA 1964 ein Buch über den jungen Katholiken, der sich geweigert hatte, für NS-Deutschland in den Krieg zu ziehen. Ein halbes Jahrzehnt später, 1971, tastete sich Axel Corti in dem Film „Der Fall Jägerstätter" erstmals an die Geschichte des widerständigen Märtyrers heran. Von da an sollten noch über 30 Jahre bis zur Seligsprechung 2007 vergehen. Mit dem Spielfilm „Ein verborgenes Leben" des Filmemachers Terrence Malick fand Jägerstätter zuletzt Eingang in das US-amerikanische Kino.

Anerkennung, Aufarbeitung und Erinnerungsarbeit

Anders als im Nachkriegsösterreich wird heute das Leben und Wirken von Franz Jägerstätter und seiner Ehefrau Franziska nicht mehr totgeschwiegen. Das Franz und Franziska Jägerstätter Institut an der Katholischen Privatuniversität in Linz ist seit 2017 mit der wissenschaftlichen Aufarbeitung und Dokumentation des Nachlasses betraut und unterstützt gemeinsam mit Initiativen sowie wissenschaftlichen und nichtwissenschaftlichen Einrichtungen die Erinnerungskultur und Gedenkarbeit. www.ku-linz.at/forschung/franz_und_franziska_jaegerstaetter_institut

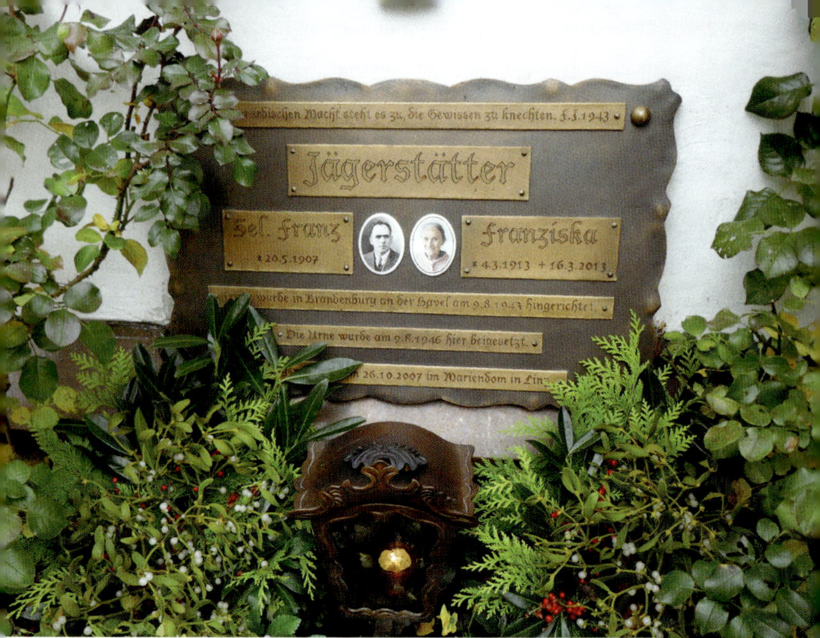

14 Der Jägerstätter-Gedenkweg in St. Radegund

Der stille Gedenkweg für den von den Nationalsozialisten ermordeten Jungbauern ist nur am 20. Mai (Geburtstag) und am 9. August (Tag der Ermordung) wirklich gut besucht.

Anforderung Einfache Wanderung, 1 Stunde.

Ausrüstung Festes Schuhwerk.

Ausgangspunkt Über Tittmoning (Bayern) oder über Ostermiething nach St. Radegund. Zufahrt über Ettenau bis zum Parkplatz beim Gasthof Hofbauer (Parkerlaubnis erfragen oder auch einkehren) unmittelbar bei der kleinen Kirche von St. Radegund.

Foto: Jägerstätter-Grab in St. Radegund

Route Von der Kirche kurz die schmale Asphaltstraße bergauf zu einem Marterl, hier scharf rechts und zum Gasthof Hofbauer (Wegweiser). Dann links und durch den Gasthof hindurch zur Ortstafel St. Radegund (Wegweiser) und weiter geradeaus über einen Feldweg an einem Hochstand und einem Holzplatz vorbei zur Gedenkstelle. Hinter der Gedenkstelle nicht auf dem Feldweg nach Süden, sondern entlang des Feldrandes kurz weglos, aber gut ausgetreten in einem sanften Rechtsbogen zum nächsten (freistehenden) Wegweiser. Hier auf dem Feldweg nach Süden zur Kreuzung (Wegweiser). Weiter nach links, durch einen Hof und auf der Asphaltstraße an einer Ortstafel vorbei zum Jägerstätter-Wohnhaus. (1,5 km/20 Minuten Gehzeit). Rückweg wie Hinweg.

Einkehr Gasthaus Hofbauer in St. Radegund. www.gasthaus-hofbauer.at

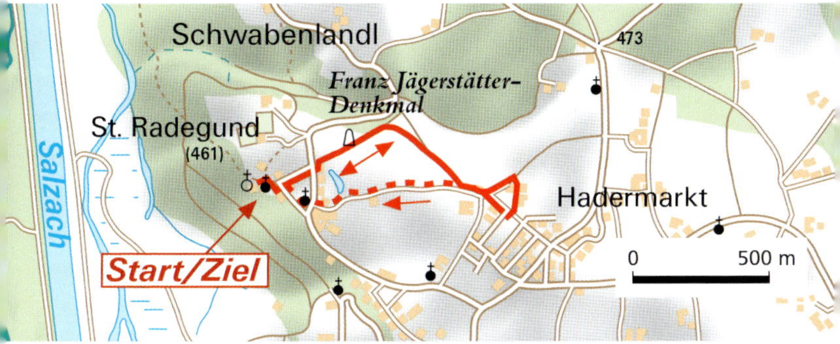

Variante Den Retourweg abkürzend bei der Wegkreuzung, wo es wieder zum Gedenkplatz ginge, geradeaus weiter nach St. Radegund und bei einer Kapelle an der Zufahrtsstraße nach rechts an der Schule vorbei wieder zur Kirche (15 Minuten).

15

Die unterirdische Mordfabrik

Ein Gasthaus, ein Kinderspielplatz und eine Einfamiliensiedlung, dahinter grauer Sichtbeton. „Memorial Gusen – Exhibition Gusen Concentration Camp 1939–1945“ steht auf der Vorderseite der Betonwand zu lesen. Das Konzentrationslager Gusen war das größte Außenlager des Konzentrationslagers Mauthausen. Trotz der mehr als 35 000 Todesopfer war die Geschichte der nationalsozialistischen Mordfabrik lange Zeit nicht Teil der offiziellen Erinnerungskultur. Ein Grund dafür war auch, dass die letzten Spuren der drei Teillager schon kurz nach 1945 verwischt wurden und eine Erinnerung erst sehr spät einsetzte.
5 100 deportierte polnische Zwangsarbeiter und politische Häftlinge aus dem Deutschen Reich waren die ersten, die in dem von der SS geführten Lager Gusen im Sommer 1940 eintrafen. Es folgten französische, belgische und italienische KZ-Häftlinge, polnische Juden sowie sowjetische Kriegsgefangene. Sie mussten in nahegelegenen Steinbrüchen für die Deutsche Erd- und Steinwerke GmbH und später in unterirdischen Stollen für die nationalsozialistische Rüstungsindustrie arbeiten. Bis 1942 hatte das Konzentrationslager Gusen vor allem die Funktion eines Mordlagers. Verschärfte Strafarbeit und gezielte Mordaktionen waren an der Tagesordnung. Die Häftlinge waren der willkürlichen Misshandlung durch die SS und die Kapos ausgesetzt. Zu den tödlichsten Arbeiten zählte jene in den Steinbrüchen. Ein italienischer KZ-Häftling schildert den Arbeitseinsatz folgendermaßen: „Die härteste Arbeit war die in der Transportkolonne, die Strafkompanie von Gusen. Die dorthin Zugeteilten trugen etwa 50 Kilo schwere Steine auf ihren Schultern. In Gänsereihe mussten Sie im Laufschritt vom Steinbruch zum Steinbrecher, morgens bis abends. Wehe, wenn sich eine Lücke in der Reihe

bildete: der erste, der zurückblieb, wurde zur Seite gestoßen und durch Stockschläge und Tritte getötet." Ein nicht weniger gefährlicher Ort innerhalb des Lagersystems war die Rüstungsindustrie. Unter Bewachung schraubten dort KZ-Häftlinge, Zwangsarbeiter und Zivilarbeiter an Flugzeugmotoren, fertigten Karabiner und Maschinenpistolen, arbeiteten bis zu 13 Stunden am Tag unter unmenschlichen Bedingungen. Die Aufträge kamen von Messerschmitt und der Steyr-Daimler-Puch AG.

Ab Jahresende 1943 sollten kilometerlange Tunnel die Rüstungsindustrie unter Tage verlegen, geschützt vor den Angriffen der alliierten Bomber. Die Waffenfabrik in Steyr benötigte sichere Produktionsstätten, in denen die Zwangsarbeiter für den NS-Vernichtungskrieg schuften sollten. Nach den ersten Luftangriffen auf Industriestandorte im Deutschen Reich hatte die Leitung der Steyr-Werke gemeinsam mit den Rüstungsverantwortlichen im November 1943 begonnen, die Verlagerung der Produktion zu planen. Schwere Bombenangriffe am 23. und 24. Februar 1944 zerstörten nicht nur Teile der Stadt Steyr, sondern auch das Hauptwerk der ansässigen Waffenfabrik. Wenige Tage danach urgierte der Gauleiter von Oberdonau August Eigruber bei SS-Führer Heinrich Himmler die Verlegung der Waffenfertigung in das Konzentrationslager Gusen. Diese wurde umgehend genehmigt. Ein Teil der Waffenproduktion befand sich bereits seit Anfang 1943 in Baracken des KZ Gusen. Seit dem Frühjahr 1944 war eine umfangreiche Stollenanlage für die Firma Messerschmitt in Bau, diese diente auch der Steyr-Daimler-Puch AG als bombensichere Produktionsstätte.

Der Einsatz von KZ-Häftlingen in der Steyr-Daimler-Puch AG war ein frühes Kooperationsprojekt zwischen Rüstungsindustrie und SS im gesamten Reich. Die ersten Versuche gingen bereits auf das Frühjahr 1941 zurück. Ein Häftlingskommando aus Mauthausen war damals für den Bau des Flugmotorenwerkes bereitgestellt worden. Das war der Beginn für die Fertigung von Rüstungsgütern bei Konzentrationslagern. Die Verlagerung der Waffenproduktion in die KZs bot der SS die Chance, von der Wehrmacht unabhängiger zu werden. Die Rüstungsfirmen wiederum profitierten von der Verfügbarkeit einer großen Zahl an Arbeitskräften, die einen geringen finanziellen Aufwand bedeuteten. Ende 1944 waren etwa 6000 Häftlinge bei den Steyr-Werken in Gusen eingesetzt, der erste Großauftrag waren Karabiner für die SS.

Tod und Vernichtung waren Teil der ökonomischen Realität in den von der SS bewachten Rüstungsbetrieben in Gusen. Die Ausbeutung der individuellen Arbeitskraft ging nicht selten mit einem gewissen Sadismus einher. Wie sich die unmenschlichen Arbeitsbedingungen darstellten, belegt der von Oberinspektor der Steyr-Werke Karl Mugrauer ausgegebene Appell: „Das sind eh alle Verbrecher und sie müssen alle verrecken, aber bevor müssen wir noch das meiste von ihnen herausquetschen." Kranke und nicht arbeitsfähige Häftlinge wurden auf brutale Weise ermordet. Ab Ende 1942 und im Jahr 1943 gab es mehrere Tötungsaktionen in einem speziellen Gaswagen, der zwischen den Lagern Mauthausen und Gusen pendelte.

Die Dimension der systematischen Vernichtung wird an den Zahlen sichtbar. Von den insgesamt 71 000 nach Gusen deportierten Menschen kamen mehr als die Hälfte im Todeslager im oberösterreichischen Mühlviertel ums Leben. Soldaten der US-Armee befreiten am 5. Mai 1945 mehr als 20 000 KZ-Häftlinge auf dem Areal. Sie waren stark unterernährt und körperlich geschwächt. 2000 starben in den nächsten Tagen in den Militärlazaretten und Spitälern.

In den darauffolgenden Tagen begannen die amerikanischen Befreier mit der Demontage des Konzentrationslagers. Das Lager Gusen II wurde von den US-Truppen komplett niedergebrannt, um die Ausbreitung von Seuchen zu verhindern.

Das sogenannte herrenlose Gut des Lagers Gusen I wurde einerseits durch die örtliche Gemeindebehörde, meist mit Zustimmung der amerikanischen Besatzungsbehörden, verkauft, andererseits kam es auch zu Plünderungen. Holz und Steine aus dem Lager wurden von der einheimischen Bevölkerung als Baumaterial verwendet. Nach der Übernahme des Lager-Areals durch die sowjetische Besatzungsmacht dienten die Baracken als Truppenunterkünfte, die Steinbrüche wurden als „Granitwerke Gusen" bis 1955 weiter genutzt. Nach Abzug der sowjetischen Truppen 1955 begann die Gemeinde Langenstein mit der Planung einer Wohnsiedlung. Das Konzentrationslager Gusen verschwand aus der Landschaft und damit aus dem kollektiven Gedächtnis.

Ehemalige italienische KZ-Häftlinge waren die Ersten, die in den 1960er-Jahren auf dem Areal des ehemaligen KZ Gusen eine Gedenkstätte errichteten. Dort, wo früher das Krematorium gewesen war. Seit 1997 betreut das österreichische Innenministerium das Memorial. 2004 wurde in Zusammenarbeit mit dem „Personenkomitee Gusen" ein Besucherzentrum errichtet.

Gedenkstätte KZ-Gusen.

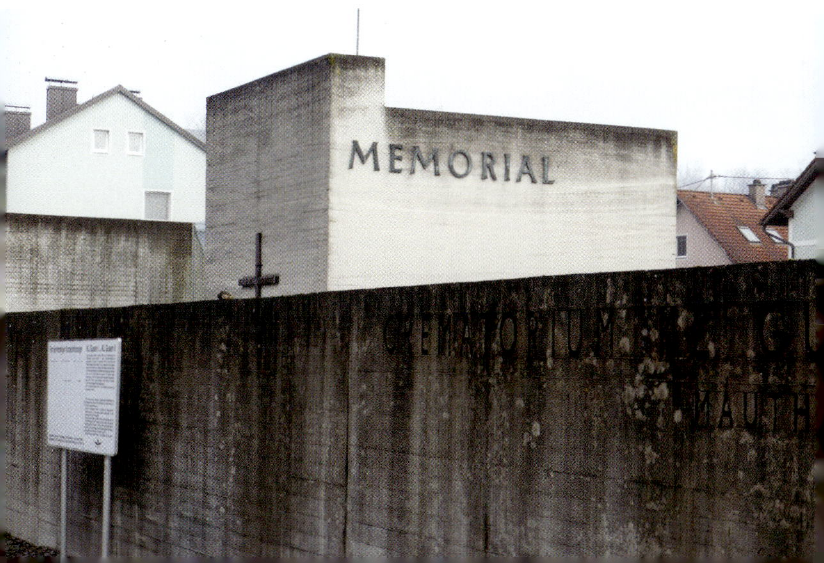

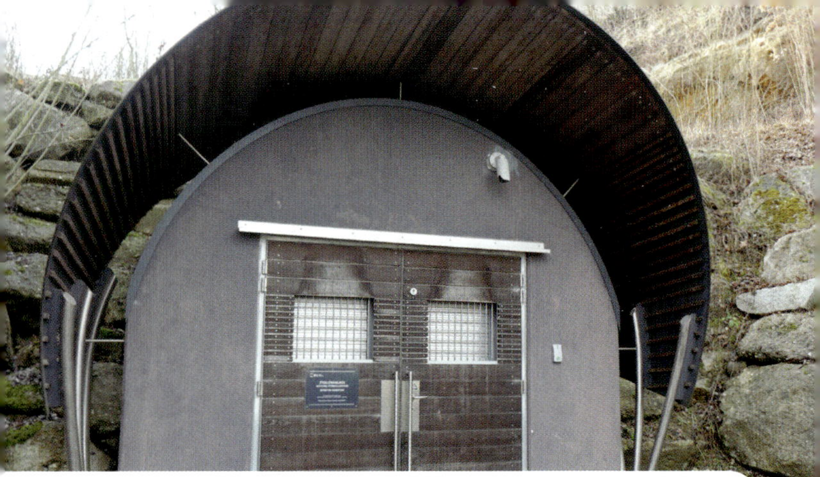

15 Vernichtung durch Arbeit – Audioweg durch Gusen

Der in Berlin lebende Künstler Christoph Mayer führt uns mit seinem Projekt Audioweg durch die Anlagen der Konzentrationslager Gusen I und Gusen II. Es ist ein Weg durch das Konzentrationslager, das durch die Besiedelung und Überbauung quasi „verschwunden" ist. Zu hören sind Erinnerungen von Opfern, Stimmen von Tätern und Meinungen jener Menschen, die heute auf dem Gelände des ehemaligen KZs leben.

Anforderung Einfacher Spaziergang, 1,5 Stunden, 30 Minuten Rückweg.

Ausrüstung Turnschuhe.

Ausgangspunkt Memorial Gusen, Georgenstraße 7, 4222 Gusen. www.gusen-memorial.at oder +43 (0)7238/22690
Hier können nach telefonischer Anmeldung die Audiogeräte für den Weg kostenlos ausgeliehen werden. Achtung: Der Pfad ist nicht markiert, man muss sich unbedingt einen der iPods ausleihen! Von Linz ist St. Georgen an der Gusen bequem mit der S-Bahn oder

Foto: Stolleneingang zur SS-Todesfabrik Bergkristall.

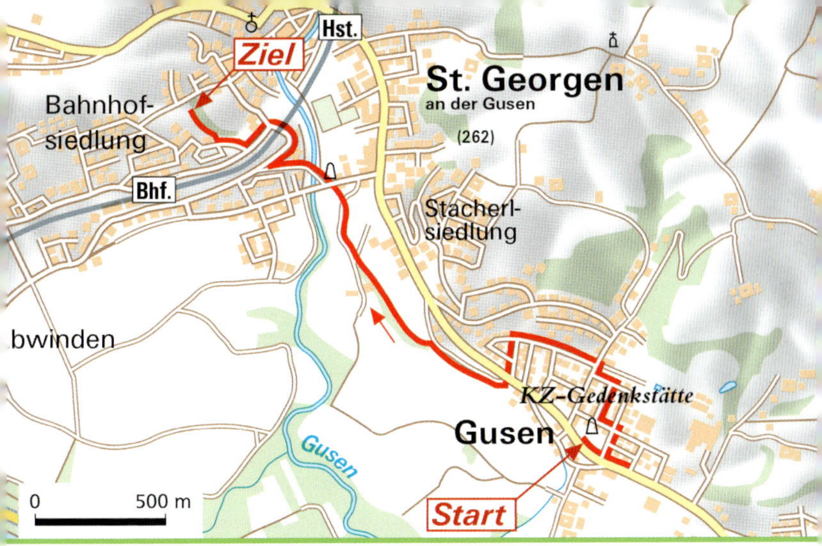

dem Bus Nr. 360 erreichbar, Letzterer fährt direkt bis zum Memorial, Station Gusen Bachstraße. (fahrplan.oebb.at)

Route Der Audioweg Gusen beginnt beim Memorial Gusen und endet bei den Zugangstoren der unterirdischen Anlage Bergkristall, einer großen ehemaligen unterirdischen Flugzeugfabrik der Nationalsozialisten. Er führt vorbei am ehemaligen Haupteingang zum KZ Gusen I, zwei noch bestehenden Verwaltungsgebäuden der SS, dem heute als Wohnhaus benutzen früheren Häftlingsbordell, den beiden Häftlingsblocks 6 und 7/8, dem ehemaligen Appellplatz, den Ruinen des Steinbrechers zu den Sterbebaracken und weiter auf das Gelände des ehemaligen KZs Gusen II. Von dort geht es auf der Trasse der Schleppbahn des KZ-Komplexes zum SS-Übernahmebahnhof und auf der 1941 ebenfalls von KZ-Häftlingen errichteten Schleppbahnbrücke zum heutigen Zugangsportal der Flugzeugfabrik Bergkristall.

Einkehr Gasthaus Pree gegenüber dem KZ-Memorial.
www.gasthaus-pree.at

16

Das Vorzimmer der Macht am Obersalzberg

Die Nähe der Stadt Salzburg zum Berghof auf dem Obersalzberg war ab März 1938 von hoher symbolischer Bedeutung für die Nationalsozialisten. Propaganda-Postkarten mit aufgehender Hakenkreuzsonne zeugen davon. Doch schon unmittelbar nach der Machtübernahme der Nationalsozialisten in Deutschland 1933 pilgerten Anhänger und NS-Sympathisanten aus allen Teilen Österreichs über die Grenze nach Berchtesgaden, um Adolf Hitler nahe zu sein. Später erklärte Hitler das Areal zum Sperrgebiet und empfing in seinem alpinen Regierungssitz nur mehr ausgewählte Gäste.

Der Obersalzberg, seit 1923 Hitlers Feriendomizil, wurde nach 1933 zum zweiten Regierungssitz neben Berlin ausgebaut. Der großräumig angelegte Sperrbezirk war von SS-Einheiten überwacht und diente Hitler sowie anderen NS-Größen wie Albert Speer, Martin Bormann und Hermann Göring als Rückzugs- und Erholungsort. Die einheimische Bevölkerung, zumeist seit Generationen hier beheimatet, wurde vertrieben. Wer sich dem Verkauf widersetzte, wurde unter Druck gesetzt. Mehrere dutzend Grundbesitzer wurden enteignet. Der Fotograf Hans Brandner, der am Obersalzberg ein kleines Fotogeschäft betrieb, weigerte sich. Die Gestapo verhaftete ihn und deportierte Brandner ins Konzentrationslager Dachau. Nach zwei Jahren KZ-Haft wurde er auf Intervention seiner Verwandtschaft entlassen. Brandner wurde eingezogen und fiel an der Ostfront.

Hitler inszenierte den Berghof und das höher gelegene Kehlsteinhaus als Orte höchster Diplomatie. Er spielte den charmanten Gastgeber für in- und ausländische Besuche und nutzte die Bergidylle, um seine politischen Gegner in die Knie zu zwingen. Im Februar 1938 ließ Hitler den gedemütigten österreichischen

Kanzler Kurt Schuschnigg auf den Obersalzberg laden, um ihn das Berchtesgadener Abkommen unterschreiben zu lassen. Damit besiegelte dieser den „Anschluss" Österreichs an das Deutsche Reich. Im September desselben Jahres empfing er den britischen Premier Neville Chamberlain, um mit ihm die Frage der deutschen Bevölkerungsteile im tschechoslowakischen Sudetenland zu diskutieren. Chamberlain gab schließlich nach und unterzeichnete wenig später das Münchner Abkommen, wodurch ein Teil der unabhängigen Tschechoslowakei kampflos dem Deutschen Reich angeschlossen wurde. Insgesamt verbrachte Hitler fast ein Drittel seiner Regierungszeit, umgerechnet fast vier Jahre, auf dem Obersalzberg. Zwischen 1933 und 1944 fertigte er dort über 125 Gesetze, Führererlässe und Verordnungen und ratifizierte eine Reihe von Staatsverträgen. Ein Teil davon war hochpolitisch wie das „Ostmarkgesetz" von 1938, das die Verwaltung des nationalsozialistischen Österreichs regelte. Auch die Besetzung des Sudetenlandes 1939 wurde auf dem Obersalzberg ausgearbeitet. Ab 1938 stand Hitler mit dem neu errichteten Kehlsteinhaus neben dem Berghof ein zweites repräsentatives Gebäude zur Verfügung. Dieses lag wesentlich höher (auf 1834 Meter) und war über eine Zufahrtsstraße durch die Süd- und Nordabstürze des Kehlsteins sowie einen Tunnel erreichbar. Das Kehlsteinhaus war ein Projekt Martin Bormanns. Entgegen weit verbreiteter Annahmen war es aber kein Geschenk zu Hitlers 50. Geburtstag im Jahr 1939 und Hitler selbst besuchte das Kehlsteinhaus äußerst selten.

Parallel dazu entstanden auf dem Obersalzberg eine Kaserne für das Wachbataillon der SS-Leibstandarte Adolf Hitler, ein Postamt, ein von der Nationalsozialistischen Volkswohlfahrt (NSV) betriebener Kindergarten für die Bediensteten und ein Gutshof für die Produktion gesunder Lebensmittel. Das Hotel „Zum Türken" wurde zum Quartier des Reichssicherheitsdienstes. Ein Großteil der Gebäude war mit einem unterirdischen Stollensystem verbunden, das wiederum mit

Maschinengewehrstellungen gesichert war und unterirdische Krankenstationen und SS-Schießstände beherbergte. Der Obersalzberg wurde so zu einem stark geschützten, voll funktionstüchtigen Regierungssitz ausgebaut, wo einige nationalsozialistische Verbrechen ihren Ausgang nahmen. So fand sich dort am 19. Juni 1943 Heinrich Himmler zu einer Besprechung mit Hitler ein. Zwei Tage nach dem Treffen erteilte Himmler den Befehl zur Liquidierung aller verbliebenen Ghettos im Osten durch Umwandlung in Konzentrationslager und Ermordung aller Arbeitsunfähigen.

Neben Politik und Diplomatie waren Propaganda und „Führer-Kult" auf dem Obersalzberg von zentraler Bedeutung. Hitler empfing Gruppen von HJ und BDM und Abordnungen anderer Parteiorganisationen auf dem Obersalzberg, aber auch nicht-parteigebundene Gruppen und Vereine. Die NS-Freizeitorganisation KdF führte ab 1934 Fahrten nach Berchtesgaden durch, zum Programm gehörte ein Besuch beim „Führer". Der Obersalzberg entwickelte sich so zu einer tragenden Säule der NS-Propaganda und des Hitler-Mythos. Obwohl später Sperrgebiet und für die „Volksgemeinschaft" nicht mehr allgemein zugänglich, blieb der Obersalzberg bis 1945 ein wesentliches Element der nationalsozialistischen Propaganda. Es entstanden eigene „Merchandising-Artikel" wie gemalte Postkarten, die den Berghof in idyllischer Berglandschaft zeigen sollten. Bildbände wie „Hitler abseits vom Alltag" oder „Hitler in seinen Bergen" waren hoch erfolgreich.

Hitler verließ am 14. Juli 1944 den Obersalzberg für immer. Nachdem er am 15. Jänner 1945 den Bunker der Berliner Reichskanzlei bezogen hatte, entschied er sich am 22. April 1945 für seinen endgültigen Verbleib in der Reichshauptstadt. Am 25. April 1945 bombardierten britische Langstreckenbomber das Gelände und zerstörten einen Großteil der Gebäude. Am 4. Mai 1945 wurde der Obersalzberg von amerikanischen und französischen Truppen befreit.

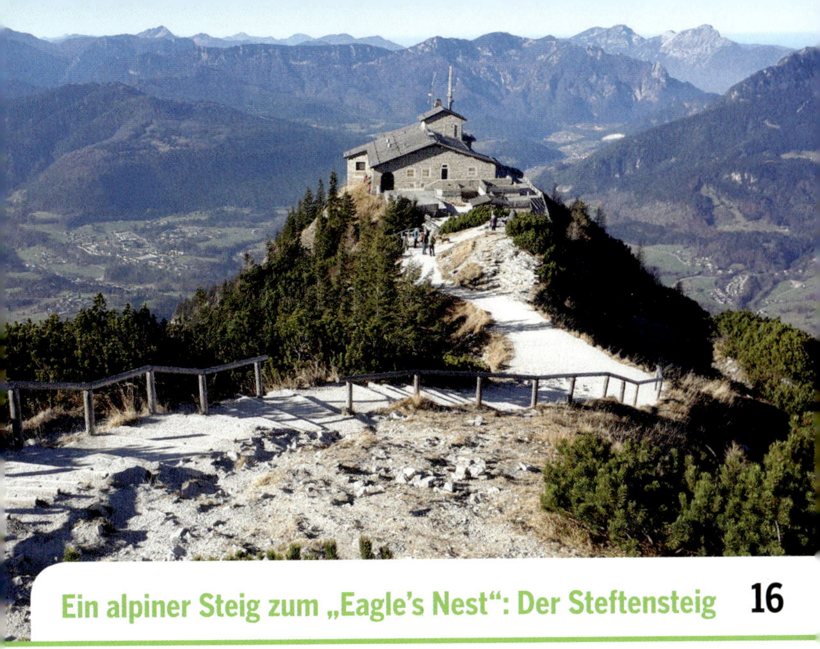

Ein alpiner Steig zum „Eagle's Nest": Der Steftensteig 16

Das Kehlsteinhaus (Diplomatenhaus von Adolf Hitler) ist heute eine überlaufene Touristenattraktion. Wir nähern uns dem aussichtsreichen Kehlstein über die ruhige, alpine Seite.

Anforderung Anspruchsvoller An- und Abstieg, Stellen im I. Schwierigkeitsgrad, Trittsicherheit und Schwindelfreiheit obligat. 800 Höhenmeter und 2 Stunden Anstieg. Steinschlaggefahr durch Vorausgehende.

Ausrüstung Wanderausrüstung, eventuell Kletterhandschuhe angenehm.

Ausgangspunkt Parkplatz bei der Scharitzkehlalm auf der Dürreckstraße nach Hinterbrand. Von Salzburg kommend über den Obersalzberg zufahren. Von Berchtesgaden mit der Linie 838 erreichbar. www.rvo-bus.de

Foto: Das Kehlsteinhaus vom Kehlstein aus gesehen.

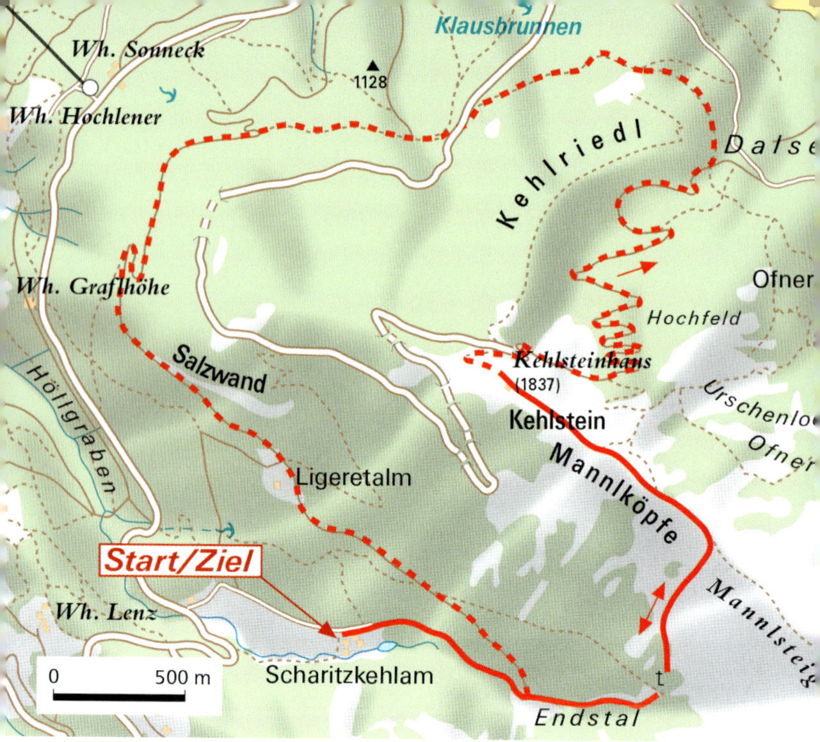

Route Vom Almboden ins Endstal bis zur Straßenkehre und hier die Straße verlassend bis zum Brotzeitstein ansteigen. Dahinter auf dem nicht markierten, aber deutlich erkennbaren Steig bis unter die Westwand des Hohen Göll und nach Nordosten auf den höchsten Punkt des Schuttfeldes. Hier beginnt der Steftensteig. Er führt direkt (einige Steighilfen, sogenannte „Steften") durch leichtes Klettergelände (I) auf den Mannlgrat hinauf. Steindauben und einige Markierungspunkte erleichtern die Orientierung. Keinesfalls nach rechts in die Wand ausqueren – die Steigspuren führen zu Kletterrouten. Am Mannlgrat geht es dann gut gesichert und ausgebaut nach Nordwesten auf den Kehlstein (1881 m). Abstieg wie Anstieg. Eine mögliche Rundtour ist mit gesamt 6 Stunden deutlich länger. Dazu muss man auf dem Trampelpfad zum Kehlsteinhaus hinunter und weiter gut gesichert zum Buswendeplatz. Hier auf der gesperrten Straße nach Osten und in vielen Kehren nordwärts hinunter bis zur ersten Abzweigung. Dann über die Kehlalm und die Ligeretalm zurück.

Einkehr Scharitzkehlalm. www.scharitzkehlalm.com

Variante Einfacher (650 Höhenmeter und 3 Stunden für Auf- und Abstieg) als der Steftensteig ist der Normalweg. Start von der Roßfeldstraße (Maut) beim Parkplatz nahe der Schifferer Hütte. Von hier westwärts auf dem gesperrten Fahrweg in das weite Kar unterhalb des Kehlsteins. Dann über acht Kehren zum Buswendeplatz hinauf und über den gut gesicherten Steig zum Haus und auf den Kehlstein. Abstieg wie Anstieg.

Nationalsozialistische Propagandapostkarte mit Blick über die Stadt Salzburg und dem Obersalzberg im Hintergrund, darüber eine aufgehende „Hakenkreuzsonne.

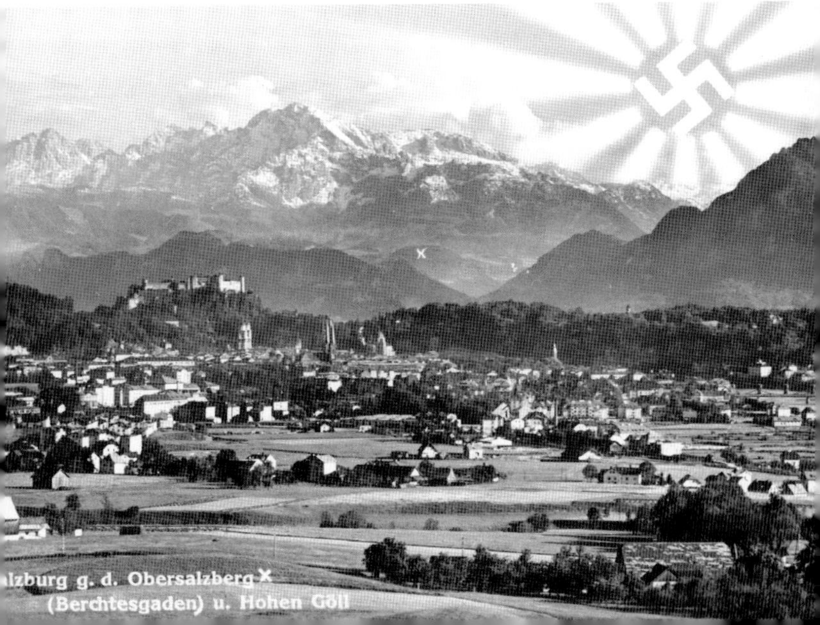

17

Nationalsozialistische Vorzeichen auf der Reiter Alpe

Auf der Reiter Alpe führte die „Tausend-Mark-Sperre" zum Bau einer zweiten Traunsteiner Hütte. Das Grenzgebiet war nicht nur eine Schmuggelroute für nationalsozialistisches Propagandamaterial und Waffen, sondern auch eine Fluchtroute für illegale österreichische Nationalsozialisten in das Deutsche Reich.
Um wirtschaftlichen Druck auf Österreich auszuüben, hatte die reichsdeutsche Regierung am 1. Juni 1933 die „Tausend-Mark-Sperre" eingeführt, wonach deutsche Staatsbürger vor einer Reise nach Österreich 1 000 Reichsmark bezahlen mussten. Das bis Sommer 1936 gültige Gesetz des Deutschen Reiches, welches die österreichische Tourismuswirtschaft schwächen und damit die innenpolitische Lage destabilisieren sollte, machte sich ebenso beim grenznahen Ausflugs- und Wanderverkehr bemerkbar, so auch an der salzburgisch-bayerischen Grenze. In den westlichen Bundesländern blieben bis zu 80 Prozent der deutschen Urlauber fern. Allein im Bundesland Salzburg ging die Anzahl der deutschen Besucher von Mitte bis Ende Juli 1933 von 8 191 auf 413 zurück. Die „Tausend-Mark-Sperre" erschütterte den Berg- und Wandertourismus sowie die touristische Infrastruktur in den Alpen. Hinzu kam das Verbot jeder nationalsozialistischen Tätigkeit im austrofaschistischen Österreich ab Juni 1933, das zur Grenzsperre führte. Der Übertritt von deutscher Seite aus zur 1901 erbauten Traunsteiner Hütte, die auf österreichischem Gebiet lag, war von da an nicht mehr möglich. Aufgrund seiner Vorgeschichte mit der Einführung des „Arierparagraphen" im Jahr 1921 galt der Alpenverein als völkisch und dem Nationalsozialismus nahestehend. Nicht selten dienten Alpenvereins-Hütten illegalen Nationalsozialisten ab 1933 als Verstecke für Propagandamaterial und Waffen. Sie schmuggelten

das Material aus dem Deutschen Reich über die grüne Grenze nach Österreich und nutzten die Hütten als Unterschlupf auf der Flucht ins Deutsche Reich. Damit standen die Aktivitäten im Alpenverein auch auf der Traunsteiner Hütte ab Sommer 1933 unter verstärkter Kontrolle der austrofaschistischen Behörden.
Weil die Einführung der „Tausend-Mark-Sperre" auf der einen Seite und das Verbot der Nationalsozialisten auf der anderen das wirtschaftliche Überleben der gerade noch auf österreichischem Gebiet liegenden Traunsteiner Hütte bedrohte, entschloss sich die Alpenvereinssektion Traunstein zu einem Neubau auf deutscher Seite. Unter Vorsitz des Traunsteiner Rechtsanwalts Karl Merkenschlager errichtete der Alpenverein mit Unterstützung des Deutschen Reiches auf bayerischem Boden in 1570 Meter Höhe ein weitaus größeres Haus. Merkenschlager war Mitglied der schlagenden Burschenschaft der Bubenreuther und pflegte enge Kontakte zu deutschnationalen Gesinnungsgenossen in Österreich. Gemeinsam mit österreichischen Burschenschaftern feierte er bei einem Verbindungstreffen im Dezember 1936 im Hotel Traube in Salzburg „Die unabänderliche treue Verbundenheit der alten Burschenschafter im Deutschen Reiche und in Österreich".
Die neue Traunsteiner Hütte konnte erst im September 1938 fertiggestellt werden. Zum Zeitpunkt der Eröffnung war der „Anschluss" bereits vollzogen und die Grenzfrage obsolet geworden. Die nationalsozialistischen Machthaber nutzten die Einweihung aber nicht nur als Machtdemonstration, sondern verwiesen gleichzeitig auf die Symbolträchtigkeit der Hütte. Diese sei „nun durch des Führers Tat ein Bestandteil des Großdeutschen Reiches geworden". Am 7. September 1938 berichtete der *Völkische Beobachter* von der Eröffnung, bei der kolportierte 400 Personen aus Bayern und der „Ostmark" anwesend waren. Insgesamt 125000 Reichsmark flossen in das Prestigeprojekt des Deutschen Alpenvereins auf der Reiteralpe. Den Standort der neuen Traunsteiner Hütte hatte der nationalsozialistische Architekt und Baurat Gsänger festgelegt, dem die Hütte ihr monumentales Erscheinungsbild verdankt.

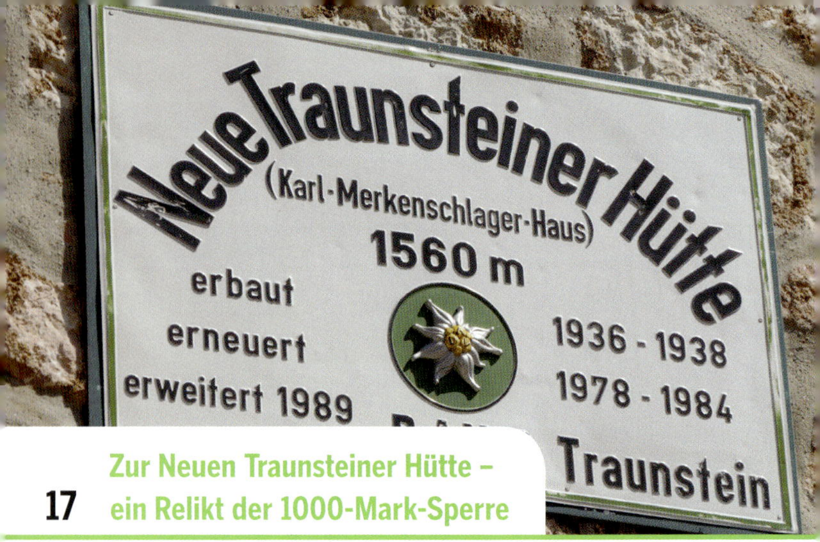

17 Zur Neuen Traunsteiner Hütte – ein Relikt der 1000-Mark-Sperre

Das Karstplateau der Reiter Alpe verlangt ein gerüttelt Maß an Kondition.

Anforderung Technisch einfache, aber konditionell fordernde Bergwanderung. Gesamt 1 100 Höhenmeter, 3,5 Stunden Anstieg.

Ausrüstung Wanderausrüstung.

Ausgangspunkt Parkplatz bei der Bundeswehr-Erprobungsstelle in Unterjettenberg. Zufahrt über die deutsche Alpenstraße, Abschnitt Schneizlreuth-Ramsau.

Route Vom Parkplatz auf der asphaltierten Straße durch die Militäranlage zum obersten Toreingang (Wegweiser). Hier beginnt der Schrecksteig. Dieser führt – anfangs als schmaler Fahrweg – an der Rastnock-Diensthütte vorbei und windet sich dann in vielen Kehren durch den Wald hinauf. Die beschilderten und markierten Abschneider sind sinnvoll. Im oberen Teil wurde der Steig 1939 in den Fels gesprengt – eine Erinnerungsgravur knapp vor dem Schrecksattel ist heute noch gut sichtbar. Vom Schrecksattel (1 620 m, Kreuz und Gedenktafeln) führt der Steig als schmaler Fahrweg am Rand des Militärgebietes bergauf-bergab nach Süden zur bewirtschafteten Neuen Traunsteiner Hütte (1 560 m). Die Alte Traunsteiner Hütte liegt auf österreichischem Gebiet im Südwesten zirka fünf Gehminuten entfernt am Plateau. Abstieg wie Anstieg.

Einkehr Neue Traunsteiner Hütte. www.traunsteinerhuette.com

Variante Beeindruckender Tiefblick am Großen Weitschartenkopf (1 979 m) von der Hütte nach Westen (Wegweiser, Wanderweg, 400 Höhenmeter, 1 Stunde Anstieg). Ähnlich auch der Große Bruder (1867 m, markierter Wanderweg, Wegweiser) südwestlich des Weitschartenkopfes. Beide Gipfel sind über einen nicht markierten, aber deutlich erkennbaren Steig verbunden.

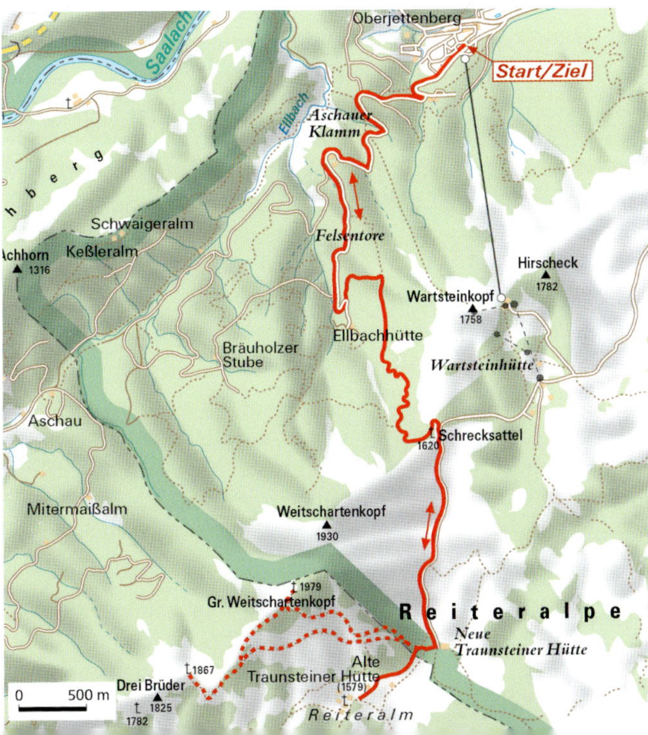

18

Reger Grenzverkehr in der geteilten Hütte

Das Purtschellerhaus am Hohen Göll kann auf eine wechselvolle Geschichte zurückblicken. Aufgrund seiner Grenzlage wurde die 1900 erbaute Hütte immer wieder als Fluchtort benutzt – sowohl von illegalen Nationalsozialisten vor 1938 als auch von jüdischen DPs nach 1945.

Das Purtschellerhaus am Hohen Göll kann zurecht als „Zwei-Staaten-Haus" bezeichnet werden. Seit der Errichtung der Hütte im Jahr 1900 verläuft die Staatsgrenze durch das Gebäude. Ein Drittel des Hauses liegt auf deutschem, zwei Drittel befinden sich auf österreichischem Boden. Dieser Umstand führte in der ersten Hälfte des 20. Jahrhunderts zu einem regen (illegalen) Grenzverkehr. Bemerkbar machte sich dieser erstmals in Zeiten der politischen und wirtschaftlichen Krisen der 1930er-Jahre. In den 1920er-Jahren war der Tourismus in Golling zunächst noch eine immer wichtiger werdende Einnahmequelle, doch der internationale Börsencrash 1929 und die „Tausend-Mark-Sperre" hatten zur Folge, dass auch diese Wirtschaftsbranche einbrach. Auf der Suche nach Beschäftigung wanderten viele Menschen über Rossfeld, Purtschellerhaus und Jochalm ganz einfach über die Grenze nach Deutschland. Als die nationalsozialistische Bewegung im Juni 1933 im austrofaschistischen Österreich verboten wurde und eine Fluchtbewegung in Richtung Deutsches Reich einsetzte, wanderten viele illegal gewordene NSDAP-Parteigenossen und SA-Angehörige über Salzburg im Schutz des Hohen Göll nach Berchtesgaden und weiter nach München oder Berlin aus. Sie schlossen sich mehrheitlich der Österreichischen Legion an, dem paramilitärischen Verband, bestehend aus geflüchteten österreichischen SA-Männern, die in Lagern militärisch trainiert und ideologisch geschult wurden. Während bayerischen

Skiläufern im Winter 1933 die Benutzung des Purtschellerhauses vom österreichischen Innenministerium verwehrt wurde und auch die umliegenden Hütten auf österreichischem Boden in Grenznähe für deutsche Skitouristen geschlossen blieben, nutzten nationalsozialistische Skikreise aus Salzburg die Hütten als Versammlungsorte. Mit dem Juli-Putsch 1934 verschärfte sich die Lage auf dem Purtschellerhaus. Die Versorgung der nationalsozialistischen Putschisten mit Waffen und Sprengstoff verlief ebenso über das Grenzgebiet rund um den Hohen Göll und das Purtschellerhaus. Beim Juli-Putsch starben österreichweit mehr als 200 Menschen, 13 Putschisten wurden hingerichtet und 4000 in Anhaltelagern interniert. Im Land Salzburg kamen im Zuge der Kämpfe etwa 20 Menschen ums Leben. Die Spur des nationalsozialistischen Terrors führte damit über die Wanderwege und Hütten wie das Purtschellerhaus nach Salzburg und retour.

Nach 1945 sollte erneut eine Fluchtbewegung einsetzen, die nun zum Teil über das Purtschellerhaus in Richtung Westen führte. Es war dies die Flucht jüdischer DPs (siehe Seite 146ff.), die versuchten, ihrem Lageralltag in Salzburg zu entfliehen. Das Ende des Zweiten Weltkrieges bedeutete nicht nur eine staatsrechtliche Trennung von Deutschland, sondern auch eine tatsächliche Abgrenzung. Obwohl an der salzburgisch-bayerischen Grenze die US-Besatzungszonen aufeinandertrafen, wurde diese hermetisch abgeriegelt. Der kleine Grenzverkehr kam, abgesehen vom Sonderfall des geteilten Purtschellerhauses, zum Erliegen. Die Hütte am Hohen Göll war bis zur Grenzöffnung in Freilassing die einzige Möglichkeit für den Grenzübertritt nach Bayern. Ansonsten war dieser nur illegal möglich. Allein 1947 wurden mehr als 2000 illegale Grenzübertritte registriert. Flüchtlinge aus Ost- und Südosteuropa, darunter jüdische DPs, benutzten den Weg über das Purtschellerhaus in Richtung Freiheit, nicht selten mit falschen Papieren. Am 30. Juni 1948 nahm die US-Militärbehörde in Salzburg einen Fall von zwei

Männern auf, die mit gefälschten deutschen Ausweisen von Kollegen der US-Militärbehörde in Berchtesgaden geschnappt worden waren. Jaroslav Kohut und Denys Wolynec hatten laut ihren Aussagen die gefälschten Papiere auf dem Schwarzmarkt in Salzburg von einem jüdischen Dokumentenfälscher erstanden. Der jüdische Zwischenhändler befand sich auf dem Mirabellplatz, gegenüber der Mirabell-Lichtspiele. Diesem hatten die beiden Männer 150 Schilling pro Identitätskarte bezahlt. Die US-Behörde stellte abschließend fest, dass Fälschungen wie jene, die bei Kohut und Wolynec sichergestellt worden waren, vorwiegend beim Grenzübertritt über das Purtschellerhaus Verwendung fanden. Über das weitere Schicksal der beiden geflüchteten Männer ist nichts bekannt. Sicher waren sie aber bei Weitem nicht die einzigen, die das Schlupfloch auf knapp 1700 Meter Seehöhe für ihre Flucht in die Freiheit nutzten.

Die Staatsgrenze Bayern-Salzburg im Inneren des Purtschellerhauses.

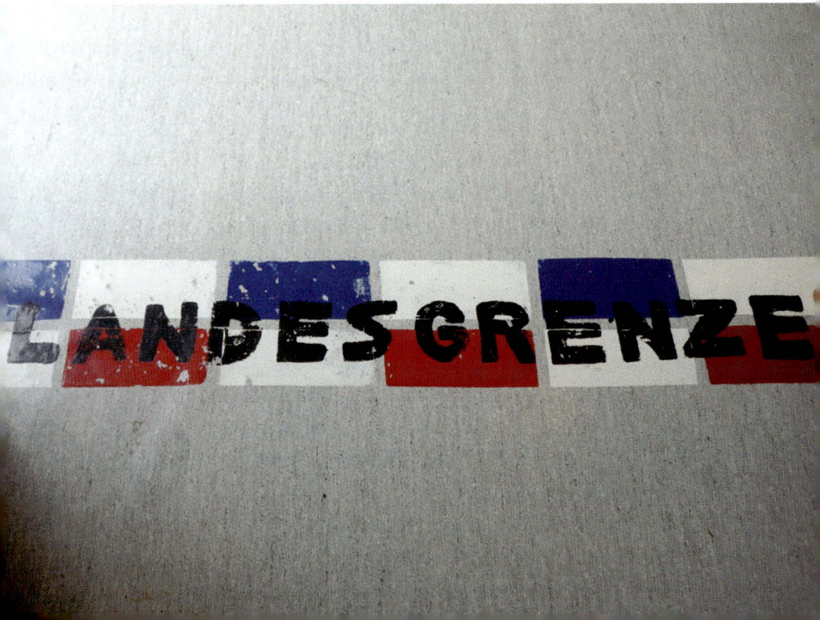

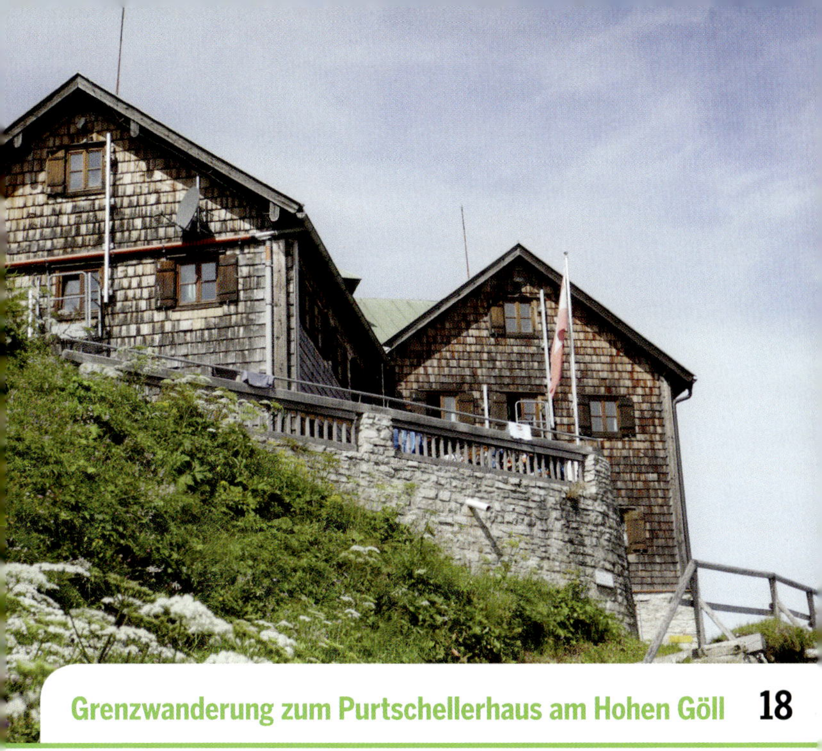

Grenzwanderung zum Purtschellerhaus am Hohen Göll 18

Die Staatsgrenze verläuft mitten durch die nach dem Salzburger Alpinisten Ludwig Purtscheller benannte Hütte. Eine Ausflugswanderung zum Treffpunkt der „Illegalen".

Anforderung Einfache Bergwanderung, etwas Trittsicherheit erforderlich. 300 Höhenmeter, 1 Stunde Anstieg.

Ausrüstung Wanderausrüstung, festes Schuhwerk.

Ausgangspunkt Parkplatz Ahornkaser an der mautpflichtigen Rossfeldstraße. Zufahrt über die Buchenhöhe (Berchtesgaden) oder von Bad Dürrnberg (Hallein).

Foto: Am Purtschellerhaus.

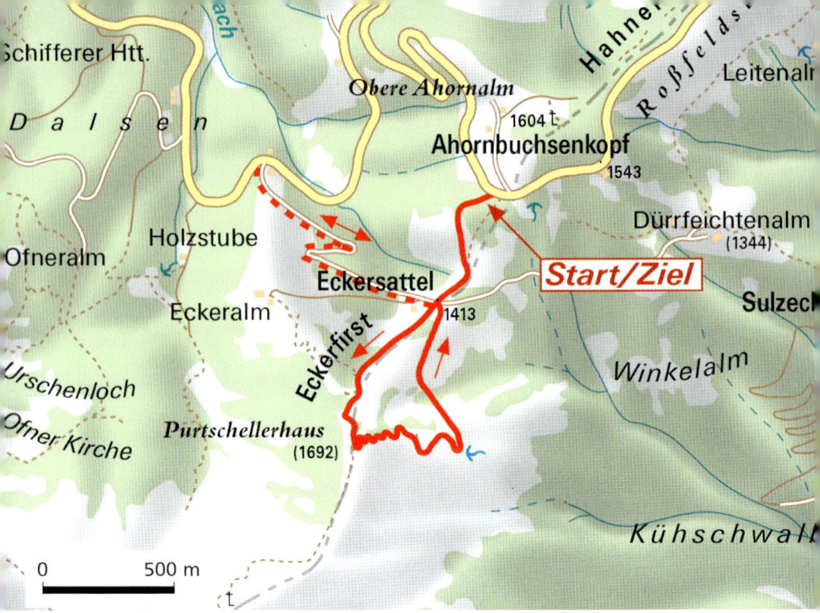

Route Vom Parkplatz beim Ahornkaser (1 525 m, Wegweiser) auf dem breiten Weg in den Eckersattel (1 412 m) absteigen und auf dem deutschen Weg (rechts) über die vielen Holzstiegen und einige steile Kehren hinauf zum Purtschellerhaus (1 692 m). Abstieg über die österreichische Seite (Osten) direkt von der Hütte steil hinunter und in einem weiten Linksbogen zurück in den Eckersattel. Zuletzt auf dem Zustiegsweg hinauf zur Rossfeldstraße.

Einkehr Purtschellerhaus. www.purtschellerhaus.de

Variante Man kann auch von der Westseite (1 215 m, Enzianhütte) auf dem breiten Zufahrtsweg in den Eckersattel aufsteigen.

Das Purtschellerhaus auf der Eckerleiten mit dem Göllmassiv im Hintergrund.

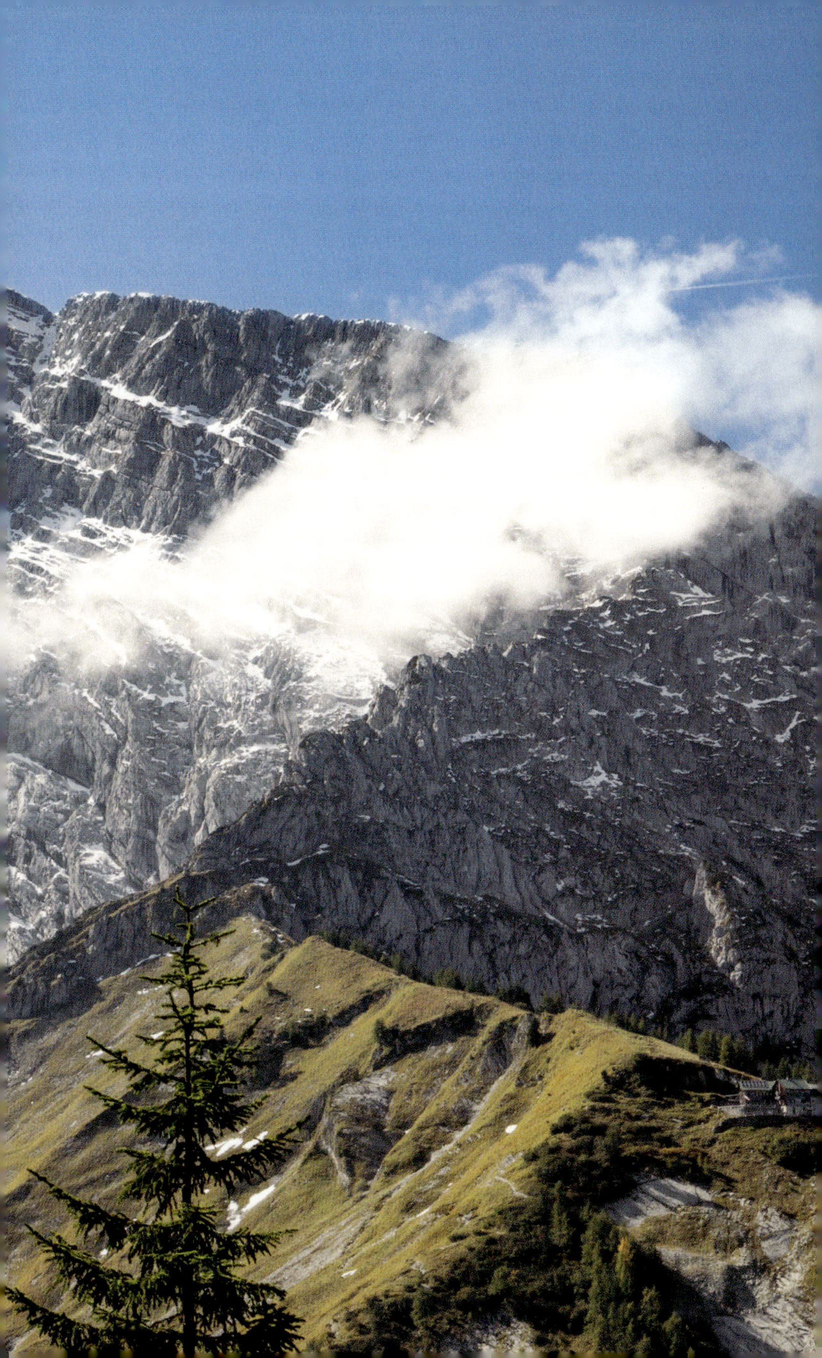

19

Massenmord im bayerischen Alpenvorland

Rund 25 Kilometer westlich der Landeshauptstadt Salzburg liegen in einer Gedenkstätte 66 ermordete KZ-Häftlinge begraben. Sie wurden kurz vor der Befreiung durch die amerikanischen Truppen von SS-Wachposten auf einem „Todesmarsch" erschossen. Ihre sterblichen Überreste wurden im November 1945 im KZ-Friedhof in Surberg bestattet. Eine Gedenkfeier jeden ersten Sonntag im Mai erinnert an die Opfer.

„Die verbrecherische Politik der Nazis zeigte sich im Landkreis Traunstein mit dem Massaker an KZ-Häftlingen bei Surberg kurz vor Kriegsende nochmals in schlimmster Form", schreibt Friedbert Mühldorfer in der Einleitung zu dem Gedenkbuch 2015. Das Gedenkbuch dokumentiert die Gedenkfeiern in Surberg seit 1985, seitdem diese dort wieder jährlich stattfinden. Es ist der niedergeschriebene Beweis einer lebendigen Erinnerungskultur, die vom Verband der Verfolgten des Naziregimes gepflegt wird. Und dennoch wissen nur wenige Menschen in Bayern und noch weniger in Salzburg Bescheid, was sich bei dem „Todesmarsch" Anfang Mai 1945 ereignete.

„Sie waren gerade bei der Stallarbeit, als sie die Schüsse hörten. Wahrscheinlich wurde von Soldaten wieder restliche Munition beseitigt kurz vor Kriegsende, dachten sie sich, der Krieg musste ja bald aus sein. Aber einige Zeit später sah eine Tochter vom Hof aus unten im Moos beim Jungwald jemanden liegen, der sich aufbäumte und winkte. Die Kinder des Bauern Schallinger aus Wüstenreit rannten den Hang hinunter. Verstehen konnten sie ihn nicht recht, den Mann, der da in seiner zerfetzten, blutverschmierten Kleidung lag, abgemagert, zitternd vor

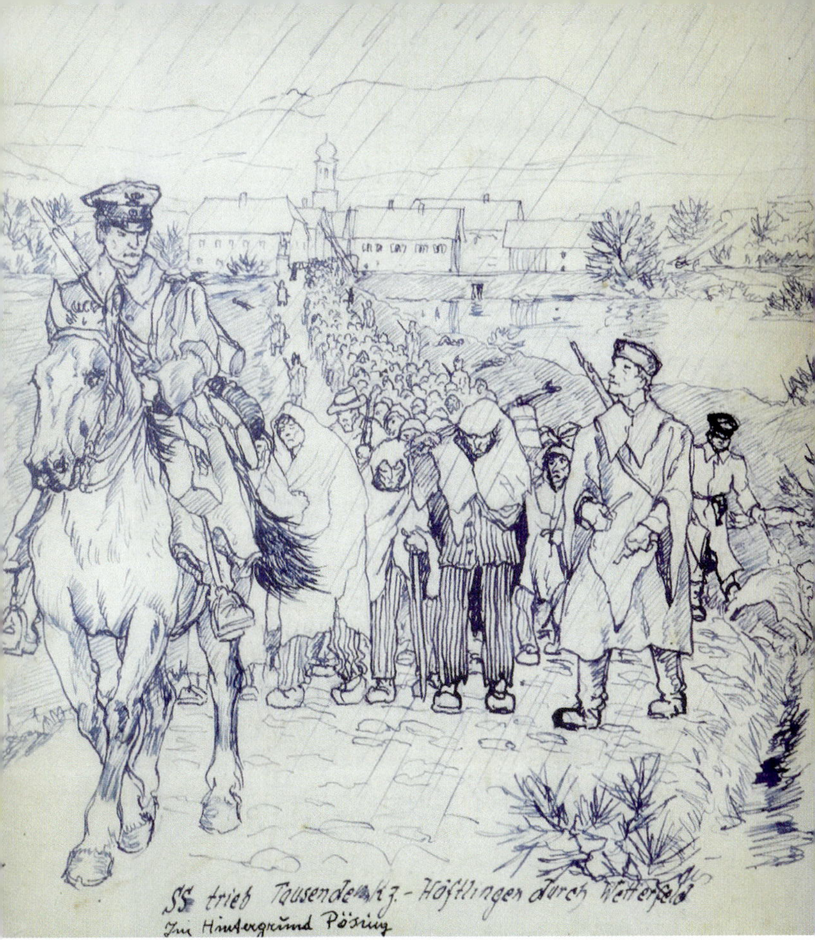

Die KZ-Häftlinge auf dem „SS-Todesmarsch" durch das bayerische Wetterfeld-Roding nordöstlich von Regensburg im April 1945, im Hintergrund der Ort Pösing. Zeichnung des Künstlers Ludwig Diess.

Kälte. Die Bäuerin, die hinzukam, konnte sich freilich schnell ein Bild machen von diesem jungen Mann, der in gebrochenem Deutsch auf sie einredete. Es war ein KZ-Häftling, der durch unheimliches Glück dem Massaker entkommen war."

So lautet die Anfangserzählung in dem 2015 erschienenen Gedenkbuch. Die Geschichte des Überlebenden, die darin erzählt wird, ist jene von Leo Neumann. Er wurde am 25. Oktober 1920 als Kind einer jüdischen Arbeiterfamilie in der kleinen südpolnischen Stadt Auschwitz geboren. Jenem Ort, an dem die Nationalsozialisten bis 1945 rund 1,1 Millionen Jüdinnen und Juden ermordeten. Neumann erlernte in Auschwitz das Schneiderhandwerk. Er führte ein einfaches, aber beschauliches Leben. Bis zu dem Zeitpunkt im September 1939, als die deutsche Wehrmacht Polen überfiel. Damit änderte sich auch das Leben des damals 19-Jährigen schlagartig. Er wurde festgenommen und musste in verschiedenen Lagern arbeiten, bevor er im Februar 1943 im Außenlager Kittlitztreben des Konzentrationslagers Groß-Rosen unter der Häftlingsnummer 19791 registriert wurde. Dort wurde Neumann für Bauarbeiten und zur Rüstungsproduktion eingesetzt.

Erschossen oder an Erschöpfung gestorben

Als die Rote Armee Anfang 1945 heranrückte, wurde Neumann gemeinsam mit Hunderten anderen Häftlingen westwärts getrieben. Der Häftlingszug, bei dem etliche an Erschöpfung starben oder erschossen wurden, erreichte zunächst das KZ Buchenwald. Von dort wurde Neumann weiter nach Flossenbürg getrieben. In dem Konzentrationslager im Norden Bayerns befanden sich Mitte April 1945 über 9 000 KZ-Häftlinge, hinzu kamen nun über 7 000 aus Buchenwald. Unter diesen war auch Neumann, abgemagert und ausgehungert von dem Gewaltmarsch. Aber auch der Aufenthalt in Flossenbürg war nur von kurzer Dauer. Denn schon bald wurde dieses Lager ebenfalls von der SS geräumt. Zurück blieben rund 1 500 schwerkranke Häftlinge, von denen ein Großteil am 23. April 1945 von den amerikanischen Truppen befreit wurde. Alle anderen Häftlinge wurden entweder auf Zugwaggons verladen oder zu Fuß weiter in Richtung Süden gehetzt. 20 000 Menschen wurden auf diese

Weise von der SS in Richtung Alpen getrieben, 5 000 überlebten diesen „Todesmarsch“ nicht. Sie starben an den Strapazen oder wurden von den SS-Wachen getötet. Einer der längsten Märsche ging nach Traunstein über die eben erst errichteten Außenlager Plattling und Ganacker. Neumann machte diesen Marsch mit und stieß Ende April 1945 zu den rund 500 dort konzentrierten Häftlingen. Mit diesen wurde Neumann Anfang Mai weiter in Richtung Traunstein getrieben. Begleitet von 50 SS-Wachen und Hilfspersonal, bestehend aus kriminellen Häftlingen, die als Kapos fungierten, setzte sich der Tross aus KZ-Häftlingen über Feldwege in Bewegung. Jene, die nicht mithalten konnten, wurden erschossen oder erschlagen. Als Übernachtungsplätze dienten Scheunen oder Ställe, die zuvor von benachrichtigten Bürgermeistern oder NSDAP-Ortsgruppenführern freigeräumt worden waren. In Traunstein hatte die Stadt den Brunner Bräukeller in Hallabruck bereitstellen lassen. Die erschöpften KZ-Häftlinge drängten sich in den Schweinestall und teils auf den Heuboden, bewacht von einzelnen bewaffneten Posten. Die Situation unter den SS-Männern war angespannt. Sie wussten, dass amerikanische Truppen in der Nähe waren. Einige hatten sich bereits abgesetzt, manch einer der Häftlinge konnte im Schutz der Dunkelheit fliehen. Tags darauf ereignete sich dann die Tragödie, bezeugt durch den einzigen Überlebenden Leo Neumann. Am frühen Morgen trieb die SS die verbliebenen 60 bis 70 Häftlinge entlang der Eisenbahnlinie in Richtung Osten. In der Nähe von Wüstenreit mussten sich diese an einem Waldrand vor einem Graben aufstellen. Die SS-Wachen eröffneten das Feuer und stellten dieses erst ein, als die Menschen regungslos im Graben liegenblieben. Neumann, in Becken und Oberschenkel getroffen, blieb unter einem toten Mithäftling liegen und überlebte das Massaker.
Er wanderte im April 1950 in die USA aus und lebte dort bis zu seinem Tod im Februar 2005 in Syracuse im Bundesstaat New York.

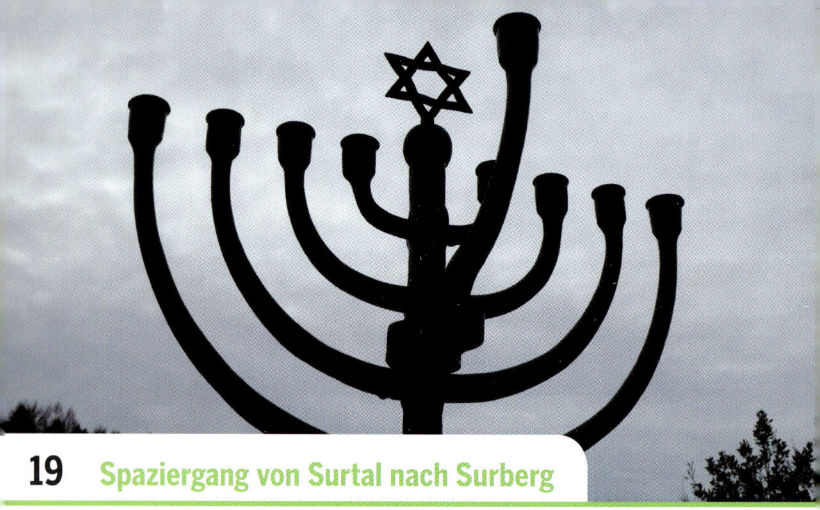

19 Spaziergang von Surtal nach Surberg

Der Besuch der KZ-Gedenkstätte in Surberg/Surtal ist eine gute Gelegenheit, die darüber liegende kleine Ortschaft Surberg zu erkunden.

Anforderung Einfacher Spaziergang. 1 Stunde Gehzeit.

Ausrüstung Turnschuhe.

Ausgangspunkt KZ-Gedenkstätte Surberg. Zufahrt über die B 304 (Dachau-München-Freilassing) östlich von Traunstein – Straßenwegweiser zur Gedenkstätte, die nördlich der Bundesstraße bei der Sportanlage in Surtal auf einer kleinen Anhöhe liegt. Buslinie 9515 Freilassing-Teisendorf-Traunstein hält bei der Abzweigung Surtal. www.rvo-bus.de

Route Von der Gedenkstätte kurz auf der Zufahrtsstraße zur Bundesstraße retour, dieser kurz Richtung Traunstein auf dem Gehweg folgen und durch die Unterführung auf die andere Seite. Nun dem Gehweg wieder kurz folgen, bis man nach links (Süden) in eine kleine Zufahrtsstraße abbiegt. Nach einer Rechtskurve zweigt ein schmaler Gehweg ab, auf diesem (den Kirchenweg querend) bis

Foto: Chanukka-Leuchter der Gedenkstätte in Surberg.

hinter der kurz untertunnelten Friedhofsmauer auf den Kirchplatz. Hier sind vor allem das ehemalige Wirtshaus mit seiner Ornamentik aus dem 18. Jahrhundert sowie die Dorfkirche beachtenswert. Vom Kirchplatz die Leitenstraße nach Osten hinunter bis zur Abzweigung des Kirchenweges. Hier nach rechts und die unbefahrene Nebenstraße nach Südosten bis zum Weiler Wimm, wo man rechts bei einer Kapelle abzweigt. Nun leicht steigend zu einer Kreuzung mit einem mächtigen Kruzifix und auf der Straße wieder nach rechts zum Kirchplatz. Zur Gedenkstätte retour auf dem bekannten Weg.

Einkehr Wirtshaus Lauter. www.wirtshaus-lauter.de

Variante Von der Gedenkstätte nach Nordosten über die Sur in den Ortsteil Lauter und hier zum gleichnamigen Wirtshaus (15 Minuten, siehe Einkehrtipp).

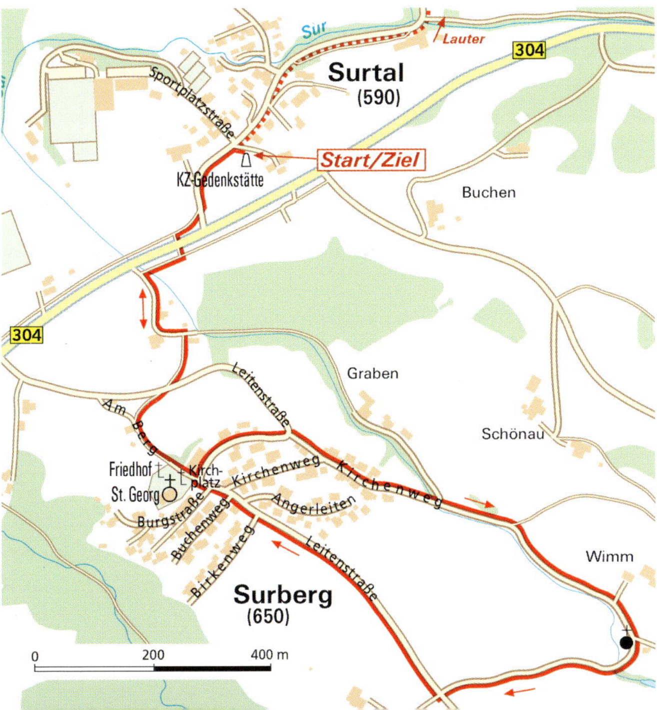

20

Das Todeslager im Schönramer Filz

„Im Frieden dieses Waldes ruhen 54 Ukrainer und ein Grieche, die im Zweiten Weltkrieg zur Arbeit nach Deutschland verpflichtet, 1944/45 Krankheiten erlagen“, steht auf der Gedenktafel im Schönramer Filz. Auf der gegenüberliegenden Straßenseite führt vom Parkplatz aus der Heidewanderweg zum Moorsee. Hier befand sich von 1935 bis 1940 ein Lager des Reichsarbeitsdienstes. Die danach leerstehenden Baracken dienten dem NS-Regime ab Oktober 1944 als Krankenlager für Zwangsarbeiter. In diesem Lager im Schönramer Filz wurden bis Kriegsende 150 an Tuberkulose erkrankte Frauen, Männer und Kinder hinter Stacheldraht isoliert.

Für viele der Zwangsarbeiter bestand schon bei der Einlieferung kaum Hoffnung. Kälte und Feuchtigkeit der Moorlandschaft setzten ihnen zu, die schlechte Ernährungslage tat ihr Übriges. Es waren überwiegend junge Frauen und Männer, aber auch einige ältere Menschen. Die Arbeiterinnen und Arbeiter stammten mehrheitlich aus der Ukraine und Polen, vereinzelt aus Frankreich, Italien und Griechenland. Auch Mütter mit Kindern befanden sich unter den eingewiesenen Zwangsarbeitern. Etwa 60 Menschen fanden hier zwischen Oktober 1944 und Juni 1945 den Tod. Das jüngste Opfer, das auf dem Friedhof bestattet wurde, ist die 14-jährige Claudia Wikolawa, die Tochter einer Zwangsarbeiterin.

Das Gelände war mit zwei parallel übereinander laufenden Reihen Stacheldraht umzäunt, die Lagerinsassen zupften die Wollfetzen heraus, die von den Schafen auf der daneben liegenden Weide darin hängengeblieben waren, um etwas Wärmendes daraus zu machen. Die erkrankten Zwangsarbeiter durften sich

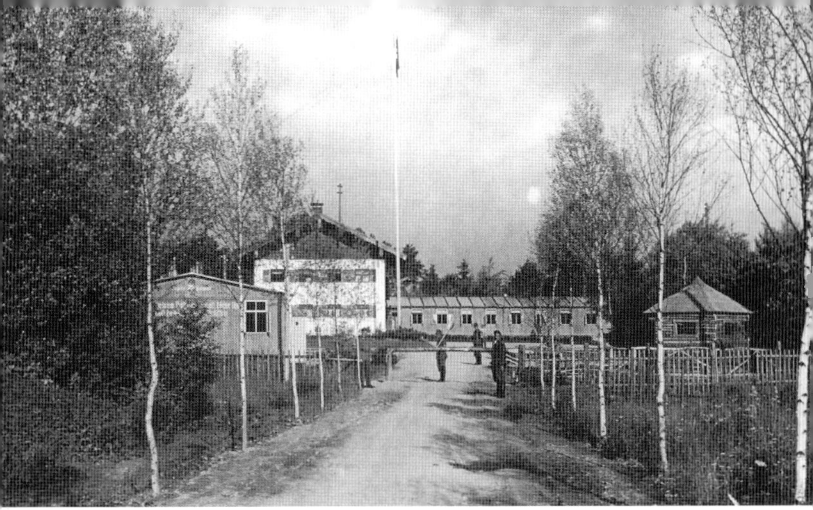

Das Reichsarbeitsdienstlager im Schönramer Filz, in dem ab Oktober 1944 kranke Zwangsarbeiter interniert waren und zu Tode kamen.

unter Bewachung außerhalb des Lagers in einem gewissen Umkreis bewegen und nutzten dies, um die umliegende Bevölkerung um Lebensmittel zu bitten. Ein Entkommen gab es aber nicht. Das Krankenlager im Schönramer Filz wurde vom Bayerischen Landesverband für Wander- und Heimatdienst (LVW) betrieben. Beim LVW handelte es sich um einen von SA-Führer Alarich Seidler gegründeten Verein, der ab Ende 1934 dem bayerischen Innenministerium (Abteilung Gesundheitswesen) unterstand. Als Körperschaft des öffentlichen Rechts diente der Verband dem formalen Zweck, „nicht sesshafte Personen" zwangsweise in „Fürsorgeeinrichtungen" einzuweisen. Der geschäftsführende Vorsitzende des LVW Seidler erhielt laut eigenen Aussagen aus dem bayerischen Innenministerium den Befehl, ein Lager für Zwangsarbeiter einzurichten, die an Tuberkulose erkrankt waren. Im Oktober 1944 begann die Einlieferung der ersten Menschen in das Schönramer Lager. Die erste nachgewiesene Bestattung auf dem Friedhof fand bereits am 9. Oktober 1944 statt. Es war der 20-jährige Ukrainer Nikolai Postnierad.

Die Ernährungslage war prekär: 100 Gramm Fleisch in der Woche, 125 Gramm Butter für 14 Tage und 18 Gramm Zucker pro Tag. Mit Vorwürfen über die schlechten Zustände im Lager konfrontiert, brüstete Seidler sich noch im März 1945, zwei Monate vor der Befreiung, gegenüber dem Gauamtsleiter für Volksgesundheit in München damit, das Lager in einen vorbildlichen Zustand versetzt zu haben. Die Trinkwasseranlage sei erneuert, eine Wäscherei mit Waschmaschinen eingerichtet und Wannenbäder seien eingebaut worden. Jede Baracke verfüge zudem über fließendes Wasser. Es gebe eine zentrale Küche sowie eine kleine klinische Station mit Behandlungsraum, Röntgenapparat, Labor und Operationsraum. Chefarzt war ein gewisser Dr. Hohbach, Medizinalrat und Leiter des Gesundheitsamtes Berchtesgaden. Zudem gab es einen polnischen Lagerarzt, Dr. Lucjan Nowakowski. Offenbar erkrankte dieser selbst an Tuberkulose; er starb, als die Amerikaner Anfang Mai 1945 einrückten. Ein von den Nationalsozialisten als „Lagersekretär" eingesetzter polnischer Zwangsarbeiter leitete die Verwaltung. So viel zur perfiden Organisationsstruktur des Krankenlagers.
Viele der Frauen und Männer waren vor ihrer Einlieferung bereits in München in der Zwangsarbeit eingesetzt, einige im Allgäu, in Augsburg, Bad Tölz, Ingolstadt, Pfaffenhofen, Ludwigstadt oder Kiefersfelden. Vereinzelt kamen sie von Arbeitsstellen aus der näheren Umgebung, etwa aus Baumburg, vom Obersalzberg, aus Freilassing oder dem Eisenwerk Hammerau. Nicht wenige waren bei der Deutschen Reichsbahn oder als Landarbeiter auf Bauernhöfen zur Arbeit eingeteilt oder schufteten in Fabriken, unter anderem bei rüstungswichtigen Betrieben wie der Maschinenfabrik Krauss-Maffei, den Dornier-Werken oder MAN.
23 der 84 Patienten, von denen Akten erhalten sind, verstarben und liegen nachweislich auf dem „Ukrainer-Friedhof". 61 konnten das Lager geheilt oder zumindest lebend verlassen. Von 32 namentlich bekannten Toten, die auf dem Friedhof bestattet sind, fehlen Akten. Viele der Eingelieferten waren dem

Tod geweiht. Diejenigen, die Glück hatten, kehrten nach wochenlangem Aufenthalt wieder an ihre Arbeitsstätten zurück und mussten weiter für den NS-Staat schuften. Einigen gelang die Flucht aus dem Lager. Wieder andere wurden nach Kriegsende abtransportiert, zur Weiterbehandlung an einen anderen Ort. Mindestens 23 wurden, wie auf ihrer Akte vermerkt ist, am 16. Juni 1945 „in die Heimat entlassen". Was aus ihnen wurde, ist nicht bekannt.

Lagerleiter Seidler versuchte, sich der bevorstehenden Verhaftung durch die amerikanische Militärregierung durch Suizid zu entziehen. Der Versuch schlug fehl, er wurde festgenommen und von Mitte Mai 1945 bis Mitte Juni 1947 im Internierungslager Moosburg festgehalten, im dortigen Hospital in der Abteilung für Lungenkranke. Seine Entlassung erfolgte aufgrund von Haftunfähigkeit, ihm wurde eine 70-prozentige Erwerbsbehinderung attestiert.

Seidler musste sich wegen seiner Parteimitgliedschaft in der NSDAP und verschiedener Funktionen im NS-Staat einem Spruchkammerverfahren in München unterziehen, unter anderem war er SA-Standartenführer gewesen. Zudem galt er als aktiver Nationalsozialist und somit als belastet. Doch Seidler gelang es, dies zu widerlegen und die Spruchkammer davon zu überzeugen, dass er innerhalb der Partei nicht beliebt gewesen war und wiederholt gegen Anordnungen von oben gehandelt habe. Am Ende wurde Seidler als entlastet eingestuft. Er habe „weder durch seine Stellung noch durch seine Tätigkeit die Gewaltherrschaft der NSDAP wesentlich gefördert."

Noch in den Monaten Februar bis Mai 1945 sollen in dem „Todeslager" 80 Menschen an Tuberkulose gestorben sein. Sie wurden behelfsmäßig in einem angrenzenden Waldgrundstück bestattet. Nach Kriegsende wurde dort ein Friedhof angelegt. Die Baracken im Schönramer Filz dienten ab Spätherbst 1946 als Flüchtlingslager. In dem Durchgangslager fanden 400 Personen eine vorübergehende Unterkunft.

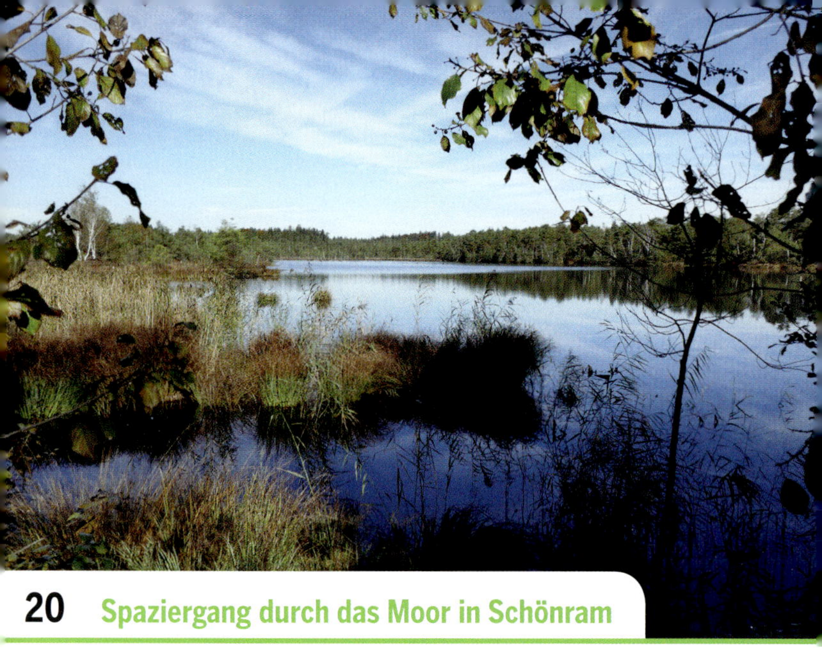

20 Spaziergang durch das Moor in Schönram

Der Schönramer Filz ist ein urtümliches Hochmoor nahe der Ortschaft Petting in Bayern. Der hier angelegte Moorlehrpfad ist ein familienfreundlicher kurzer Wanderweg für jede Jahreszeit.

Anforderung Einfacher, turnschuhgerechter Spaziergang. 1 Stunde Gehzeit.

Ausrüstung Turnschuhe.

Ausgangspunkt Wanderparkplatz Schönramer Filz. Zufahrt von Schönram auf der St 2104 Richtung Leobendorf-Laufen-Oberndorf. Parkplatz beim Schild „Heidewanderung". Bushaltestelle direkt beim Parkplatz. www.rvo-bus.de

Route Vom Parkplatz hinter den Schautafeln links haltend auf dem Weg zu den ersten Schautafeln (Zwangsarbeiterlager). Dann kommt

Foto: Am Moorweiher im Schönramer Filz.

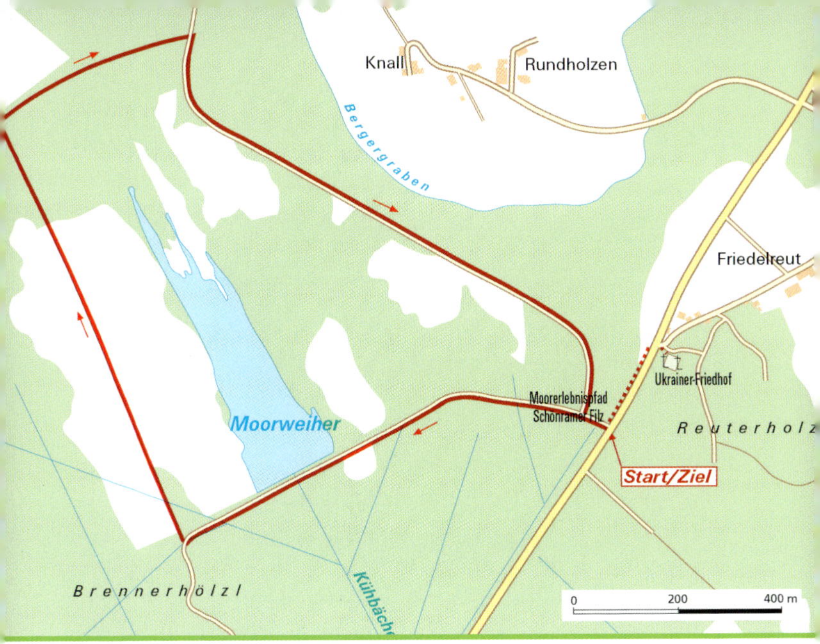

man aus dem Wald dicht zur Wasserfläche (links kurzer Abstecher zu einem Torfstich), bis der Weg an einer Kreuzung im rechten Winkel nach Norden abzweigt. In Folge auf dem etwas schmaleren Spazierweg nach Norden zur nächsten Kreuzung, hier wieder scharf rechts und entlang der alten Torfbahn zurück zum Parkplatz.

Einkehr Bräustüberl Schönram. www.braeustueberl-schoenram.de

Variante Vom Parkplatz einige Meter auf der Straße Richtung Leobendorf/Laufen (Nordost) bis zum Wegweiser „Ukrainerfriedhof" und zu einer ukrainischen Fahne, wenige Meter in den Wald zum Friedhof.

21

Jüdischer Exodus über den Krimmler Tauern im Sommer 1947

1947 flüchteten 5000 Juden über den Krimmler Tauern nach Süden und weiter nach Palästina. Der KZ-Überlebende Marko Feingold organisierte die Flucht von Salzburg aus. Das Alpine Peace Crossing, ein jährlich organsierter Friedensmarsch entlang der Fluchtroute, erinnert an die jüdischen Familien, die über den alpinen Steig ihre Freiheit erlangten, und macht gleichzeitig auf das Schicksal von weltweit gegenwärtig 70 Millionen Flüchtlingen aufmerksam.
Sowohl in der Stadt Salzburg als auch in ländlichen Regionen entstanden in den Jahren nach 1945 über ein Dutzend Flüchtlingslager. Für Tausende Holocaust-Überlebende und Flüchtlinge aus Ost- und Südosteuropa war die amerikanische Besatzungszone nach dem Ende des Zweiten Weltkrieges ein sicherer Aufenthaltsort. Auf diese Weise wurde das Bundesland Salzburg zur Drehscheine und die Flüchtlingslager wurden zur Zwischenstation auf dem Weg zur Auswanderung. Jüdische DPs (Displaced Persons) waren seit Herbst 1945 in eigenen Lagern untergebracht. Diese standen unter der Oberhoheit der amerikanischen Besatzungsbehörde und wurden in Selbstverwaltung geführt. Die Zahl der jüdischen DPs war starken Schwankungen unterworfen. Einen dramatischen Anstieg erfuhren sie durch den „polnischen Exodus" 1946, ausgelöst durch ein Pogrom im polnischen Ort Kielce, bei dem 42 Juden ermordet wurden, und der Hungerflucht von 30000 rumänischen Juden im Jahr 1947. Zwischen Mai 1946 und Januar 1947 hielten sich insgesamt 63000 jüdische Flüchtlinge vorübergehend in Salzburg auf. Bereits ab Juni 1945 befand sich auf dem Areal der ehemaligen Riedenburg-Kaserne ein Flüchtlingslager für jüdische DPs, welches als „Camp Juda" bis

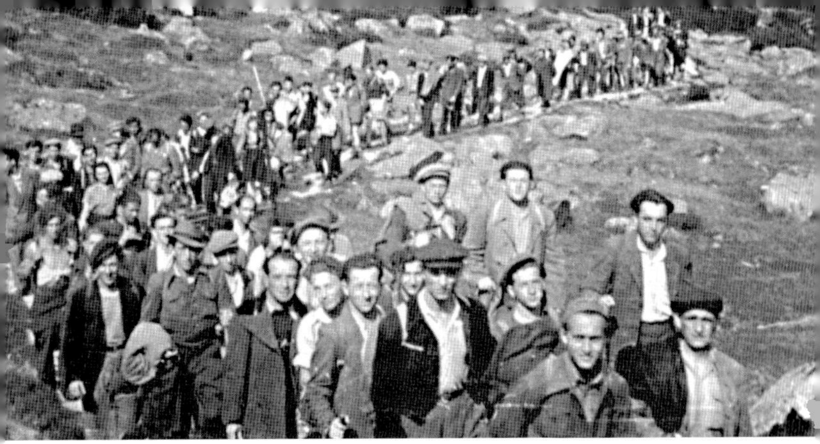

Jüdische KZ-Überlebende und DPs auf ihrer Flucht über den Krimmler Tauern im Sommer 1947.

März 1949 bestand. Dieses jüdische DP-Camp war die Zentrale der Bricha, der jüdischen Fluchtorganisation, die jüdische DPs formal illegal nach Palästina schleuste. Kommandant der Bricha für Österreich war der 1921 in Wien als Arthur Piernikarz geborene Asher Ben Natan. Er kehrte nach 1945 als Journalist zurück und organsierte ab da die Flucht jüdischer DPs. Das Fluchthilfesystem basierte im Wesentlichen auf der Orts- und Personenkenntnis seiner Helfer. Zum wichtigsten Fluchthelfer für das österreichische Netzwerk der Bricha wurde Marko Feingold. Der KZ-Überlebende Feingold hatte die Leitung der Verpflegungsstätte für ehemalige KZ-Häftlinge übertragen bekommen sowie die Administration mehrerer DP-Lager in Stadt und Land Salzburg. Damit hatte er Zugang zu den offiziellen Stellen und gute Kontakte zu den Behörden. Diese wusste Feingold zu nutzen. Für den Transport der jüdischen Flüchtlinge erpresste er von der Salzburger Landesregierung Lastautos. „Als sie mir keine geben wollten, habe ich gesagt: Es gibt zwei Möglichkeiten, entweder ich bekomme die Lastautos, oder die Juden bleiben da", erinnerte sich Feingold später. Die nach Kriegsende nach Salzburg geflüchteten Juden wollte die Mehrheitsgesellschaft genauso

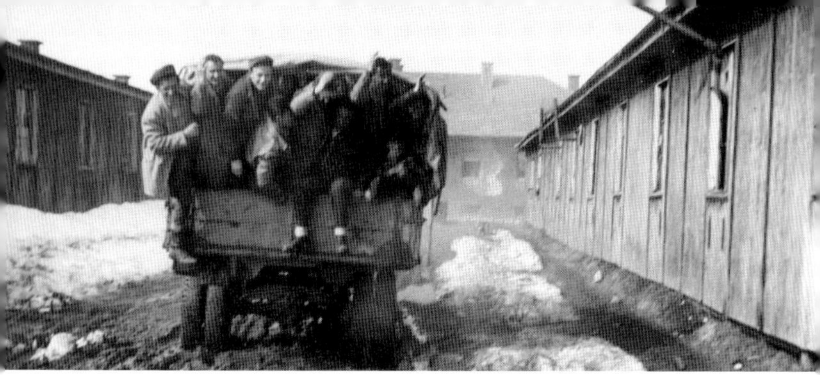

Das DP-Lager „Givat Avoda" in Saalfelden war Ausgangspunkt der Flucht über den Krimmler Tauern.

wenig wie jene, die 1938 vor der nationalsozialistischen Verfolgung fliehen konnten. Antisemitische Untergriffe zählten zum Nachkriegsalltag, was den Wunsch jüdischer DPs auszuwandern beschleunigte. Für die meisten von ihnen war es aufgrund der Nachkriegssituation unmöglich, in die Herkunftsregionen zurückzukehren. Viele emigrierten in die USA, andere wollten nach Palästina und dort einen eigenen jüdischen Staat aufbauen. Bis zum Ende des britischen Mandats im Mai 1948 galt eine Emigration in das spätere Israel jedoch als illegal, daher musste die Flucht auf geheimem Weg erfolgen.

Der Fluchtablauf gestaltete sich zumeist gleich. Die Flüchtlinge wurden per Bahn oder Bus von Salzburg nach Saalfelden in das dortige DP-Lager „Givat Avoda" (Hügel der Arbeit), gebracht, wo heute die Anton-Wallner-Kaserne steht. Dort wurden die gehfähigen Personen für den Weitertransport aussortiert. Das Lager „Givat Avoda" war ein wichtiger Sammelpunkt für KZ-Überlebende und jüdische Flüchtlinge aus Polen, Rumänien sowie anderen osteuropäischen Staaten. Zeitweise waren mehr als 3000 Menschen in dem Lager untergebracht.

Im Sommer 1947 wurden die Emigranten-Konvois mit Lkws nach Krimml gebracht. Früh morgens erreichten die Frauen, Männer und Kinder das Tauernhaus im Achental auf 1622 Meter

Seehöhe. Der Proviant und manchmal auch Kleinkinder wurden mit dem einachsigen Pferdekarren der Pächter des Tauernhauses dorthin gebracht. Der normalerweise in drei Stunden gehbare Weg dauerte für viele doppelt so lange. Die Wirtin Liesl Geisler und ihre Familie versorgten die dort angekommenen oft geschwächten Flüchtlinge. Spätnachts erreichten diese die Staatsgrenze zu Italien auf der 2634 Meter hoch gelegenen Passhöhe. In der Nacht ging es vom Krimmler Tauern talwärts in das Tauferer Ahrntal in die Ortschaft Kasern, wo sie im gleichnamigen Gasthof Quartier fanden. Dort standen bereits Lkws, amerikanische Rot-Kreuz-Transporter, für die Fahrt nach Meran oder in italienische Häfen wie Genua bereit. Von da ging es für die jüdischen Familien in ihr gelobtes Land Palästina, das mit der Unabhängigkeitserklärung ab 14. Mai 1948 Israel heißen sollte.

Jüdische Fluchtbewegung nach 1945

Die Forschung spricht von etwa 250 000 Juden aus Osteuropa, die auf formal illegalen Wegen in die westlichen Besatzungszonen geschleust wurden. Der Transfer von etwa der Hälfte des Flüchtlingsstromes wurde über das Bundesland Salzburg geleitet. Von den zirka 125 000 Personen gelangten 50 000 über verschiedenste Wege nach Italien. Im Mai 1948, mit der Aufgabe des britischen Mandats und der Ausrufung des Staates Israel, endete die illegale Einwanderung nach Palästina und die Notwendigkeit, die Hilfe der Bricha und anderer gleichartiger Organisationen in Anspruch nehmen zu müssen. Zahlreiche der vertriebenen und entwurzelten Juden konnten nicht weiterreisen und verbrachten die Zeit bis zu ihrer legalen Einwanderungsmöglichkeit ab Staatsgründung Israels als DPs (Displaced Persons) in DP-Camps. Die letzten jüdischen Flüchtlinge verließen Österreich Mitte der Fünfzigerjahre, mit dem Ende der Besatzung Österreichs durch die Alliierten.

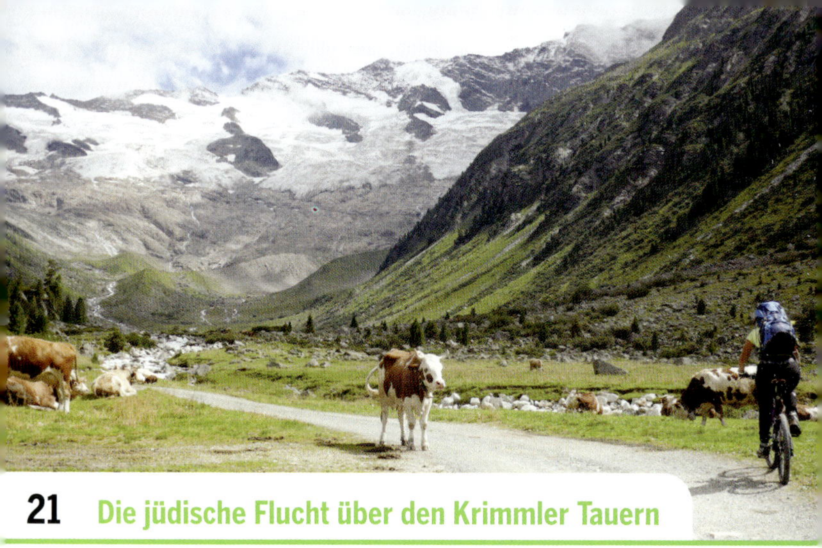

21 Die jüdische Flucht über den Krimmler Tauern

Die Flucht von rund 5 000 Jüdinnen und Juden über den Tauern 1947 kann man individuell oder auch organisiert im Rahmen des alljährlichen Alpine Peace Crossings nachgehen. www.alpinepeacecrossing.org

Anforderung Technisch einfache Bergwanderung im hochalpinen Gelände. 1 050 Höhenmeter und 4 Stunden Anstieg.

Ausrüstung Wanderausrüstung, Bekleidung fürs Hochgebirge. Pass oder Personalausweis.

Ausgangspunkt Krimmler Tauernhaus (1 631 m). Am besten mit Übernachtung. Taxidienst von Krimml +43 (0)664/2612174.

Route Vom Tauernhaus nach Süden flach den Talboden entlang und bei der Außerunlaßalm nach Westen in das Windbachtal abzweigen. Hier durch ein kleines Zirbenwaldstück auf dem Weitwanderweg 02 hinauf zur Windbachalm, zum Talschluss und in weiten Kehren hinauf zum Tauern (Gedenkstein). Abstieg wie Anstieg oder relativ

Foto: Im Krimmler Achental.

zügig und steil nach Süden auf den Talboden (Untere Tauernalm) und flach talauswärts an der sehenswerten Heilig-Geist-Kapelle vorbei nach Kasern (Stöcke angenehm, 1 050 Höhenmeter, 2,5 Stunden Abstieg).

Einkehr Krimmler Tauernhaus (www.krimmler-tauernhaus.at), Berghotel Kasern (www.kasern.com).

Variante 1 Für den Rückweg von Kasern nach Salzburg bietet sich der Übergang über die Birnlücke (2 655 m). Dieser Weg führt zum Talschluss, dann geht es etwas steiler über die Birnlückenhütte (www.pension-knappenhof.com) auf die Birnlücke und über steile Hänge hinunter zur Inneren Keesalm im Achental.

Variante 2 Alpinistisch Geübte können als Tagestour vom Krimmler Tauern über die Neugersdorfer Hütte auf dem Lausitzer Weg in die Birnlücke gehen. Es handelt sich um einen alpinen Steig (Absturzgelände; bei Vereisung, Nässe, Schnee gefährlich), der im Bereich der Teufelsstiege auch seilversichert ist. Gesamtrunde 9 Stunden.

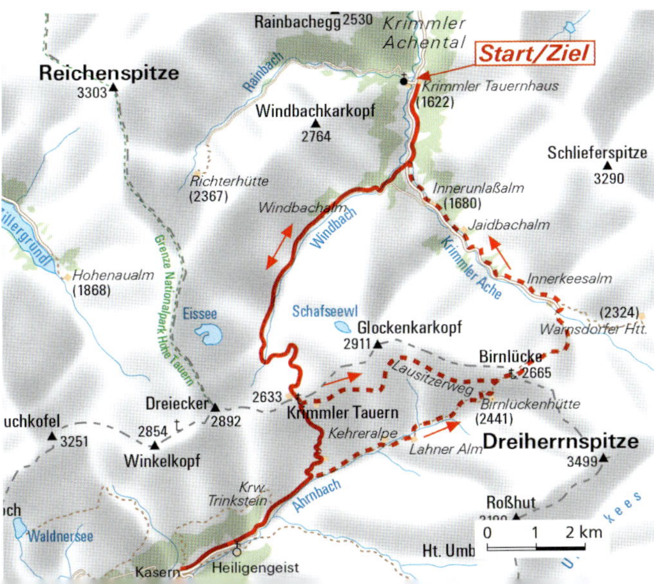

22

Ernst Pikes
Unermüdlicher Widerstand in den Pinzgauer Bergen

In Historikerkreisen gilt Ernst Pikes (Pickes) aus Wald im Pinzgau mittlerweile als aktiver Widerstandskämpfer gegen das NS-Regime. In der Öffentlichkeit ist sein Schicksal während der nationalsozialistischen Herrschaft weitgehend unbekannt.
Der Hilfsarbeiter Ernst Pikes wurde am 4. August 1907 in Wald im Pinzgau geboren und war bereits in seiner Jugend politisch aktiv. Schon früh schloss er sich der Kommunistischen Partei an und übernahm im Jahr 1934 mit 27 Jahren als Ortsgruppenleiter die Führung der KPÖ in Wald. Diese konnte in der Ersten Republik regen Zulauf verzeichnen, wurde aber mit dem austrofaschistischen Regime illegal. Mit dem Verbot der Kommunistischen Partei geriet auch Pikes ins Visier der Behörden. Nach mehrfacher Observierung wurde er am 9. November 1934 verhaftet und vom Bezirksgericht Mittersill zu einer sechsmonatigen Haftstrafe verurteilt. 1936 folgte eine neuerliche Gefängnisstrafe, aus der Pikes vorzeitig entlassen wurde. Die Haftstrafen sollten ein erster bitterer Vorgeschmack auf die Verfolgung durch das nationalsozialistische Regime sein.
Trotz der Verhaftungswelle durch die Gestapo in den ersten Tagen nach dem „Anschluss" im März 1938 setzten die kommunistischen Widerstandsgruppen ihre Aktivitäten im Pinzgau fort. Die NS-Behörden registrierten nicht nur im Raum Zell am See ein „kommunistisches" und „marxistischen" Verhalten. Auch in Wald leistete Pikes weiter Widerstand und wurde aufgrund dessen am 3. Oktober 1938 von der Gestapo in Untersuchungshaft genommen. Im Gegensatz zu anderen Gesinnungsgenossen hatte Pikes jedoch Glück. Während viele seiner Parteifreunde aufgrund ihrer politischen Einstellung in das Konzentrationslager

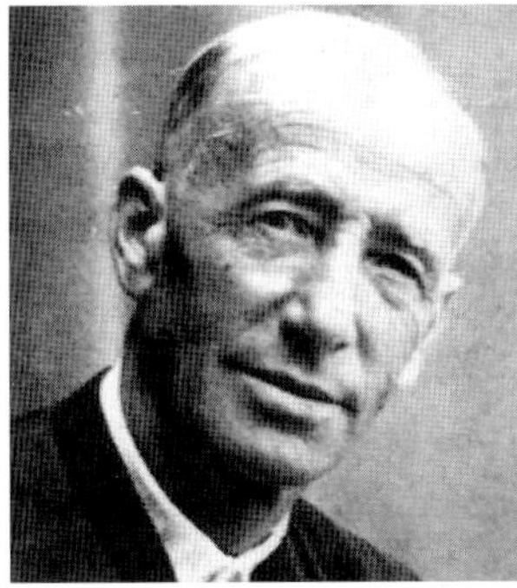

Dachau deportiert und dort ermordet wurden, kam er aus der Gestapo-Haft frei. Doch anstatt klein beizugeben, trat Pikes weiterhin offen gegen den Nationalsozialismus auf. Als er sich im Sommer 1943 kritisch gegenüber Adolf Hitler äußerte, denunzierte ihn ein Mitbürger bei der Gestapo. Erneut landete Pikes im Gefängnis. Bei der Überstellung nach Salzburg in das Polizeigefangenenhaus gelang ihm die Flucht. Diese rettete ihn vor dem Konzentrationslager und dem wahrscheinlichen Tod. Die folgenden Monate verbrachte Pikes im Untergrund. Eine Brille und ein Vollbart halfen ihm bei der Tarnung. Pikes tauchte unter und versteckte sich zunächst in den Bergen in Kärnten und Salzburg auf Almhütten und in entlegenen Wäldern. Unterstützt von Bauern aus der Umgebung und durch die Hilfe seiner Freundin konnte er überleben. Doch Pikes blieb nicht in den Bergen und kehrte zumindest für einige Tage in sein Haus zurück. Er fühlte sich sogar so sicher, dass er eine Fahrradtour über die Gaugrenzen von Salzburg hinweg unternahm. Ob er diese nutzte, um Verbindung zu anderen Widerstandsgruppen aufzunehmen, ist nicht bekannt. Trotz polizeilicher Fahndung konnte der Widerstandskämpfer bis zum Ende des Zweiten Weltkrieges unentdeckt bleiben. Das Eintreffen der amerikanischen Befreier erlebte Pikes im Pinzgau. Nach dem Krieg erwarb er eine Konzession als Taxiunternehmer. Er starb am 31. Mai 1971 im 63. Lebensjahr. Lange Zeit galt Pikes in der Bevölkerung als Deserteur, seine Aktivitäten im Widerstand blieben der Kriegs- und Nachkriegsgeneration verborgen. Diese Geschichte nahm er mit ins Grab. Sie wurde erst durch die Forschungen des Historikers Rudolf Leo wieder lebendig.

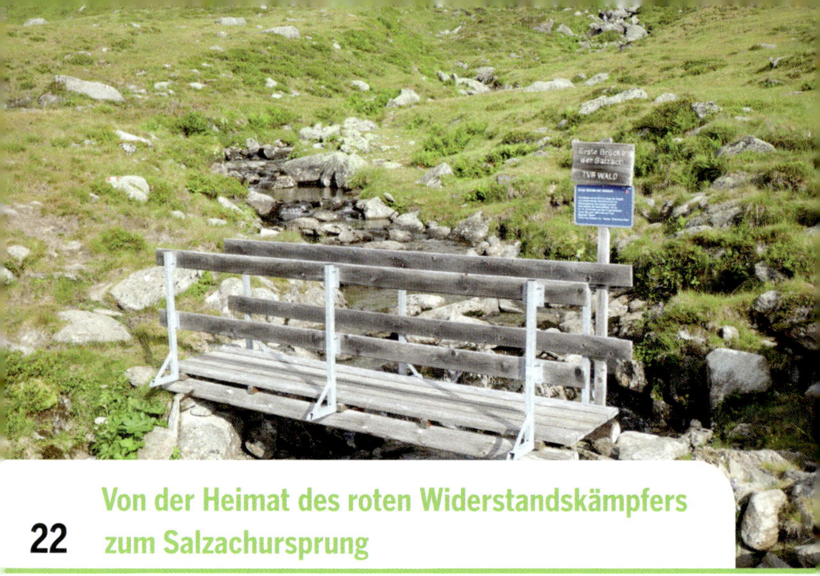

22 Von der Heimat des roten Widerstandskämpfers zum Salzachursprung

Wanderung zum höchsten Punkt von Wald im Pinzgau, der Heimat des Widerstandskämpfers Ernst Pikes, und damit auch zu den Quellen der Salzach, die vom Salzachgeier in kleinen Rinnsalen herunterkommen.

Anforderung Einfache Bergwanderung. 1050 Höhenmeter und 4 Stunden Anstieg.

Ausrüstung Wanderausrüstung.

Ausgangspunkt Wald im Pinzgau, alte Gerlosstraße, Abzweigung Almstraße zum Salzachjoch (Wegweiser, 1 440 m).

Route Vom Taleingang entlang der Almstraße taleinwärts zur Salzachhütte, hier scharf rechts hinauf zur Mülleralm und dem Wanderweg nach Norden folgend weiter nach Norden zur Salzachalm (1 795 m). Hier (Wegweiser) trifft man wieder auf die Almstraße und man wandert auf dieser weiter Richtung Salzachjoch,

Foto: Die erste Salzachbrücke.

bis man in einer Rechtskurve (Wegweiser) zur Abzweigung des Steiges auf den Salzachgeier kommt. Nun flach nach Westen über feucht-sumpfige Wiesen zur ersten Salzachbrücke und dann mäßig steigend in das Südostkar. Zum Schluss entlang des ausgeprägten Rückens auf den 2 466 Meter hohen Gipfel. Abstieg wie Anstieg.

Einkehr Salzachhütte. +43 (0)6565/6403

Variante Nicht ganz so langwierig ist der Zustieg (und vor allem Abstieg) zur Salzachalm, nimmt man das Mountainbike zu Hilfe. Man fährt zuerst taleinwärts zur Salzachhütte, hier aber weiter nach Norden zur Mottland-Grundalm, wo man dann auf der Straße nach rechts (Nordost) abzweigt und so zur Salzachalm kommt. Bikes kuhsicher deponieren und weiter wie oben.
Rückfahrt wie Hinfahrt.

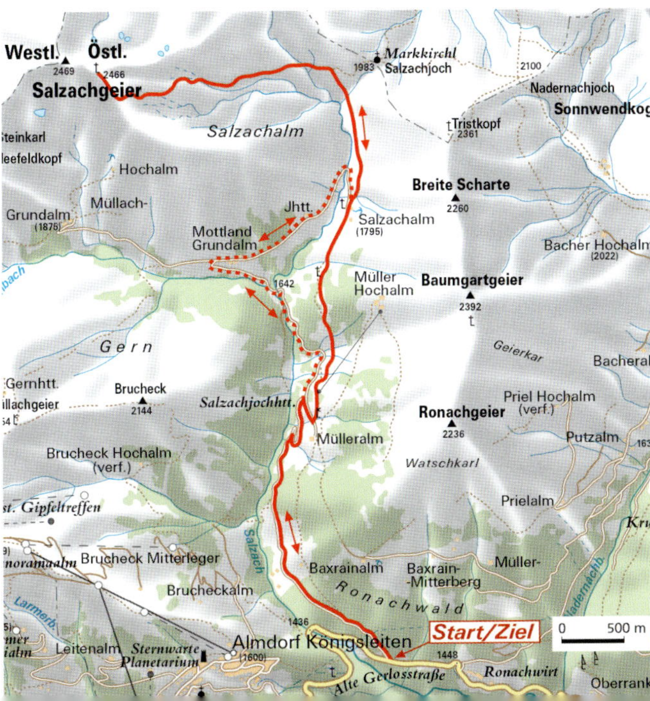

23

Andreas Rieser
Der widerständige Pfarrer aus Bramberg

Obwohl die katholische Kirche als Institution nicht zum Widerstand gegen den Nationalsozialismus aufrief, stellten sich viele Priester, Ordensfrauen und -männer gegen das NS-Regime. Auch im Bundesland Salzburg leisteten einige mutige Glaubensanhänger Widerstand und wurden aufgrund ihres oppositionellen Verhaltens verfolgt. Der Pfarradministrator Andreas Rieser aus Bramberg war einer von ihnen. Als er im Sommer 1938 bei der Renovierung der Kirche in Dorfgastein eine regimekritische Urkunde im Kirchturmknauf hinterlegen wollte, wurde er verhaftet. Ein Spenglermeister aus Schwarzach, der das Dokument hätte einlöten sollen, übergab dieses der zuständigen NSDAP-Ortsgruppenleitung. Für Rieser bedeutete der Verrat zunächst die Haft im Konzentrationslager Dachau und danach die Überstellung nach Buchenwald. Während Tausende Mithäftlinge Riesers in den beiden Todeslagern ihr Leben ließen, überlebte Rieser den nationalsozialistischen Terror.

Ebenso wie andere Geistliche stand Rieser von Beginn an unter Beobachtung. Im Gegensatz zur Kirchenführung, die sich Großteils mit dem NS-Regime arrangierte, trotzte er dem Nationalsozialismus. Rieser predigte offen gegen die menschenverachtende Ideologie. Der Pfarrer aus Bramberg und Kooperator in Dorfgastein ließ sich den Mund nicht verbieten und schrieb gleichzeitig gegen die nationalsozialistische Herrschaft an. In einem Dokument, das Rieser bereits 1938 verfasste, prangerte er die NS-Diktatur an. Er schrieb, dass Österreich „schweren Zeiten“ entgegengehe und das „Dritte Reich noch elendiglicher verspielen“ werde, als es das Deutsche Kaiserreich 1918 getan habe. Laut seinen Schilderungen im Jänner 1947 gegenüber der Opferfürsorge Salzburg schrieb er auch davon, dass Österreich danach wieder selbstständig sein werde. Sein Glaube an dieses selbstständige Österreich und seine Kritik am NS-Regime waren dem damals 30-Jährigen zum Verhängnis geworden. Sein Vertrauen in die Mitmenschen brachte ihn in Lebensgefahr.

Andreas Rieser als KZ-Häftling in Dachau.

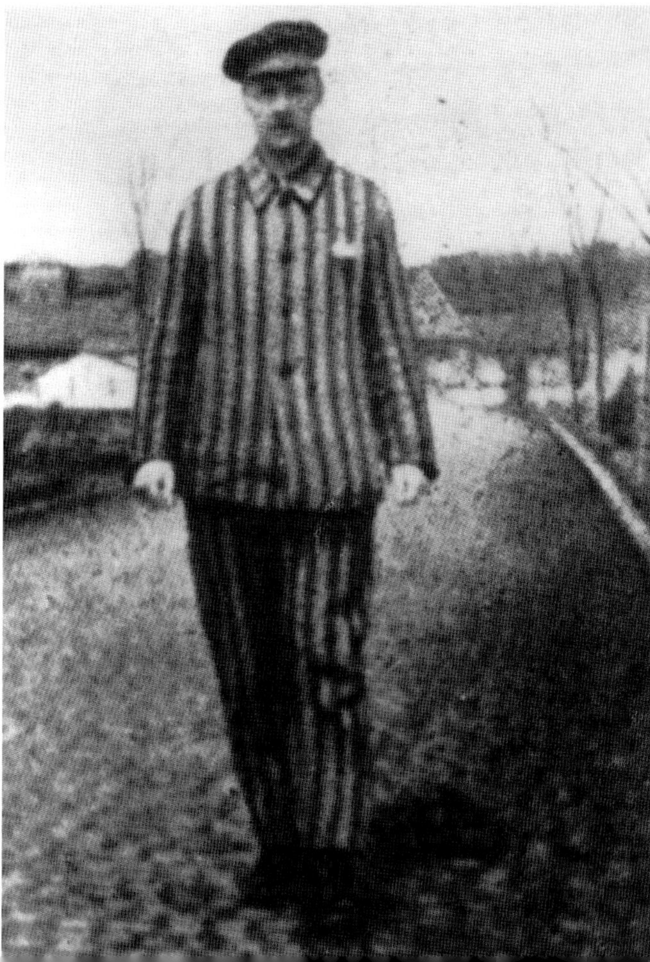

Der Spengler, dem Rieser sein Manifest anvertraute, um dieses zu verstecken, verriet ihn. Er riss den versiegelten Brief auf und übergab diesen der NSDAP-Ortsgruppe in Dorfgastein. Kurz nach seiner Verhaftung im Juli 1938 wurde Rieser in das Polizeigefängnis Salzburg gebracht und dort verhört. Die NS-Justiz behielt ihn bis Ende Juli in Gewahrsam, bevor er in das Polizeigefängnis München und schließlich am 3. August 1938 in das KZ Dachau eingeliefert wurde. Die SS wies Rieser als sogenannten Schutzhäftling in eine Strafkompanie ein. In dieser lernte er die Willkür der SS-Wachmannschaften kennen, erlebte Gewaltexzesse seiner Peiniger und musste den Tod von Mithäftlingen mitansehen. Rieser berichtete später von seinen Erlebnissen im Konzentrationslager und sollte diese niemals vergessen. Ende September 1939 kam er mit einem Transport in das KZ Buchenwald, im Dezember 1940 wurde er wieder nach Dachau rücküberstellt. Als das Konzentrationslager am 26. April 1945 von der SS geräumt wurde, setzten ihn die NS-Schergen mit Hunderten anderen KZ-Häftlingen auf den Todesmarsch in das Ötztal. Rieser überlebte diesen ebenso wie die sieben Jahre Arbeitseinsatz, Demütigung und Folter im Konzentrationslager. Als alliierte Soldaten auf die ausgehungerten und erschöpften KZ-Häftlinge trafen, fanden sie darunter auch den widerständigen Pfarrer aus dem Salzburger Pinzgau. Rieser kehrte nach dem Ende des Zweiten Weltkrieges in seine Heimatpfarre zurück und arbeitete bis zu seinem Tod am 3. März 1966 als Pfarrer in Bramberg. Nachdem der Salzburger Historiker Rudi Leo seine Geschichte erstmals anhand von Akten dokumentiert hatte, beschloss der Gemeinderat in Bramberg 2013 die Umbenennung des ehemaligen Kirchenplatzes in Andreas-Rieser-Platz. Der Österreichische Rundfunk widmete Rieser unter dem Titel „Der Kaplan vom Zwiebelturm" ein filmisches Porträt.

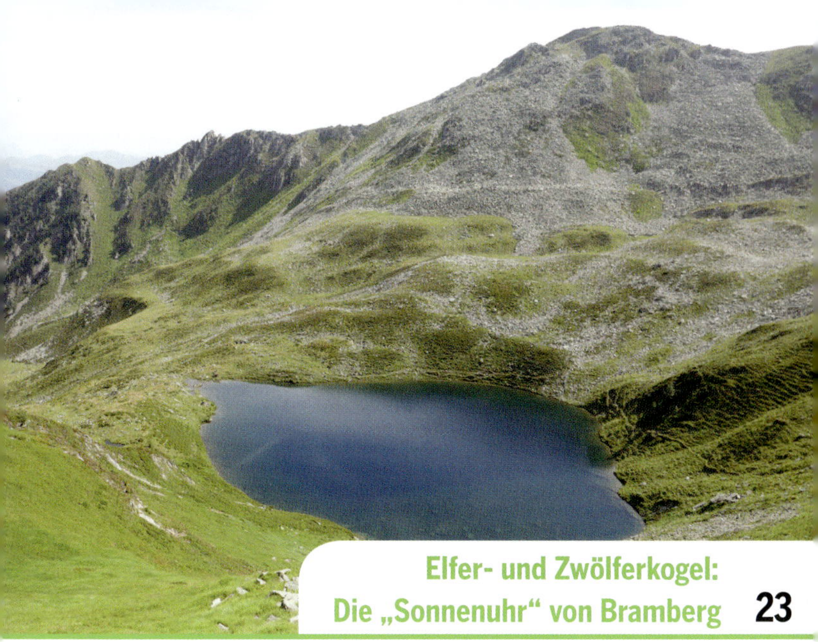

Elfer- und Zwölferkogel: Die „Sonnenuhr“ von Bramberg 23

Beide Gipfel werden von Bramberg am Wildkogel aus bestiegen. Besonders reizvoll dabei: der einsame und schön gelegene Karsee.

Anforderung Einfache, konditionell fordernde Bergwanderung. Anstieg Zwölferkogel 1450 Höhenmeter, 4,5 Stunden. Zwölferkogel-Elferkogel plus 100 Höhenmeter, 1 Stunde. Abstieg Elferkogel 3 Stunden. Der Elferkogel erfordert absolute Trittsicherheit.

Ausrüstung Wanderausrüstung. Keine Einkehrmöglichkeit, genug zu trinken mitnehmen.

Ausgangspunkt Bramberg am Wildkogel, Ortsteil Wenns südlich der Salzach. Parkplatz am ersten größeren „Dorfplatz“ (830 m). Wenns wie auch Habach und Mühlbach sind sehr gut mit der Pinzgauer Lokalbahn erreichbar. (www.pinzgauerlokalbahn.at)

Foto: Blick vom Anstieg auf den Zwölferkogel hinunter zum Karsee.

Route Vom Parkplatz links haltend durch Wenns hinauf bis zur Produktionsstätte der Firma Holzprofil. Unmittelbar dahinter (Wegweiser) dem Hohlweg folgen und an der orographisch rechten Bachseite auf die große Alm- und Forststraße. Zuerst noch ein Stück der Straße folgen, dann sind die Abkürzungen sehr gut markiert und ausgeschildert. Man gelangt bei einer Jagdhütte auf die freien Almflächen der Kar-Grundalm. Hinter dem Stallgebäude geht es eben zur Wegverzweigung (Wegweiser). Wir folgen dem Anstieg nach Süden durch lichten Lärchenbestand stetig steigend an der verfallenen Hochalm vorbei zum einsamen, malerisch gelegenen Karsee (2 082 m). Am Nordufer (Wegweiser) nach

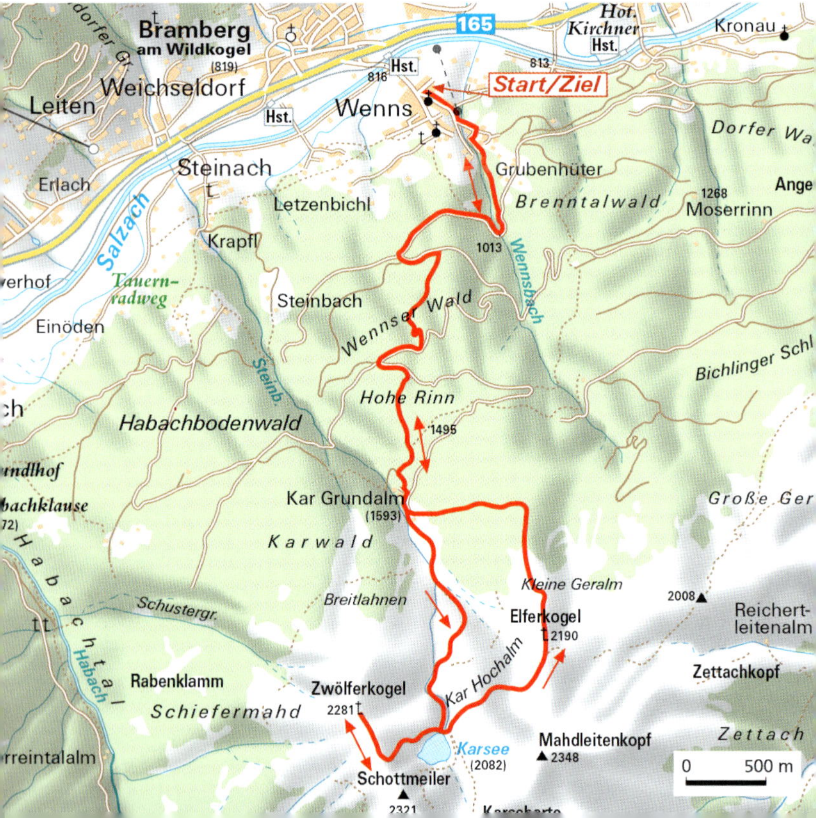

Westen und durch die Ostflanke des Zwölferkogels auf den Rücken. Der Vorgipfel wird auf dem schmalen Steig links umgangen – in wenigen Schritten zum Kreuz (2 281 m). Abstieg retour zum Karsee. Wenn die Ausdauer reicht, folgt man nun dem kleinen Pfad nach Osten und quert durch die steile Grasflanke hinauf in einen Sattel nördlich des Elferkogels. Kurz nach Norden zum Kreuz (2 190 m). Abstieg vom Kreuz direkt nach Norden über den schönen Rücken. Das ist der landschaftlich schönste Teil dieser Tour. Es folgen Schuttfelder und ein sehenswerter Felsgendarm, bis dann der Weg in den Lärchenwald eintaucht und in einem Bogen zurück zur Grundalm führt.

Variante 1 Bei einigen Verzweigungen auf dem Weg bergauf (zum Beispiel am Kniebeis auf 1 321 Meter Seehöhe) weisen die Beschilderungen darauf hin, dass man auch von Habach (Parkplatz bei der Habachklause) oder von Mühlbach (Haltestelle Pinzgauer Lokalbahn) ansteigen kann.

Variante 2 Im Jahr 2013 wurde der Bramberger Kirchplatz in Andreas-Rieser-Platz umbenannt. An der Wand des Kriegerdenkmals neben dem Friedhof findet sich auch eine kleine Gedenktafel für den „Engel von Dachau“ sowie für alle Opfer des Nationalsozialismus. Eine weitere Erinnerungstafel für Andreas Rieser ist in der Kirche von Dorfgastein angebracht.

24

Sklavenarbeit in den Hohen Tauern

Die Nutzung des Wassers zur Energiegewinnung zählte zu den großen Zielen der NS-Wirtschaftspolitik. Die gesicherte Versorgung mit Strom war nicht zuletzt eine Voraussetzung für eine funktionierende Rüstungsproduktion, die wiederum Grundlage war für den nationalsozialistischen Vernichtungskrieg. Für den Bau von Kraftwerken setzte das NS-Regime ebenso wie auf anderen Baustellen Zwangsarbeiter ein. Auch in Kaprun schufteten „Arbeitssklaven" für den nationalsozialistischen Fortschrittsgedanken und letztendlich für den Krieg. Die unwirtlichen Bedingungen reduzierten die ohnedies geringen Überlebenschancen. Bereits am 16. Mai 1938, also nur zwei Monate nach dem „Anschluss", erfolgte der Spatenstich zum Bau der „Tauernkraftwerke Kaprun-Glockner". Bei der groß inszenierten Propagandafeier war Reichsminister Hermann Göring als „Beauftragter für den Vierjahresplan" anwesend. Die gleichgeschaltete Presse berichtete vom Jubel der einheimischen Bevölkerung über das neue Bauvorhaben. Im Juli 1938 wurde schließlich die Alpenelektrowerke AG (AEW) mit dem Bau beauftragt. Bis zur endgültigen Baugenehmigung verging nochmals ein Jahr. Bis dahin hatte die AEW genügend Zeit, sich um Arbeitskräfte zu bemühen und begann bereits mit der Errichtung der ersten Arbeitsbaracken. In einem technischen Bericht vom November 1938 wurde die Höchstzahl der benötigten Arbeiter mit 1 400 bis 1 800 angegeben. Sie sollten in unterschiedlichen Lagern untergebracht werden. In dem Bericht machte sich die AEW auch schon Gedanken, woher diese Arbeitskräfte rekrutiert werden könnten: „Es ist klar, dass es ohne ausländische Arbeiter, insbesondere italienische, nicht gehen wird." Die Hauptlager sollten am Fuß des Bürgkogels, auf der Ebmatten und auf dem Maiskogel errichtet werden. Kleinere

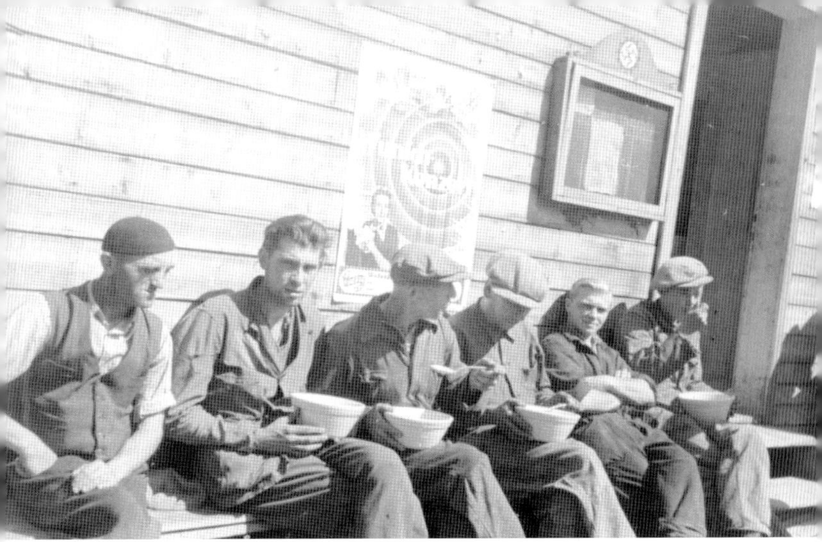

Belgische Zwangsarbeiter vor einer Baracke auf der Kraftwerksbaustelle in Kaprun.

Lager waren für das gesamte Kaprunertal geplant. Die Baumaßnahmen waren bis Februar 1939 abgeschlossen. Ab diesem Zeitpunkt wurden die Baracken mit den ersten Arbeitern belegt. Die Kapazitäten wurden dabei regelmäßig überschritten. So war das Lager Limbergalm auf 1573 Metern Seehöhe als reines Sommerlager für 150 Personen konzipiert, doch schon im Oktober 1939 erfolgte dort die Unterbringung von mehreren Hundert polnischen Kriegsgefangenen. Sie mussten nun auch in den Wintermonaten in den von Stacheldraht umzäunten, eiskalten Baracken ausharren. Dabei war das Lager Limberg bei Weitem nicht das Höchstgelegene. Die Baracken für die Zwangsarbeiter auf dem Moserboden lagen auf 2000 Meter Seehöhe.

Schon bald stieg der Bedarf an Arbeitskräften und damit der Anteil an Zwangsarbeitern aus den besetzten Gebieten. Nach den militärischen Erfolgen des Deutschen Reiches im Westen Europas wurden im Juni 1940 tausend belgische Kriegsgefangene zur Zwangsarbeit nach Kaprun transportiert. Diesen folgten im Herbst desselben Jahres 357 französische. Im Sommer 1941 kamen zu den Kriegsgefangenen auf der Kraftwerksbaustelle jüdische Zivilisten aus dem besetzten Frankreich zum Einsatz und nach dem Überfall auf die Sowjetunion russische Kriegsgefangene, mehrheitlich Offiziere. Die meisten russischen Kriegsgefangenen wurden vom „Stammlager Markt Pongau" (Stalag XVIII C 317) an die Alpenelektrowerke überstellt. Ihr schlechter körperlicher Zustand und die fehlende Kleidung bzw. Schutzausrüstung führten dazu, dass viele von ihnen schon in den ersten Tagen und Wochen starben. Die Verhältnisse beim Kraftwerksbau in Kaprun waren im Vergleich mit anderen Einsatzorten derart schlecht, das Zwangsarbeiter strafweise dorthin versetzt wurden.

Trotz aller Maßnahmen des NS-Terror-Regimes, zusätzliche Arbeitskräfte nach Kaprun zu bringen, konnte der geplante Personalstand von 4 000 im Winter und 2 000 im Sommer 1942 nicht erreicht werden. Im Jänner 1942 arbeiteten rund 1 500 Zwangsarbeiter auf der Kraftwerksbaustelle, der überwiegende Teil waren Kriegsgefangene. Ab 1943 nahm die Zahl der Arbeitskräfte kriegsbedingt langsam ab und die Fortsetzung der Bauarbeiten im bisherigen Ausmaß wurde immer unwahrscheinlicher. Ende 1944 kam es in Kaprun beinahe zur Einstellung und viele Zwangsarbeiter wurden bereits vor Kriegsende abgezogen. Ein ehemaliger polnischer Zwangsarbeiter, der gemeinsam mit seinem Bruder noch im Kindesalter im Jahr 1944 nach Kaprun kam, erinnerte sich an die Arbeitsbedingungen auf der Kraftwerksbaustelle und an den Unfall seines Bruders kurz vor Kriegsende, bei dem dieser erblindete:

„Wir mussten Steine aus dem Felsen schlagen, dann die schweren Felsbrocken wegschleppen. Wir mussten also als Kinder von 12 bis 14 Jahren die Arbeit von Erwachsenen ausführen, und das unter miserabelsten Umständen. Der Unfall meines Bruders ereignete sich demnach auch beim Schleppen des schweren Felsgesteins. Als er unter großer Anstrengung einen Felsbrocken hochheben wollte, schrie er mir plötzlich zu, er könne nichts mehr sehen. Wir meldeten den Unfall dem Aufsichtsleiter, der aber kein großes Aufheben davon machte, sondern meinem Bruder nur ein paar Augentropfen gab. […] 1945 wurde er auf eigenen Wunsch in ein Salzburger Krankenhaus eingeliefert, wo man eine Augenoperation an ihm durchführte. Diese Operation verlief aber ohne Erfolg. Er erlangte sein Augenlicht nicht wieder." Über solche Vorfälle wie generell über die Geschichte der Zwangsarbeit in Kaprun wurde in der Nachkriegszeit geschwiegen. Mit der Übergabe der als „deutsches Eigentum" geltenden Baustelle an die österreichische Regierung im Juli 1946 begann die Geschichte eines österreichischen Nachkriegs-Mythos. Dass für diesen Mythos des Wiederaufbaus, der 1955 in Form des heutigen Kraftwerks fertiggestellt wurde, Tausende Menschen versklavt wurden und sehr viele von ihnen ihr Leben dabei lassen mussten, war lang kein Thema in der offiziellen Nachkriegserzählung. Bis heute gibt es keine gesicherten Opferzahlen für Kaprun.

Zwangsarbeit im Gau Salzburg und Kreis Zell am See

Mit Stichtag 15. Februar 1945 waren im Reichsgau Salzburg 26 924 ausländische Arbeitskräfte, davon 24 574 „fremdstämmige" registriert. Die größte Gruppe bildeten die polnischen Zwangsarbeiter und sogenannten „Ostarbeiter" mit 13 434. Addiert man dazu noch rund 23 000 Kriegsgefangene allein aus dem „Stalag Markt Pongau", dann kann man davon ausgehen, dass gegen Kriegsende mindestens 50 000 ausländische Zwangsarbeiter im heutigen Bundesland Salzburg eingesetzt waren. Im Kreis Zell am See waren mit 15. Jänner 1945 insgesamt 7 237 Zwangsarbeiter eingesetzt, von denen 2 139 aus Polen und der Ukraine stammten und 1 937 „Ostarbeiter" waren. Damit stammten mehr als die Hälfte der Zwangsarbeiter im Kreis Zell am See aus den besetzten Gebieten im Osten.

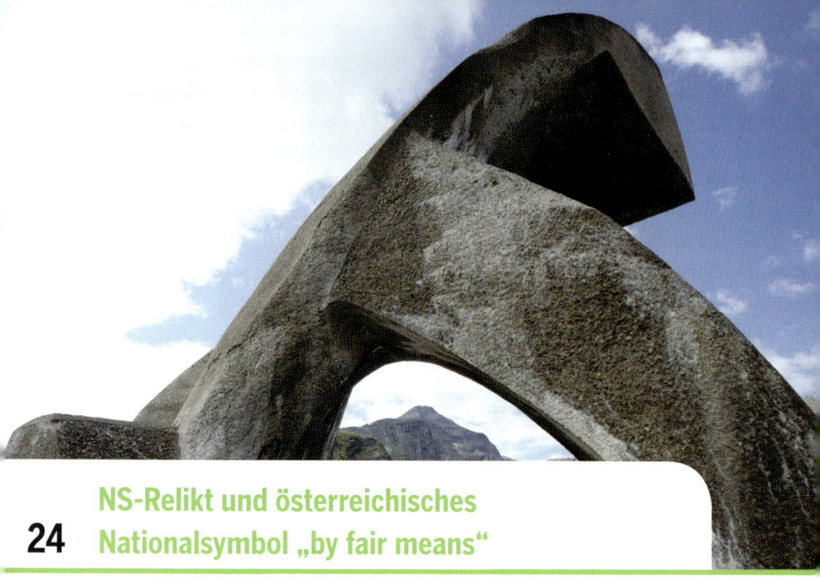

24 NS-Relikt und österreichisches Nationalsymbol „by fair means“

Wer die Stauseen zu Fuß erwandert, erlebt eine Landschaft, die im Spannungsfeld Natur-Technik eine ganz eigene Faszination ausübt.

Anforderung Mittelschwere Bergwanderung, einige Stellen mit Absturzgefahr, einige Stellen seilgesichert und nass. Schwindelfreiheit und Trittsicherheit erforderlich. 1 000 Höhenmeter, 3,5 Stunden Anstieg.

Ausrüstung Wanderausrüstung.

Ausgangspunkt Mit dem Postbus 660 von Zell am See zum Alpenhaus Kesselfall (www.postbus.at) oder mit dem Pkw von Kaprun taleinwärts zum Parkhaus beim Alpenhaus Kesselfall. Vor dem Start Ticket für die Talfahrt lösen (Betriebszeiten: www.verbund.com).

Route Vom Kesselfall-Alpenhaus (1 030 m) kurz entlang der Straße bis zum Wegweiser. Hier nach Süden auf den Wandersteig abzweigen, der durch den Wald zu einer Bachquerung, einer alten Baustraße und zur Talstation des Lärchwand-Schrägaufzuges (1 200 m) führt. Nun

Foto: Denkmal bei der Heidnischen Kirche.

in Kehren bergauf, wobei die Trasse des Schrägaufzuges mehrmals mittels kleiner Tunnel gequert wird. Unterwegs kommt man an einer Gedenktafel vorbei und hat auch immer wieder die mächtigen Stromleitungen über sich. In etwa auf Höhe der Bergstation berührt man kurz die Straße, zweigt aber vor dem Tunnel gleich wieder ins Gelände ab und gelangt so auf einem schönen Weg zum Stausee Wasserfallboden. Nun weiter ohne besonderen Höhengewinn – teilweise seilgesichert und nass – immer oberhalb des Stausees (Tunnel) bis zu einer Jagdhütte. Bei der Jagdhütte entlang der Straße zur Fürthermoaralm (1 805 m) und ab hier auf dem gemütlichen Wandersteig (kurz noch einmal die Straße berührend) hinauf zum Mooserboden und der Heidnischen Kirche (2 040 m, Zwangsarbeiter-Gedenktafel). Hinunter geht es dann knieschonend mit dem Autobus.

Einkehr Alpenhaus Kesselfall (www.kesselfall.at), Fürthermoaralm (www.fuerthermoar.at/de).

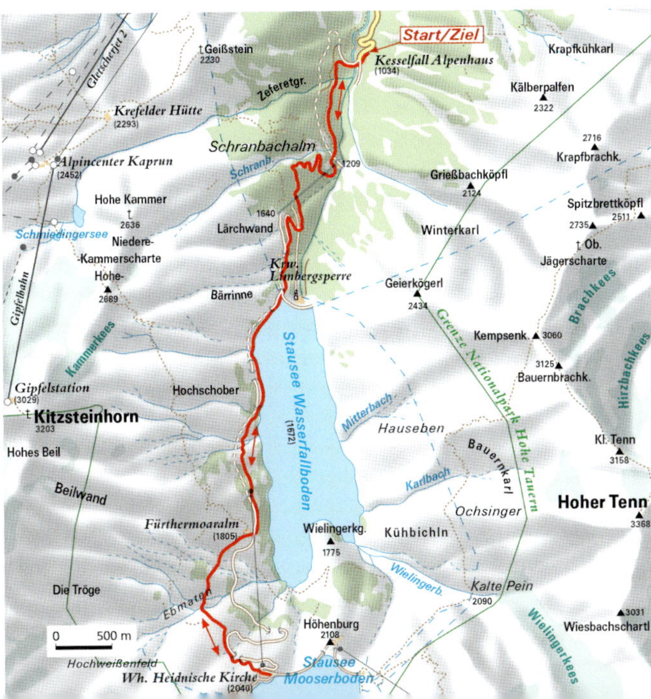

25

Mörderisches Arbeitskommando im hochalpinen Gelände

Neben der Baustelle für das Tauernkraftwerk Kaprun-Glockner bestand bei Uttendorf im Pinzgau noch eine weitere große Kraftwerksbaustelle, auf der Kriegsgefangene, Zwangsarbeiter und KZ-Häftlinge eingesetzt waren. Für die Abwicklung der Baumaßnahmen beauftragte die Deutsche Reichsbahn ein eigens gegründetes Firmenkonsortium, die „Arbeitsgemeinschaft Stubachwerke". Für die zwangsweise eingesetzten Arbeitskräfte entstanden im hochalpinen Gelände Barackensiedlungen, aus denen es kein Entkommen gab. Ab 1944 war das „Außenlager Weißsee" Teil des KZ-Lagersystems Dachau.

Die Arbeiten am Kraftwerk, die mit Juli 1939 begonnen hatten, gingen nach Kriegsbeginn im September unvermindert weiter, und neben zivilen Arbeitskräften kamen Kriegsgefangene zum Einsatz. Schon 1940 konnte das Kraftwerk Schneiderau ans Netz gehen. Danach war weiterhin der Ausbau der Stollenanlagen für den Kraftwerksbau das Hauptziel. Die Deutsche Reichsbahn hatte dem Alpenverein aber ebenso versprochen, den Weg vom Tauernmoos zur Rudolfshütte auszubauen. Dafür kamen ausschließlich Zwangsarbeiter und Kriegsgefangene zum Einsatz. Bis 1943 waren auf den Baustellen hauptsächlich zivile Zwangsarbeiter aus Polen und der Ukraine sowie ab 1941 russische Kriegsgefangene beschäftigt. Die sich verschärfende Kriegslage und der damit verbundene Arbeitskräftemangel führten jedoch dazu, dass nunmehr auch Häftlinge aus dem KZ Dachau zum Einsatz kamen. In den Überstellungslisten von Dachau taucht Weißsee zum ersten Mal am 1. September 1944 auf. Dem „Arbeitskommando Weißsee", auch „Außenlager Weißsee" genannt, das sich in drei Baracken oberhalb der Rudolfshütte befand, unterstanden rund 450 Häftlinge. Sie wurden zum Teil Opfer der unmenschlichen Arbeitsbedingungen auf rund 2 300 Meter Seehöhe. Eine Flucht war aufgrund der Lage und der strengen Bewachung unmöglich. Der gesamte Bereich um den Weißsee war von Wachposten umstellt und stark bewaffnet abgesichert. Die Wachmannschaften setzten sich aus deutschen und vor allem ukrainischen SS-Männern zusammen. Zur Absicherung der Staumauer vor feindlichen Angriffen wurden zwischen 1939 und 1942 sechs Maschinengewehrnester errichtet, diese konnten aber auch gegen flüchtende Häftlinge eingesetzt werden. Nach Angaben von Häftlingen wurden zahlreiche Flüchtige, die vor allem bei Tieffliegerangriffen einen Ausbruchsversuch unternommen hatten, erschossen. Nach der Flucht wieder aufgegriffene KZ-Häftlinge wurden schwer misshandelt und nach wenigen Tagen in das Konzentrationslager Dachau abgeschoben. Diese Maßnahmen sollten andere Häftlinge einschüchtern und von einer Flucht abhalten. Die Hälfte der Häftlinge war französischer Nationalität, etwa ein Fünftel stammte aus der Sowjetunion, zehn Prozent waren Deutsche und Österreicher. Das Durchschnittsalter der Häftlinge lag bei 27 Jahren, die Jüngsten waren gerade einmal 15 Jahre alt. Die Arbeit dauerte von Tagesanbruch bis zur Dämmerung. Zivile Bauingenieure und Sprengmeister überwachten die Arbeiten, ihnen war der Kontakt zu den Häftlingen untersagt. Trotz der zum Teil eisigen Temperaturen erhielten die Häftlinge keine winterfeste Kleidung und durften sich lediglich ein Blatt Zeitungspapier unter den dünnen Stoff legen. Die Essensrationen waren unzureichend und die Schlafbaracken waren mit Stroh ausgelegt. Gängig war außerdem die Prügelstrafe auf dem Bock. Diese wurde laut Angaben von Überlebenden sehr oft angewandt. Wie viele in dem „Außenlager Weißsee" tatsächlich ihr Leben lassen mussten, ist nicht bekannt. In den Totenbüchern wird nur ein französischer Häftling genannt. Er starb Anfang Dezember 1944. Bekannt ist aber sehr wohl,

dass mehrmals pro Woche kranke Häftlinge durch gesunde aus Dachau ersetzt wurden. Von den Zurückgeschickten starben viele nach kurzer Zeit in Dachau. Die Arbeit im Steinbruch war lebensgefährlich und mitunter tödlich. Viele brachen unter der Last der Arbeit zusammen, was zusätzlich bestraft wurde. Der KZ-Häftling Martin Wolff hatte im Herbst 1944 versucht, einem SS-Bewacher zu erklären, dass er den Felsblock nicht alleine bewältigen könne. Dieser zog daraufhin ein Bajonett und stach Wolff in die rechte Brust. Dem Lagerführer erzählte der SS-Mann, dass Wolff ihn angegriffen habe. Nach kurzer Behandlung der Stichwunde musste Wolff wieder an die Arbeit. Wenige Tage später brach er im Steinbruch zusammen. Der Lagerarzt verordnete einige Tage Bettruhe. Wolff musste nicht mehr in den Steinbruch zurückkehren, da sein Kommando aufgelöst wurde, er kam zurück nach Dachau und überlebte.
Nach dem Rücktransport der verbliebenen 450 Häftlinge wurde am 12. Dezember 1944 fast das ganze Kommando auf einen der sogenannten Invalidentransporte in das KZ Buchenwald überführt, ein Teil der Häftlinge wurden in die KZs Stutthof und Neuengamme deportiert. Am 8. Mai 1945 erreichten US-Soldaten Uttendorf und befreiten die noch in den Lagern der Kraftwerksbaustelle im Stubachtal verbliebenen Zwangsarbeiter. Die Kraftwerksgruppe im Stubachtal, die bis heute für die Stromversorgung der Österreichischen Bundesbahnen von größter Bedeutung ist, wurde in den Jahrzehnten nach dem Zweiten Weltkrieg sukzessive ausgebaut und laufend modernisiert. Die Kraftwerke in den Salzburger Alpen lieferten nach 1945 den Strom für den österreichischen Wiederaufbau. Die Historikerin Nicole Slupetzky hat die Geschichte der Zwangsarbeit auf der Rudolfshütte beim Weißsee erstmals aufgearbeitet und dokumentiert.

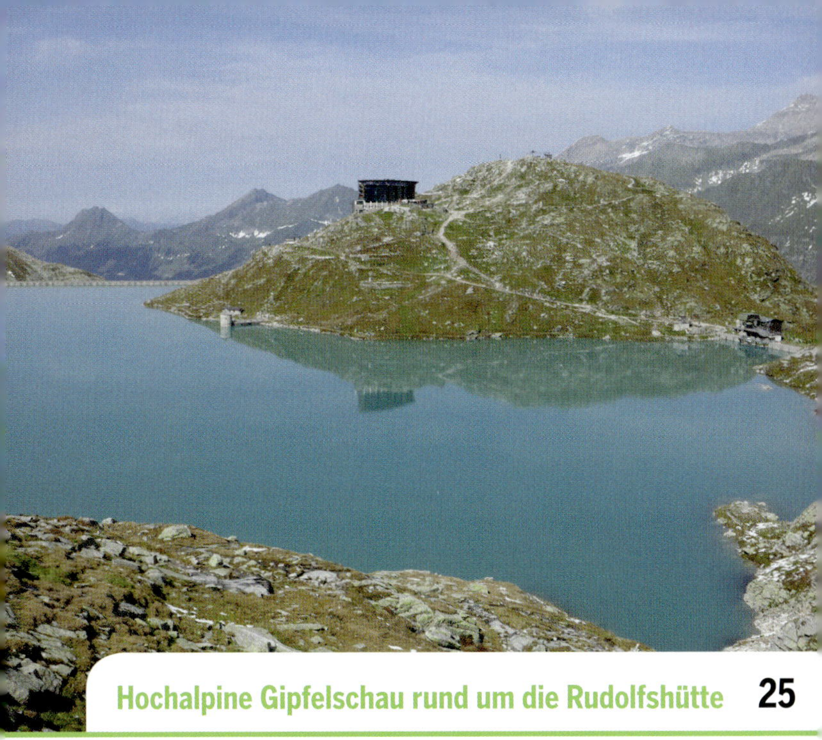

Hochalpine Gipfelschau rund um die Rudolfshütte 25

Die Region der ehemaligen Lagerbaracken ist Ausgangspunkt für eine hochalpine Bergwanderung zum Kalser Tauern (2 515 m) und auf den Medelzkopf (2 761 m).

Anforderung Mittelschwere Bergwanderung im Hochgebirge. Trittsicherheit erforderlich. 600 Höhenmeter (mit Gegenanstiegen) Anstiegsleistung und insgesamt 3,5 Stunden für die Gesamttour. Vorsicht: Beim Gipfelanstieg immer möglichst nahe dem markierten Steig bleiben, die gewaltigen Blöcke entlang des Gipfelanstieges können unter dem Gewicht eines Einzelnen kippen.

Ausrüstung Wanderausrüstung, Bekleidung fürs Hochgebirge.

Ausgangspunkt Uttendorf im Pinzgau und weiter bis an den Talschluss des Stubachtales. Dann Auffahrt mit der Weißsee-Gletscherbahn auf 2 315 Meter Seehöhe. www.gletscherwelt-weissee.at
Wer auf der Rudolfshütte übernachtet, kann auch bequem mit Öffis anreisen. fahrplan.oebb.at

Route Von der Rudolfshütte auf dem breiten Spazierweg bergab nach Süden und hier über die Ostsperre des Weißsees. Kurz am Ufer entlang, dann auf dem Steig nach Süden über Grasmatten und glattgeschliffene Felsen hinauf zum seit Jahrhunderten als Übergang genutzten Kalser Tauern (2 515 m, Kreuz, Wegweiser). Von hier geht es über guten Fels entlang von Markierungen und Steinmandln nach Südosten auf das Plateau mit der Medelzlacke, wo man auf die mit dem Sessellift heraufkommenden Spaziergänger trifft. Hinter der Lacke kurz flach nach Süden zu einem Aussichtspunkt,

Am Kalser Tauern – im Hintergrund der Tauernkogel.

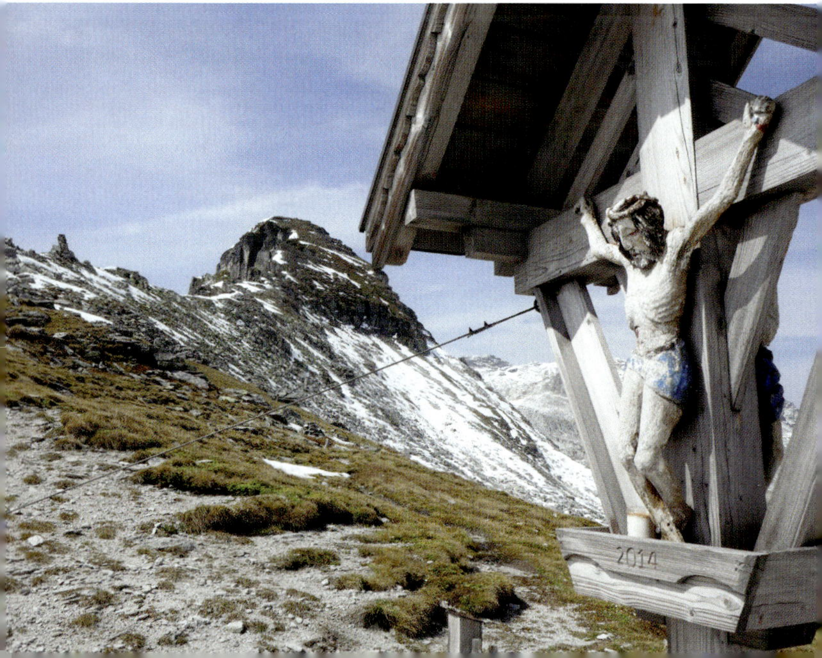

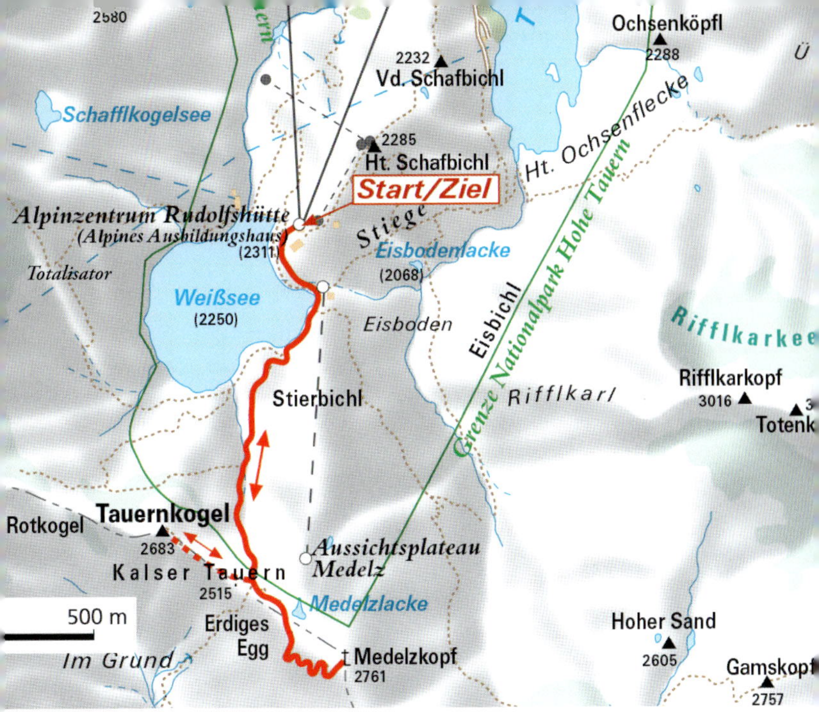

dann ostwärts entlang der Steinmandln und Markierungen durch die riesige Blockhalde auf den Gipfel. Abstieg wie Anstieg.

Einkehr Berghotel Rudolfshütte (www.alpinzentrum-rudolfshuette.at), Alpengasthof Enzingerboden (www.enzingerboden.at).

Variante Gipfelsammler können den Kalser Tauernkogel (2 683 m) mitnehmen. Vom Tauernkreuz geht es nach Westen entlang eines nicht markierten Steiges teilweise über den Grat und dann in die Nordflanke. (30 Minuten und 150 Höhenmeter im Anstieg. Trittsicherheit und Schwindelfreiheit erforderlich.)

Variante Zwei Infotafeln am Weg, der südlich um den Weißsee führt, enthalten Informationen über die Geschichte der Zwangsarbeiter.

26

Auf der Flucht vor der NS-Zwangsarbeit gestorben und 70 Jahre vermisst

Guiseppe Groppo war auf der Flucht aus dem Lager Kaprun in den Bergen gestorben. Der erst 17-jährige Zwangsarbeiter wurde 1944 in das Deutsche Reich verschleppt und zum Kraftwerksbau in den Hohen Tauern eingeteilt. Die Umstände seines Todes und sein Schicksal konnten erst 70 Jahre nach seinem Tod ausgeforscht werden.

Als im September 1943 deutsche Truppen Norditalien besetzten, flüchtete der junge Giuseppe Groppo wie viele junge Männer und Frauen in den Untergrund. Neun Monate später, am Montag, 5. Juni 1944, umstellten Soldaten in der norditalienischen Gemeinde Mason, Provinz Vicenza, das Haus der Familie Groppo. Sie waren auf der Suche nach dem 16-Jährigen. Dieser flüchtete sich noch rechtzeitig in den Wald, machte aber kehrt, als seine Mutter Entwarnung gab. Diese hörte die Soldaten Italienisch reden und holte ihren Sohn zurück ins Haus. Die italienischen Faschisten verluden Groppo sofort auf einen Lkw und übergaben ihn den Nationalsozialisten. Von der Ladefläche des Lkws soll Groppo seiner Mutter noch zugerufen haben: „Mach dir keine Sorgen, ich komm wieder nach Hause!“ Sie sollte ihren Sohn nicht wiedersehen.

Unmittelbar nach seiner Verhaftung wurde Groppo von den Nationalsozialisten in die „Ostmark“ verschleppt und als Zwangsarbeiter im Kraftwerksbau in Kaprun eingesetzt. Groppo war einer von 6974 Zwangsarbeitern, die 1944 im Pinzgau zur Arbeit gezwungen wurden. Er musste auf der lebensgefährlichen Baustelle der Tauernkraftwerke arbeiten. Im Juli 1944, wenige Wochen nach seiner Festnahme, versuchte der junge Groppo trotz der strengen Bewachung sein Glück. Schlecht ausgerüstet, hungrig und erschöpft trat er seine Flucht über die Alpen nach Italien an. Mit einem schlichten Leinensack und unzureichender Kleidung irrte er im Gebiet zwischen Imbachhorn und Roßkar in der Nähe der Wachtbergalm umher. Groppo unterschätzte die alpinen Gefahren und starb an den Folgen von Hunger und Kälte im Gebirge. Susanne Pinn und ihre Freundin Anni entdeckten beim Almrosen-Pflücken die Leiche des 17-Jährigen. Sie informierten die Gendarmerie. Es sollten jedoch 70 Jahre vergehen, bis der Todesfall tatsächlich aufgeklärt wurde.

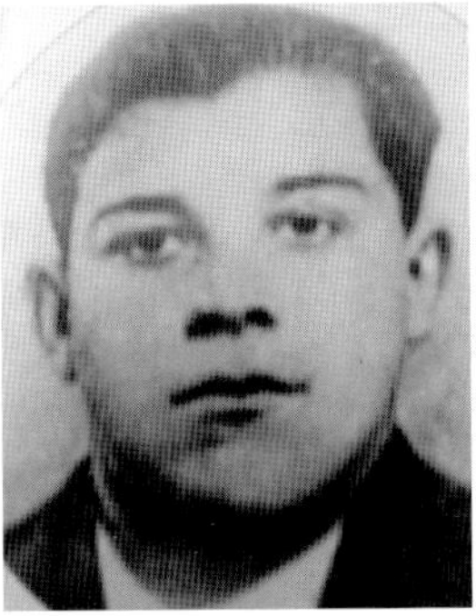

Im Februar 2014 machte sich der Historiker Rudolf Leo bei seinen Recherchen auf die Suche nach Dokumenten, welche die Herkunft Groppos klären sollten. Er durchforstete Gendarmerieprotokolle und fand tatsächlich einen Bericht der Gendarmerie Bruck vom 25. Juli 1944. Darin wird festgehalten, dass im Gebiet zwischen Imbachhorn und Roßkar, ca. 400 Meter oberhalb der Wachtbergalmhütte ein „männliches Skelett" gefunden worden war. „Nach umfangreichen Ermittlungen wurde festgestellt, dass der aufgefundene Tote mit Giuseppe Groppo, geb. 24.10.1926 in Mason, Italien, ident ist." Dem Akt ist weiter zu entnehmen, dass der Tote als italienischer *„Hilfsarbeiter"* in Kaprun *„beschäftigt"* war und am 17. Juni 1944 von seiner Arbeitsstelle geflüchtet ist. Als Todesursache wird in dem Bericht vermutet, dass Groppo im Imbachhorngebiet abgestürzt und seinen Verletzungen erlegen ist. Groppo galt in seiner Heimatgemeinde Mason ab 1952 als „vermisst in Deutschland". Leo gelang es, Licht in das Dunkel der Geschichte zu bringen, und gemeinsam mit Susanne Pinn arrangierte er ein Treffen mit den italienischen Neffen. Die Gedenkfeier Anfang Oktober 2014 in der Gemeinde Fusch wurde zu einem grenzüberschreitenden Treffen mehrerer Generationen.

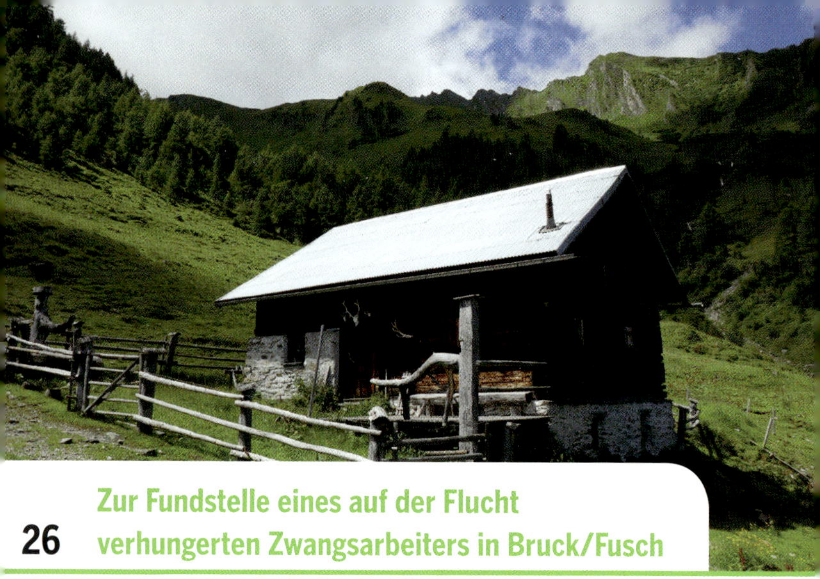

26 Zur Fundstelle eines auf der Flucht verhungerten Zwangsarbeiters in Bruck/Fusch

Im Juli 1944 finden zwei junge Mädchen beim Schneerosenpflücken oberhalb von Fusch an der Glocknerstraße eine Leiche. Es ist der erst 17-jährige italienische Zwangsarbeiter Guiseppe Groppo. Er war auf der Flucht aus dem Lager in Kaprun an den Folgen von Hunger und Kälte gestorben.

Anforderung Einfache Almwanderung, 850 Höhenmeter, 2,5 Stunden Anstieg.

Ausrüstung Wanderausrüstung.

Ausgangspunkt Ponyhof/Judendorf (820 m) – kleiner Weiler nördlich von Fusch an der Glocknerstraße. Postbus von Zell am See, Linie 650. salzburg-verkehr.at

Route Vom Ponyhof kurz die Straße bergan, dann aber die markierten Abschneider hinauf zur Ponyhofalm (1 367 m). (Hierher kommt man auch entlang der Zufahrtsstraße zu Fuß oder mit dem

Foto: Almgebiet nahe der Fundstelle von Guiseppe Groppos Leiche.

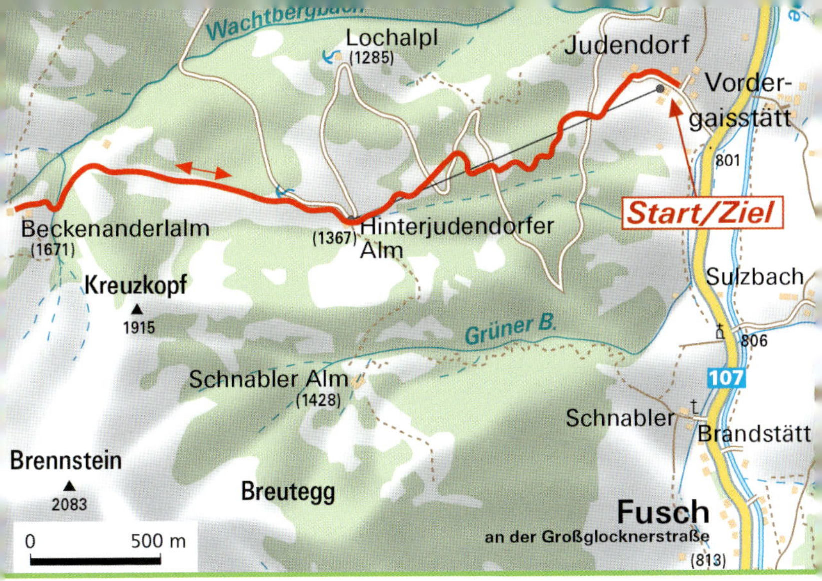

Mountainbike.) Hinter der Alm einen Wiesenweg bergan Richtung Westen, bis man wieder auf eine Almstraße trifft. Weiter, langsam flacher werdend, an einer Gedenktafel für eine 2008 bei einem Lawinenunfall tödlich verunglückte junge Bayerin vorbei zu einigen romantischen Tümpeln und einer verfallenen Almhütte. Daran vorüber und durch ein kurzes Waldstück hinauf zur Bäckenanderlalm (1 671 m). Hier wurde die Leiche des jungen Guiseppe Groppo am Waldrand oberhalb der Jagdhütte im Juli 1944 gefunden.
Abstieg wie Anstieg.

Einkehr Hinterjudendorferalm/Ponyhofalm.
www.feriendorf-ponyhof.com

Variante Ein Gedenkstein für die Bergtoten von Fusch an der Glocknerstraße findet sich im Ortszentrum am Rand des Isidor-Griessner-Parks (überdachte Bühne für Platzkonzerte der Ortsmusik). Hier ist auf einer der Tafeln auch der tote Zwangsarbeiter Guiseppe Groppo vermerkt.

27

Walter Suess
Der verhinderte Musiker und unerwünschte Mediziner von Gastein

Die Karriere von Walter Suess begann vielversprechend. Das Leben meinte es gut mit ihm. 1912 in Wien als Sohn eines Zahnarztes geboren, schloss er 1932 die Akademie für Musik und ausübende Kunst ab und absolvierte 1936 die Staatsprüfung zum Kapellmeister. Im selben Jahr promovierte er im Alter von 24 Jahren zum Doktor der Medizin. Die Musik war seine große Leidenschaft, ihr widmete er sich mit Hingabe und Begeisterung – bis zu dem Zeitpunkt, als die Nationalsozialisten in Österreich an die Macht kamen. Suess, dessen Vater Jude war, galt in der Diktion des NS-Staates als „Mischling I. Grades". Die Rassepolitik des Nationalsozialismus machte seine Pläne, ein Leben als Musiker zu führen, mit einem Schlag zunichte. Der „Anschluss" im März 1938 bedeutete das jähe Karriereende des aufstrebenden Dirigenten.

Noch ein Jahr davor stand Suess kurz vor seinem Durchbruch. Im Februar 1937 gab er seine ersten Konzerte in Wien, er leitete das Wiener Konzertorchester und hielt im selben Jahr einen Vortrag über die „Physiologie des Dirigierens". Musik und Medizin waren für Suess eine Materie. Das eine funktionierte nicht ohne das andere. Die Anatomie bestimmte für ihn die Funktionalität des Dirigierens. Suess war wissbegierig und ehrgeizig. Zusätzlich zu seinem Medizinstudium machte er noch die Ausbildung zum Zahnarzt. Im August 1937 führte ihn sein Weg zum ersten Mal nach Bad Gastein. Zugunsten des Forschungsinstituts Gastein dirigierte er ein Symphoniekonzert mit dem örtlichen Kurorchester. Auf dem Programm standen

Werke von Brahms, Schubert, Mendelssohn und Smetana. Die Kritiker sagten dem hochbegabten Dirigenten eine glorreiche Zukunft voraus.

Es kam anders. Von einem Tag auf den anderen wurde Suess Opfer des nationalsozialistischen Terrors. Als Sohn eines Juden war er aus der NS-Reichsmusikkammer ausgeschlossen. Damit wurde ihm jegliche öffentliche Betätigung als Musiker untersagt. Suess heiratete seine als „Arierin" geltende Lebensgefährtin Gertrude Jennewein, in der Hoffnung, dadurch der nationalsozialistischen Verfolgung zu entgehen. Sie war

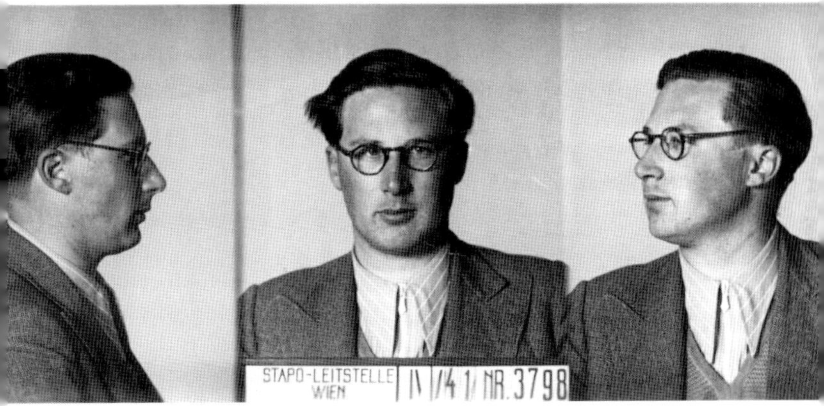

Walter Suess kurz nach seiner Gefangennahme durch die Gestapo.

angehende Sängerin und Schauspielerin. Suess widmete sich fortan der Medizin. Als sich im Mai 1938 die Gelegenheit bot, in Gastein die Praxis des geflüchteten jüdischen Arztes Hans Fuchs zu übernehmen, übersiedelte Suess von Wien in die Berge. Er schöpfte Hoffnung. Trotz der Anfeindungen durch die NSDAP-Ortsgruppe fanden Patienten den Weg in seine Zahnarztpraxis. Nach einem halben Jahr musste Suess die Praxis jedoch wieder schließen. Die Nationalsozialisten entzogen ihm die Genehmigung zur Führung seiner Ordination und beraubten ihn seiner Lebensgrundlage.

Gastein galt als eines der frühen Zentren der nationalsozialistischen Bewegung. Schon vor 1938 trieben hier „illegale" Nationalsozialisten ihr Unwesen, lokale SA-Männer verteilten NS-Propagandaschriften und hielten Versammlungen ab. Suess wiegte sich in der vermeintlichen Idylle der Kurgemeinde in Sicherheit. Auf Werbeplakaten der Österreich Werbung wurde Gastein als Fremdenverkehrsort, der seine internationalen Gäste empfängt, angepriesen. Hinter dieser Fassade brodelte die antisemitische Stimmung eines deutschnationalen Lagers, das sich spätestens ab Mitte der 1930er-Jahre radikalisierte. Als Suess 1937 nach Gastein kam, hatte der Rassismus im Ort schon Einzug gehalten.

Im kommunistischen Widerstand

1938 sah sich der praktizierende Zahnarzt, der eigentlich noch viel lieber musizierte, mit der nationalsozialistischen Rassenideologie konfrontiert. Die Weiterführung seiner Ordination werde „unter keinen Umständen geduldet", hieß es in einem Schreiben des kommissarischen Leiters der Zahnärzte für den Gau Salzburg an den Bad Gasteiner Bürgermeister. Der NS-Terror hinterließ Spuren. Zuerst an seiner Praxis und danach an Suess selbst. In der Nacht vom 9. auf 10. November, dem Novemberpogrom, wurde auch seine Ordination verwüstet. Die NSDAP-Ortgruppe machte ihm klar, dass er in Gastein unerwünscht war. Suess sollte verschwinden. Er zog mit seiner Frau Gertrude wieder nach Wien, zu seiner Mutter in die Molkereistraße 7 im zweiten Wiener Gemeindebezirk. Dort arbeitete er verbotenerweise in deren Zahnarztpraxis. Die Lage spitzte sich zu und das Leben wurde für Suess immer gefährlicher. Er wollte auswandern, nach Argentinien, die Militärbehörde verweigerte ihm die Emigration. Vom NS-Regime in die Enge getrieben, entschloss sich Suess, im Widerstand tätig zu werden. Über eine jüdische Patientin nahm er Kontakt mit dem kommunistischen Bezirksfunktionär Otto Kubak auf. Dieser stellte eine Verbindung zum Leiter der kommunistischen Bezirksgruppe Leopoldstadt Robert Kurz her. Bald darauf fanden in der Wohnung Suess konspirative Treffen statt. Suess war zwar nie marxistisch eingestellt, aber ab 1939 traf sich die kommunistische Widerstandsgruppe beim „Doktor", so der Deckname des Mediziners Suess. Als KPÖ-Funktionär war Suess einer der führenden Köpfe im kommunistischen Widerstand in Wien. Er verfasste antinationalsozialistische Flugschriften wie die „Antwort an Dr. Goebbels". Aus seinem Vorhaben, eine kommunistische Ärzteorganisation im Untergrund ins Leben zu rufen, wurde nichts. Im Mai 1940 flog die Widerstandsgruppe rund um Robert Kurz auf. Die Gestapo war den Oppositionellen auf die Schliche gekommen. Franz Pachhammer, ein Gestapo-Spitzel, denunzierte Suess schließlich. Er hatte sich zunächst sein Vertrauen erschlichen, um ihn dann zu verraten. Suess und seine Ehefrau Gertrude wurden daraufhin im April 1941 verhaftet und in das Polizeigefängnis Rossauer Lände eingewiesen. Suess wurde verhört und gefoltert. Die Hauptverhandlung fand im November 1942 statt. Sowohl Suess als auch Otto Kubak und Robert Kurz wurden zum Tode verurteilt und am 28. Jänner 1943 im Landesgericht Wien hingerichtet. Im Nachkriegs-Gastein sind die Spuren des Zahnarztes und Dirigenten Suess nach 1945 gut verwischt worden. In Wien erinnert ein Gedenkstein in der Molkereistraße 7 an den ermordeten Widerstandskämpfer jüdischer Herkunft.

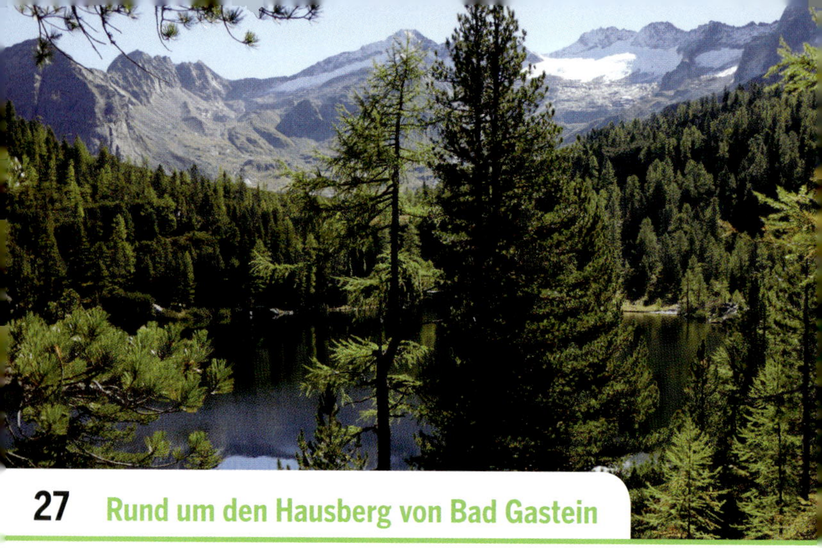

27 Rund um den Hausberg von Bad Gastein

Die Umrundung des Graukogels gehört zu den ganz besonders lohnenden Wanderungen im Gasteinertal und war auch schon in der Zwischenkriegszeit eine beliebte Route für Touristen.

Anforderung Technisch einfache, aber längere Bergwanderung mit 1 250 Höhenmetern im Anstieg. Gesamt 6 Stunden.

Ausrüstung Wanderausrüstung.

Ausgangspunkt Eingang Kötschachtal (1 066 m). Mit dem Pkw durch Gastein an der Graukogelbahn vorbei bis zum Kötschachtal. Auch mit den Öffis gut erreichbar. Vom Bahnhof Bad Gastein mit der Linie 555. www.gasteinertal.com/busverbindung

Route Entlang der Kötschachtalstraße taleinwärts, bis der Weg Nr. 526 über den Bach (Wegweiser) abzweigt. Nun den Waldsteig entlang zum Reedsee. Hinter dem See wird das Gelände langsam freier und man wandert in angenehmer Steigung, den Graukogel stets im Blick, hinauf auf die Palfner-Scharte (2 321 m). Nun nach Westen zum

Foto: Am malerisch gelegenen Reedsee.

gleichnamigen See absteigen und bei der ersten Wegteilung (Wegweiser „Graukogellift-Bergstation) nach Norden. Dieser Steig quert ohne besonderen Höhenverlust die Graukogel-Flanke zur Graukogel-Hütte (1954 m). Der weitere Abstieg führt entlang der Skipiste auf dem Weg 525 an der Reichebenhütte vorbei hinunter bis zu einer Almwegkreuzung. Hier unbedingt nach rechts (Norden) und der Straße etwas langwierig konsequent hinunter ins Kötschachtal folgen.

Einkehr Graukogelhütte. www.gasteinertal.com/graukogelhuette

Variante Ein etwas anderes Kaliber ist die Überschreitung des Graukogels. Hier sind trittsichere, schwindelfreie und geübte Alpinisten gefragt. Man hält sich entlang der alten Markierungen von der Palfner-Scharte immer den Südgrat (Stellen I) entlang (der erste Felsturm wird ostseitig umgangen) bis zum Gipfel. Abstieg auf dem Normalweg nach Norden zum Hüttenkogel (2 231 m) und zur Graukogelhütte. Gesamt 1 400 Höhenmeter und 7,5 Stunden.

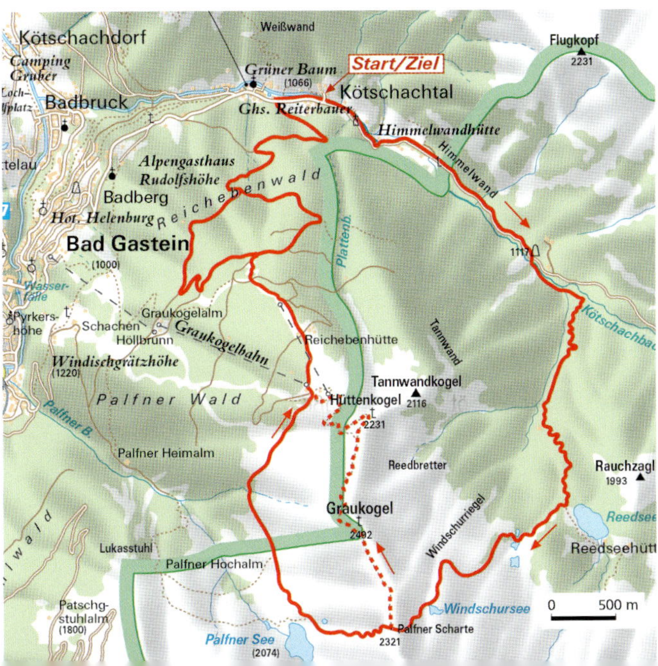

28

Abgestürzte US-Bomber über dem Pinzgau
Lebenswege zweier Überlebender

Es war der 16. November 1944, als sich ein Bombergeschwader der 15. US-Luftstreitkräfte von Italien aus in Richtung Deutsches Reich aufmachte. Das militärische Ziel war eine Munitionsfabrik in München. Kurz nach Abschluss der Mission beziehungsweise kurz vor Abwurf der tödlichen Fracht stürzten zwei der US-Bomber bei Lofer und Saalfelden ab, ein Großteil der Crew überlebte. Viele von ihnen war damals keine 20 Jahre alt.
Mehr als 60 Jahre nach dem Absturz der beiden Bomber über dem Pinzgau meldete sich übers Internet ein Überlebender – der ehemalige US-Sergeant Louis Rebottaro aus dem US-Bundesstaat Michigan. Rebottaro war Bordschütze des am Hundshorn abgestürzten Bombers. Er wurde am 2. August 1925 in der Kleinstadt Tecumseh geboren und meldete sich mit 17 Jahren freiwillig zum Kriegsdienst. Da sein Vater die Zustimmung verweigerte, wurde Rebottaro erst nach Abschluss der High School mit 18 Jahren zur Army einberufen. Gemeinsam mit 38 anderen jungen Männern seines Jahrgangs erhielt Rebottaro im November 1943 in Detroit seinen Stellungsbefehl. Sein Wunsch war es, Pilot zu werden. Rebottaro schaffte die Fliegerprüfung. Da es aber genug Piloten gab, wurde der junge, unerfahrene Soldat zum Bordschützen auf einem B24-Bomber ausgebildet. Im Oktober 1944 wurde sein Verband nach Süditalien verlegt, von wo aus die US-Luftwaffe die Bombereinsätze gegen das Deutsche Reich flog.
Am 16. November 1944 stiegen 24 viermotorige Maschinen des Typs B-24 Liberator in der Nähe von Foggia in den Nachthimmel auf. Das Ziel war eine Munitionsfabrik in München, die das Geschwader im Morgengrauen erreichte. Die deutsche Flugabwehr nahm die Bomber sofort ins Visier, Rebottaros Flugzeug

erhielt einen Flaktreffer in das dritte Triebwerk und verlor sofort an Höhe. „Den Abschuss habe ich erst bewusst zur Kenntnis genommen, als schon alles vorüber war. Es war so, als würde die ganze Welt sich zu drehen beginnen“, schilderte Rebottaro später. Mit Ausnahme des Piloten Harvey Wright, dessen Fallschirm sich nicht öffnen ließ, schafften alle Crewmitglieder den Absprung. Das Flugzeug krachte in eine Felswand am Hundshorn in der Nähe der Scheffsnother Alm und explodierte. Rebottaro und seine Kameraden wurden auf dem Boden sofort von deutschen Gendarmen aufgegriffen und festgenommen. Die deutsche Luftwaffe überstellte sie in das zentrale Durchgangslager Luft nach Oberursel bei Frankfurt am Main. Das Kriegsgefangenenlager war eigens für abgeschossene westalliierte Fliegerpiloten und Crewmitglieder gegen Jahresende 1939 errichtet worden und wurde von der deutschen Luftwaffe verwaltet. Das „Dulag Luft“, wie es kurz genannt wurde, diente als Vernehmungslager und war für die meisten der Gefangenen nur eine Zwischenstation auf

Bomberjacke eines US-Piloten im Zweiten Weltkrieg.

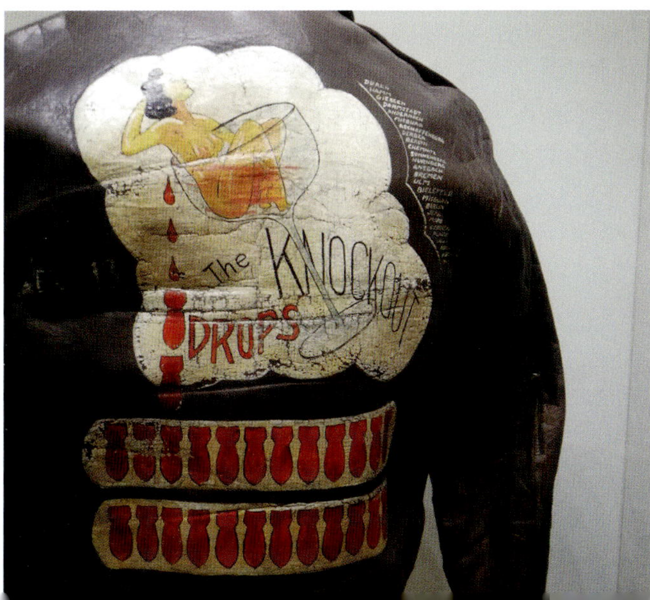

dem Weg in weitere Kriegsgefangenenlager. Auch für Rebottaro war es so. Nachdem er in Oberursel verhört worden war, überstellte ihn die Luftwaffe in das Stalag Luft IV nach Groß Tychow (Tychowo) im heutigen Polen. Das Kriegsgefangenenlager war erst im Mai 1944 seiner Bestimmung übergeben worden. Ein Bericht des Internationalen Roten Kreuzes vom Oktober 1944 beschrieb die Bedingungen in dem Lager als generell unzureichend. Die Kriegsgefangenen hausten in unbeheizten Holzbaracken zu je 200 Männern und mussten zum Teil auf dem Boden schlafen. Die Latrinen befanden sich im Freien. Zum Berichtszeitpunkt am 5. und 6. Oktober 1944 befanden sich 7 089 amerikanische und 886 britische Kriegsgefangene im Lager, das ursprünglich nur für 6 400 Gefangene ausgelegt war. Am 22. März 1945 veröffentlichte die US-Armee eine Kriegsgefangenenliste, in der Rebottaro als Sohn von Rose Rebottaro mit Wohnort Tecumseh zu finden ist. Zu dieser Zeit befand sich der US-Sergeant schon auf dem Gefangenenmarsch Richtung Westen. Als die Rote Armee anrückte, räumte die Luftwaffe das Kriegsgefangenenlager in Groß Tychow. Die noch lebenden Kriegsgefangenen sollten über Usedom in das über 600 Kilometer entfernte Wöbbelin bei Ludwigslust verlegt werden. Rebottaro überlebte die Kriegsgefangenschaft und wurde Anfang Mai 1945 von den Sowjets befreit. Er kehrte nach Kriegsende in seine Heimat zurück und wurde am 29. Oktober 1945 aus der US-Armee entlassen. Rebottaro heiratete 1950 Martha Kossey und kandidierte Anfang der 1980er-Jahre in Michigan für die Republikaner. Bei einem US-Veteranentreffen im September 1986 im ehemaligen Air-Force-Hauptquartier des Willow Run Airport in Michigan wurde er von den *Ann Arber News* interviewt. Zum ersten Mal sprach Rebottaro in der Öffentlichkeit über seinen Absturz bei Lofer. „Jeder bis auf unseren ersten Piloten kam raus. Später zeigten uns die Deutschen seine blutige Uniform“, erinnerte sich Rebottaro 1986. Der ehemalige Sergeant der US Air Force starb am 2. August 2005 mit knapp 80 Jahren in Michigan.

Keine 40 Kilometer südlich der Absturzstelle von Louis Rebottaro und seiner Crew zerschellte ein weiterer US-Bomber des Geschwaders an der Schwalbenwand oberhalb des Weilers Gerling. Mit an Bord war der US-Leutnant Luke L. McLaurine junior aus Memphis/Tennessee. Die Maschine musste nach einem Motorschaden umkehren und stürzte ab. Der erst 19-jährige Bombenschütze McLaurine, der nach der High School im Februar 1943 in Miami Beach zur Luftwaffe einberufen wurde, konnte abspringen und überlebte. „Ich stürzte Kopf voran in ein Schneefeld und blieb bewusstlos liegen. Nachdem ich wieder zu mir gekommen war, kroch ich auf allen Vieren aus dem Schnee." Es dauerte nicht lange, und er sowie die anderen überlebenden Crewmitglieder wurden gefasst. Sechs Tage nach dem Absturz erhielten seine Eltern in Memphis die Mitteilung, dass er von seinem Einsatz nicht mehr zurückgekehrt sei und als vermisst gelte. Ebenso wie Rebottaro wurde der Leutnant zunächst im Dulag Luft bei Frankfurt am Main verhört, ehe er in ein anderes Kriegsgefangenenlager überstellt wurde. Als Offizier brachte ihn die Luftwaffe zunächst in ein Lager des Internationalen Roten Kreuzes. Kurz vor Weihnachten 1944 überstellten ihn die NS-Behörden in das Stalag Luft III bei Sagan (Żagań) im heutigen Polen. Das im Mai 1942 errichtete Kriegsgefangenenlager erlangte durch den Antikriegsfilm „Gesprengte Ketten" aus dem Jahr 1962 traurige Berühmtheit. Als McLaurine dort ankam, waren in dem Lager über 10 000 Offiziere und Unteroffiziere der alliierten Luftwaffen interniert. Er teilte sich die Baracke mit zwölf anderen Mithäftlingen. Aufgrund des Offiziersranges konnte er eine bessere Behandlung erwarten. Doch auch in Sagan kam es zur Missachtung der Genfer Konvention und zu Erschießungen. Gemeinsam mit knapp 2 000 anderen Kriegsgefangenen wurde McLaurine kurz vor Kriegsende mit Kastenwagen in das Stalag XIII bei Nürnberg überstellt und dort von US-Truppen befreit. Er diente Anfang der 1950er-Jahre im Koreakrieg, arbeitet später als Bäcker und starb 1974 in Memphis.

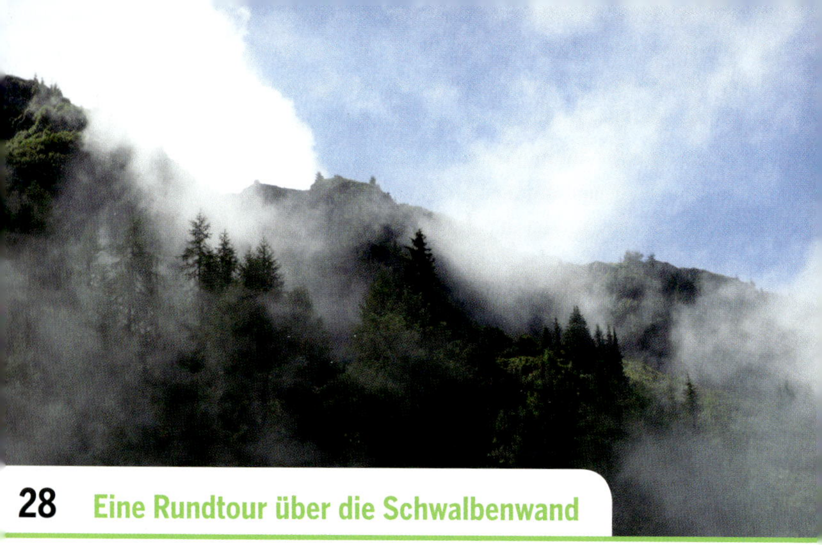

28 Eine Rundtour über die Schwalbenwand

Am 16. November 1944 stürzten über dem Pinzgau zwei Bomber der US-Luftwaffe vom Typ B-24 Liberator ab. Einer der Bomber zerschellte an der Schwalbenwand oberhalb des Weilers Gerling. Die Besatzung stieg schon im Bereich Maishofen aus dem Flugzeug aus und überlebte.

Anforderung Einfache Bergwanderung, 1 250 Höhenmeter und 3,5 Stunden Anstieg. Gesamtrunde 6 Stunden.

Ausrüstung Wanderausrüstung.

Ausgangspunkt Weiler Gerling, Parkplatz bei der Kirche (778 m). Zufahrt von Saalfelden über Pfaffing, Hof und Deuting.

Route Links von der Kirche Richtung Berg eine Straße durch einen Hof hinauf und auf der Almstraße in Kehren (Wegweiser bei den Abzweigungen) zum Punkt 1 460 m, wo der Weg von Deuting heraufkommt. Nun der Almstraße weiter zu einem Hütterl an der Gerlinger Alm folgen. Hier (Wegweiser) endet der Straßenanstieg und man

Foto: Morgennebel beim Aufstieg oberhalb der Gerlinger Alm.

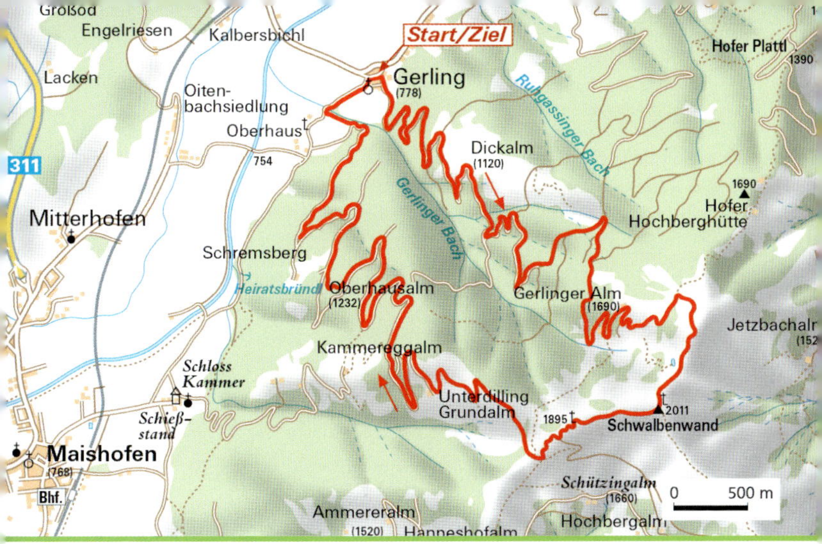

wandert über die Almwiesen entlang der Markierung bis zu einem Wegweiser nach Osten. Der Weg teilt sich. Wir nehmen die Variante „Brunnkogel“ und wandern so gemütlich auf den Nordostrücken der Schwalbenwand. Nun auf dem Rücken zwischen Felsen (Warntafeln wegen Dolinen) hindurch über den Brunnkogel bis zum Gipfelkreuz auf 2 011 Meter. Abstieg am Westrücken hinunter zum Maishofener-Kreuz (1 895 m). Hinter dem Kreuz in eine Senke (Wegweiser), hier nach rechts (Nord) und dem Wegweiser „Kammereggalm“ folgen (Abschneider sinnvoll) bis zur Oberhausalm (1 232 m). Abstieg zum Oberhausgut im Tal und auf der kleinen Asphaltstraße in wenigen Minuten retour nach Nordosten zur Kirche in Gerling.

Einkehr Der Gerlingerwirt öffnet auf Anfrage. gerlingerwirt.at

Variante Eine ähnliche Runde kann man beispielsweise auch von Schloss Kammer (Maishofen) über die Unterdilling-Grundalm gehen. Abstieg nach Südwesten über den Pointner Berg Richtung Thumersbach und über Mayerhofen retour.

29

Amerikanische Befreier im Zeichen des Regenbogens

Die Rainbow-Division war eigentlich erst ab Juli 1945 in Salzburg stationiert. Schon bei Kriegsende waren Soldaten der Einheit jedoch kurz auf Salzburger Boden unterwegs. Sie passierten vom östlichen Oberbayern kommend mit Lastwagen und gepanzerten Fahrzeugen am 6. Mai 1945 den Kniepass bei Unken im Mitterpinzgau. Beim Ortsteil Rossbühl malten die amerikanischen Soldaten ihr Divisionszeichen auf einen Felsen neben der Straße, der vom Museumsverein in Unken als historisches Denkmal betreut wird.

Noch heute bezeugt der mittlerweile nachgebesserte Regenbogen in der Felswand die kurze Anwesenheit der Rainbow Division im Pinzgau. Im Mai 1945 kam die amerikanische 42. US-Infanterie-Division, die Rainbow Division, unter dem Kommando von Generalmajor Harry J. Collins in den Pinzgau. Die Soldaten der Rainbow, wie die Division kurz genannt wurde, kamen erst relativ spät zum Einsatz. Sie wurden im Juli 1943 in Marsch- und Kampfbereitschaft versetzt und im November 1944 nach Europa verschifft, fünf Monate nach der alliierten Invasion in der Normandie. Einige von ihnen waren auch an der Befreiung der überlebenden KZ-Häftlinge des Konzentrationslagers Dachau beteiligt. Als sie am 6. Mai 1945 beim Kniepass die Grenze überschritten, waren tags zuvor in Hinterthal östlich von Saalfelden zwischen SS-Verbänden und US-Armee die letzten Schüsse auf Salzburger Boden gefallen. Die Soldaten der Rainbow hatten bei ihrer Ankunft keinen Feindkontakt mehr im Sinne von Kampfhandlungen. Nach nur kurzer Zeit im Salzburger Land folgte ab Mitte Mai 1945 die vorläufige Stationierung in Tirol, das wenig

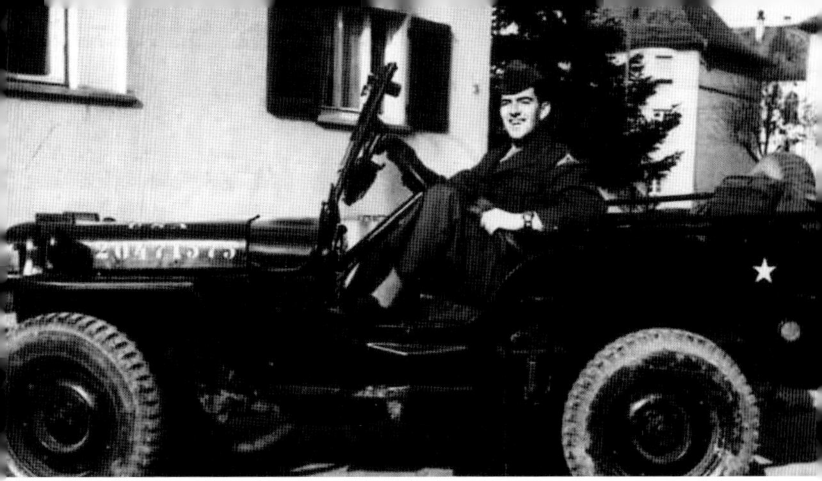

Der Jude Ernest Bonyhadi konnte 1938 aus Salzburg fliehen und kehrte 1945 als GI auf Seiten der amerikanischen Befreier nach Salzburg zurück.

später von französischen Truppen übernommen wurde. Doch schon zwei Monate darauf sollten die Soldaten der Rainbow-Division wiederkommen, allerdings nicht als kämpfende Truppe, sondern als Befreier, die nun die US-Besatzung in der Stadt Salzburg vollzogen.

Ab Anfang Juli 1945 wurde in Tirol mit der Verlegung der 42. US-Infanterie-Division nach Salzburg begonnen. Die Regenbogen-Division unter dem Kommando von Generalmajor Collins löste daraufhin die bisherigen Kampftruppen ab. Das Land Salzburg gehörte nach der Einigung der vier alliierten Siegermächte in London definitiv zur amerikanischen Besatzungszone. In einer festlichen Truppenparade auf dem Salzburger Residenzplatz wurden die neuen Befreier am 14. Juli 1945 von der Salzburger Bevölkerung begrüßt. Die tägliche Flaggenparade der Division fand auf dem Mozartplatz statt. Unter dem Titel „Glory Road“ veranstaltete die Rainbow-Division im Dezember 1945 im Salzburger Landestheater eine Revue für die Salzburger Zivilbevölkerung. Die Show mit Marika Rökk als Tänzerin zeigte den Weg der Rainbow-Division von den USA über Marseille, Würzburg, Kitzbühel, Salzburg und zurück nach New York. Am 22. Dezember 1945 erfolgte die erste Weihnachtsamnestie für 125 Strafgefangene. Sie wurde vom Chef der US-Militärregierung im Land Salzburg Harry J. Collins veranlasst, der mittlerweile als General das Oberkommando über die Rainbow-Division innehatte. Collins, der von 1946 bis 1948 Militärgouverneur der US-Truppen in Österreich war, heiratete später Irene Gehmacher aus Salzburg. Die beiden gaben sich im Oktober 1949 in den USA das Ja-Wort. Der Kommandeur der Rainbow-Division zog sich 1954 aus dem aktiven Dienst zurück und wurde später Ehrenbürger der Stadt Salzburg. Collins ist auf dem Friedhof von St. Peter in Salzburg begraben.

Liebesbeziehungen und Besatzungskinder

Das US-Hauptquartier verfolgte in den ersten Nachkriegsmonaten eine strikte Politik der „Non-Fraternization" (Nicht-Verbrüderung). Kontakte zwischen US-Besatzungssoldaten und Österreichern waren nicht erlaubt. Im Nachkriegsalltag wurde das von oben verordnete und im September 1945 außer Kraft gesetzte Verbrüderungsverbot von beiden Seiten unterlaufen. Vielfach ließ sich der Kontakt auch kaum vermeiden. Allein in Salzburg waren 5 000 Frauen in Küchen, Wäschereien oder Verwaltungsbüros der Besatzungsmacht eingesetzt. Es entstanden Freundschaften und Liebesbeziehungen. Letztere führten nicht selten zu Eheschließungen. Ab Jänner 1946 war es amerikanischen Soldaten gestattet, Österreicherinnen zu heiraten. Aus den Beziehungen zwischen GIs und österreichischen Frauen gingen Hunderte sogenannte Besatzungskinder hervor. Österreichweit wird die Zahl der Besatzungskinder von alliierten Soldaten und einheimischen Frauen mit mindestens 30 000 angegeben. Sie galten häufig als „Kinder des Feindes" und waren Diskriminierungen ausgesetzt.

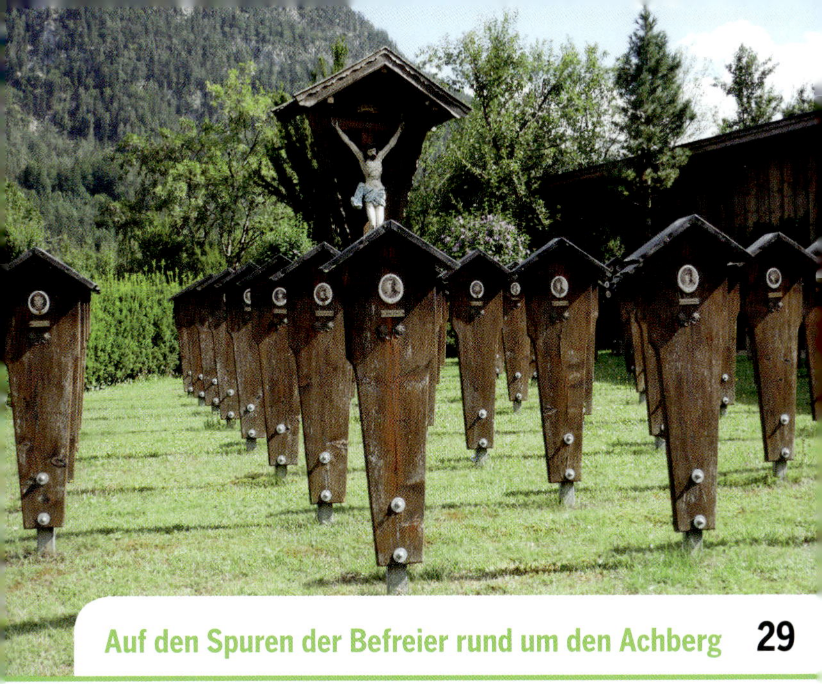

Auf den Spuren der Befreier rund um den Achberg 29

Bis heute dokumentieren die Markierungen der Rainbow-Division den Weg der US Army. So auch am Kniepass bei Unken, bei dem man bei einer Umrundung des Achberges vorbeikommt.

Anforderung Einfache Wanderung, in der Aschauer Klamm aber Trittsicherheit erforderlich. Besondere Vorsicht in der Klamm mit Kindern, kurzzeitig Absturzgelände. Gesamtrunde 500 Höhenmeter, 4,5 Stunden.

Ausrüstung Wanderausrüstung, festes Schuhwerk, Pass oder Personalausweis.

Ausgangspunkt Zentrum Unken, Parkplatz hinter der Kirche, Regionalbus 260. salzburg-verkehr.at

Foto: Gedenkstätte für die 1939 bis 1945 Gefallenen in Unken.

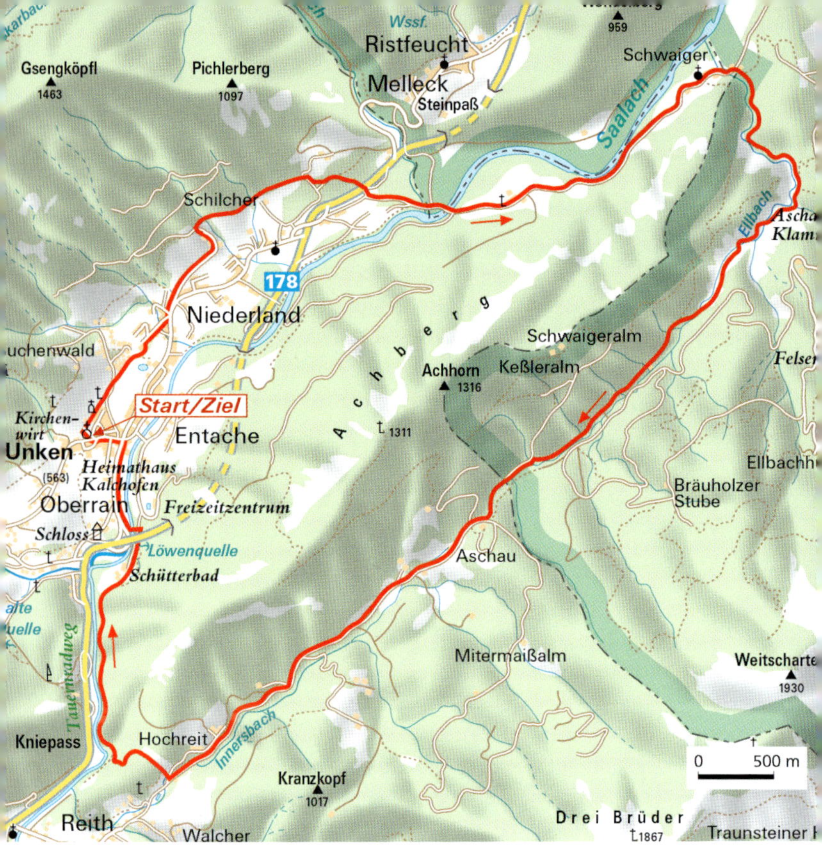

Route Man startet bei der Kirche in Unken. Von hier geht es auf dem Gsengsteig (Wegweiser) nach Nordosten (Schutzwaldprojekt) an einem kleinen „Zaun-Museum" vorbei zum Grenzübergang Steinpass (Wegweiser, 550 m). Hier vorsichtig die Straße überqueren und am Fahrweg entlang an der Kläranlage vorbei über die Saalach (Wegweiser „Haiderhof" und „Achbergrunde"). Nun auf dem Fahrweg weiter nach Nordosten an einer Schottergrube vorbei durch den sehenswerten Weiler Schwaiger und über die Grenze zum Haiderhof. Hinter diesem empfehlenswerten Wirtshaus beginnt der ausgesprochen schöne Steig durch die Aschauer Klamm; am

Ende der Klamm kommt man zur Aschauer Klause und wandert an der orographisch linken Bachseite weiter zur Staatsgrenze (876 m, Wegweiser). Nun wieder in Österreich auf der Schotterstraße bergab am Aschaugut (Skulpturen) vorbei bis zur Abzweigung Klebertal (Wegweiser). Die Route verlässt die Straße und nach einem kleinen Gegenanstieg geht es hinunter zur Saalach und zum Gaissteig. Dieser führt entlang der Saalach (Markierung der Rainbow-Division an der Felswand am anderen Saalachufer bei der Bundesstraße gut sichtbar) zum Schütterbad-Steg und von dort in wenigen Minuten hinauf zur Unkener Kirche.

Einkehr Haiderhof am Ausgang der Aschauer-Klamm.
www.haiderhof.de

Variante Wer die Markierung der Rainbow-Division aus der Nähe sehen will, muss mit dem Pkw auf dem großen Parkplatz vor der Festung Kniepass (Bundesstraße Kleines Deutsches Eck) stehen bleiben und hinter(!) der Leitplanke einige Meter Richtung Unken gehen.

Der Regenbogen der Rainbow-Division am Kniepass.

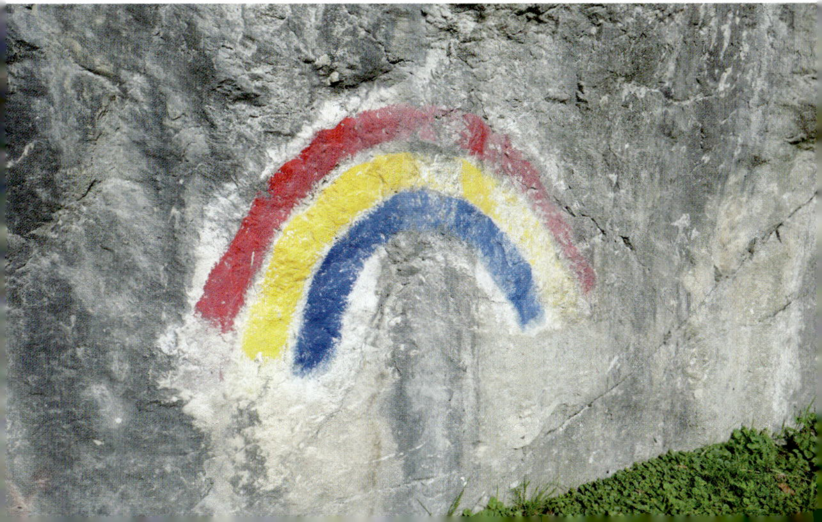

30

Balthasar Linsinger
Einer der „Gerechten" unter den Priestern

Balthasar Linsinger widersetzte sich dem Nationalsozialismus und rettete eine fünfköpfige Familie vor der NS-Verfolgung. Der Pfarrer aus Großarl wurde 2011 für sein selbstloses Handeln von der nationalen Gedenkstätte Yad Vashem in Israel in die Liste der „Gerechten unter den Völkern" aufgenommen.

Balthasar Linsinger wurde als Sohn eines Bauern in St. Veit im Pongau geboren. 1925 fand seine Priesterweihe statt. Nach zwölf Jahren als Kooperator übernahm er 1937 die Pfarre Weißbach bei Lofer. Bei seinen Zeitgenossen war er als strenger Katholik bekannt, freundlich und geradlinig. Unbeirrt vom Religionsverbot der NSDAP hielt Linsinger an seinem Glauben fest und demonstrierte offen, dass er ausschließlich Gott verpflichtet sei. Seine Haltung blieb den NS-Schergen nicht verborgen. Im Juni 1940 nahm die Gestapo Linsinger gemeinsam mit fünf anderen Geistlichen aus dem Pinzgau fest und sperrte ihn wegen „Verrichtung kirchlicher Funktionen über den gewöhnlichen Werktagsgottesdienst hinaus" für einen Monat in eine Zelle. Linsinger hätte die kirchlichen Aufgaben über das genehme Maß hinaus fortgesetzt. Die offizielle Begründung lautete: „Vergehen gegen die Feiertagsordnung". Er und die anderen Priester hatten das katholische Hochfest „Peter und Paul" gefeiert, ein Feiertag, der im NS-System verboten war.
Die lokalen Nationalsozialisten störten sich von Beginn an daran, dass die Bevölkerung der Gemeinde Weißbach mehr für kirchliche Sammlungen spende als für die Partei. Schon im März 1940 empfahl ein Lagebericht des nationalsozialistischen

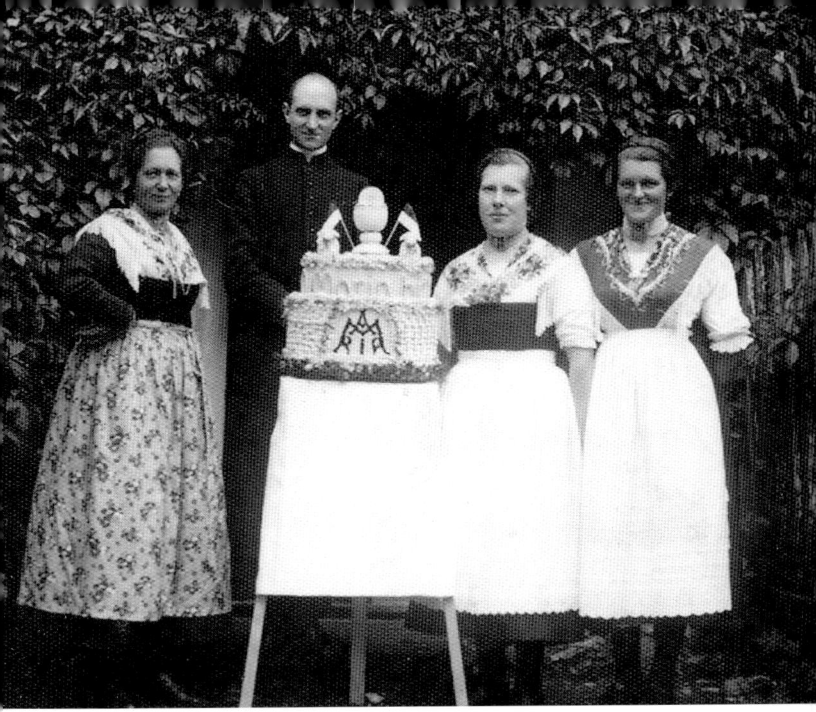

Der Pfarrer Balthasar Linsinger rettete einer deutsch-jüdischen Familie das Leben.

Landrates „zur Beruhigung der Bevölkerung im Weißbacher Gebiet" die Versetzung des Pfarrers Linsinger. Nachdem ihm 1942 die Jugendseelsorge entzogen worden war, folgte 1943 die Versetzung nach Großarl. Schon zuvor, im Sommer 1942, hatte Linsinger Kontakt zu dem Kunstmaler Eduard Bäumer aufgenommen. Dieser sollte die Decke der Wallfahrtskirche Maria Kirchental mit einem Heiligen-Geist-Fresko ausstatten. Bäumer, ein Kunstmaler aus Frankfurt am Main, wohnte zum damaligen Zeitpunkt mit seiner jüdischen Ehefrau Valerie und den drei Kindern in der Stadt Salzburg. Linsinger bot der Familie Unterschlupf an. Als die Judenverfolgung im Sommer 1944 ihren Höhepunkt erreichte, drängte ein Freund der Bäumers die Familie, die Stadt Salzburg zu verlassen. Die Bäumers kamen auf das Angebot des Pfarrers zurück, verbrannten ihre Ausweise und flüchteten nach Großarl.

„Es muss Ende 1943 oder Anfang 1944 gewesen sein, da wurde es wirklich ernst. Wir bekamen auf unsere Ausweise ein dickes „J" gestempelt, erhielten weniger Lebensmittelmarken und durften nicht in die Luftschutzbunker, die in den Mönchsberg gesprengt worden waren. Und ich durfte nicht mehr ins Gymnasium gehen. Pfarrer Linsinger wurde am 1. August 1943 nach Großarl versetzt, aber er stand zu seinem Wort", erinnert sich die älteste Tochter Angelica Bäumer später an ihre Rettung. Linsinger nahm Eduard und Valerie Bäumer sowie die damals dreijährige Bettina, den neunjährigen Michael und die zwölfjährige Angelica im Pfarrhof auf. Offiziell gab Linsinger an, die fünf wären eine ausgebombte Familie aus Wien. Die Kinder besuchten die Volksschule im Ort. Dank der Courage des widerständigen Priesters überlebte die Familie Bäumer die NS-Herrschaft. Auf Betreiben von Angelica Bäumer ehrte Israel den 1986 verstorbenen Priester im Jahr 2011 als „Gerechten unter den Völkern".

Die Gerechten unter den Völkern

Die israelische Gedenkstätte Yad Vashem in Jerusalem erinnert an die Millionen jüdischer Opfer des Nationalsozialismus. Sie hat aber gleichzeitig die Aufgabe, derer zu gedenken, die mit persönlichem Einsatz und unter Gefährdung des eigenen Lebens, oft auch der Leben ihrer Familien, versuchten, Jüdinnen und Juden zu retten. Yad Vashem tut dies symbolisch mit dem Ehrentitel „Gerechte unter den Völkern". Es handelt sich um die höchste Auszeichnung, die Israel an Nicht-Juden vergibt.

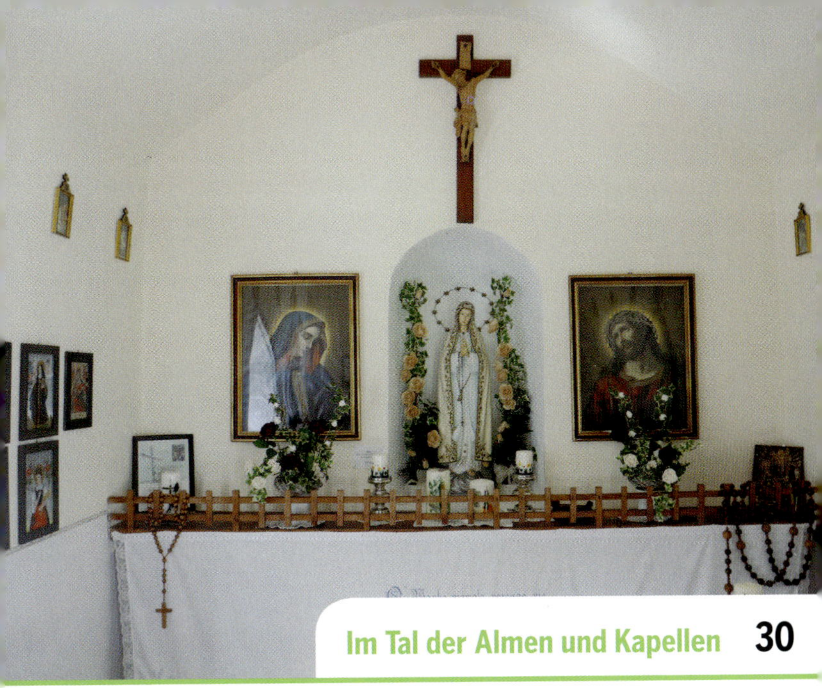

Im Tal der Almen und Kapellen 30

Eine Almwanderung zum Kreuz in der Hühnerkarscharte oder eine Talwanderung auf dem Kapellenweg.

Anforderung Almwanderung mit 1 000 Höhenmeter und 2,5 Stunden Anstieg.

Ausrüstung Wanderausrüstung.

Ausgangspunkt Parkplatz Stockham am Talschluss des Großarltales südlich von Hüttschlag (Wegweiser, 1 040 m). Von St. Johann im Pongau mit der Buslinie 540 erreichbar. salzburg-verkehr.at

Route Vom Parkplatz über die asphaltierte Straße am Talwirt und am Bauernladenstüberl vorbei zur Pertilkapelle und weiter hinauf zum letzten Hof. Durch den Hof hindurch (Wegweiser) und in vielen

Foto: Im Inneren der Pertilkapelle.

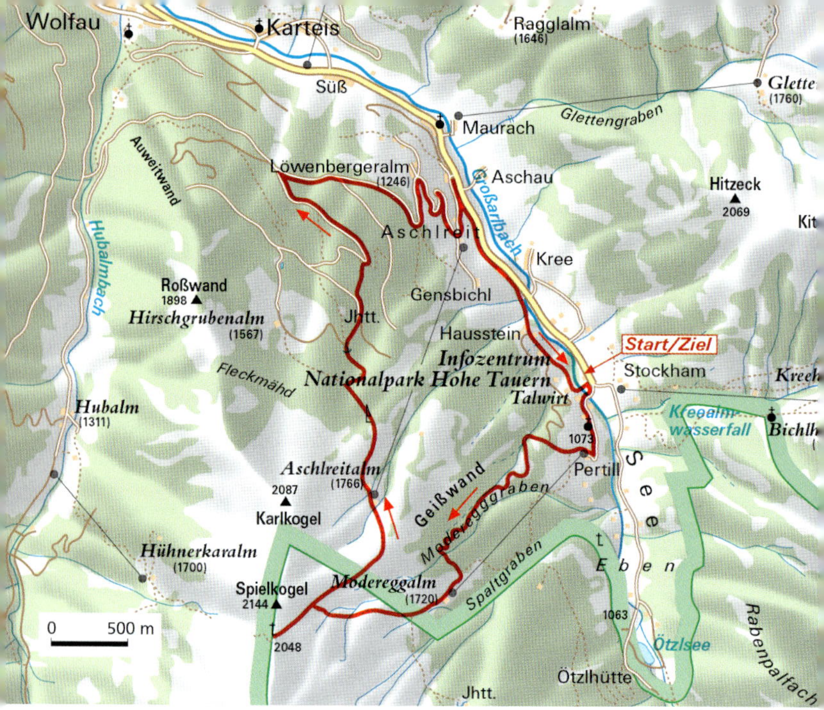

Kehren durch den Waldgürtel auf dem Almweg (in etwa parallel zur Seilbahn) steil hinauf zu den Weiden der im Sommer auch bewirtschafteten Modereggalm. Auf den Almböden wird der Steig weniger steil und man steigt gemächlich nach Westen zu einer Weggabelung (Wegweiser) an. Hier nach links (Südwest) und in die Hühnerkarscharte hinauf (Wegweiser, Kreuz, 2 048 m). Eine schöne und weniger steile Abstiegsvariante führt nach der Wegteilung oberhalb der Modereggalm (Wegweiser) den Rücken (kurze, etwas morsche Seilversicherung) überquerend nach Nordosten auf die Nachbaralm. Die schön gelegene Aschlreitalm ist nicht bewirtschaftet. Hinter der Alm auf dem Steig langsam fallend nach Norden und über schöne Waldwege gut ausgeschildert auf eine Almstraße. Diese führt zum Parkplatz Aschlreit, wo in der Kurve (Wegweiser) der Wanderweg parallel zum Talboden zum Hüttschlager Talschluss zurückführt.

Einkehr Talwirt (www.talwirt.com),
Modereggalm (+43 [0]664/3524174).

Variante Kapellenweg im Großarltal. Der Weg führt von der Pfarrkirche Großarl, wo Linsinger von 1943–1954 Seelsorger war, über zahlreiche Kapellen und über die Kirche von Hüttschlag in den Talschluss zur Pertilkapelle (siehe oben). Jede Kapelle steht für eines der zehn Gebote. Der Kapellenweg ist technisch einfach, es sind etwas mehr als 600 Höhenmeter zu überwinden. Die horizontale Distanz von etwa 17,5 Kilometern ist aber ein Thema: Dauer 4,5 Stunden. Rückfahrt von Stockham mit dem Bus. www.kapellen-wanderweg.at

Markierung des Kapellenweges.

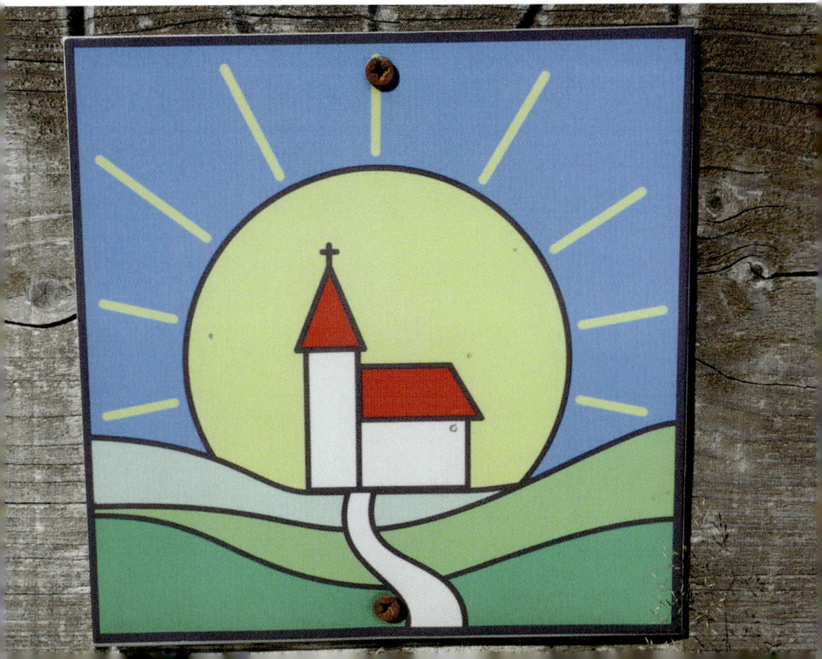

31

Menschenjagd am Böndlsee

70 Gestapo-Beamte und 1 000 SS-Männer durchkämmten im Morgengrauen des 2. Juli 1944 die Höfe und Almen von Goldegg. Das Mordkommando machte Jagd auf sechs Wehrmachtsdeserteure. Das Unternehmen gegen Karl Rupitsch und seine Kameraden war vom Chef des Reichssicherheitshauptamtes, SS-Obergruppenführer Ernst Kaltenbrunner, befohlen worden. Der Salzburger Gestapo-Chef Hubert Hueber führte den Befehl aus. Neben Kripo- und Gestapo-Beamten waren Soldaten der SS-Kaserne Hallein an den Hausdurchsuchungen beteiligt. Was als „Sturm von Goldegg" in die Geschichtsschreibung eingegangen ist, war ein perfider und gezielt durchgeführter Mord an Menschen, die den Kriegsdienst und auf diese Weise den NS-Terror verweigerten.

Karl Rupitsch kam am 17. November 1910 in Mühlbach am Hochkönig zur Welt. Sein Geld verdiente er als Holz- und Sägewerksarbeiter. Auf der Suche nach Arbeit übersiedelte Rupitsch in der Zwischenkriegszeit nach Goldegg. Der Witwer und Vater von drei Kindern galt als lebenslustig und beliebt. Aufgrund einer Knieverletzung wurde Rupitsch zunächst nicht zur Wehrmacht einberufen. Der Holzarbeiter fand Arbeit im Sägewerk des Goldegger Ortsgruppenleiters. Daneben half er bei Bauern als Holzknecht aus und versorgte die Bevölkerung um den Böndlsee mit Lebensmitteln und Brennmaterial. Privat traf er sich mit seiner Freundin Elisabeth Hochleitner, der Tochter vom Unterdorfgut in Dienten, und unterhielt ab 1943 Kontakte zu einer Widerstandsgruppe rund um den Zementwarenerzeuger Kaspar Wind in St. Johann. Die schlechte Versorgungslage traf im Verlauf des

Krieges auch die ländliche Bevölkerung. Im Bewusstsein, gegen NS-Gesetze zu verstoßen, schlachtete Rupitsch daraufhin schwarz und wollte das Fleisch dem Frächter Alois Buder verkaufen. Rupitsch wurde von der Gendarmerie verhaftet und ins Gefängnis nach St. Johann gebracht. Mithilfe von Kaspar Wind und einer Gesinnungsgenossin, der Kerkermeisterin Anna Wimpissinger, konnte er fliehen. Rupitsch versteckte sich bei seiner schwangeren Freundin. Als er dort von seiner Einberufung erfuhr, entschied sich der 33-Jährige unterzutauchen. Er flüchtete auf die umliegenden Almen und begann befreundete Wehrmachtssoldaten zur Fahnenflucht zu überreden. Bis zum Frühjahr 1944 umfasste die Gruppe um Rupitsch ein halbes Dutzend bewaffneter Männer, die von der lokalen Bevölkerung mit Lebensmitteln versorgt wurden. Es

Der Holzfäller Karl Rupitsch in Wehrmachtsuniform und 1943 in Alltagstracht mit Tochter Brigitte in Goldegg.

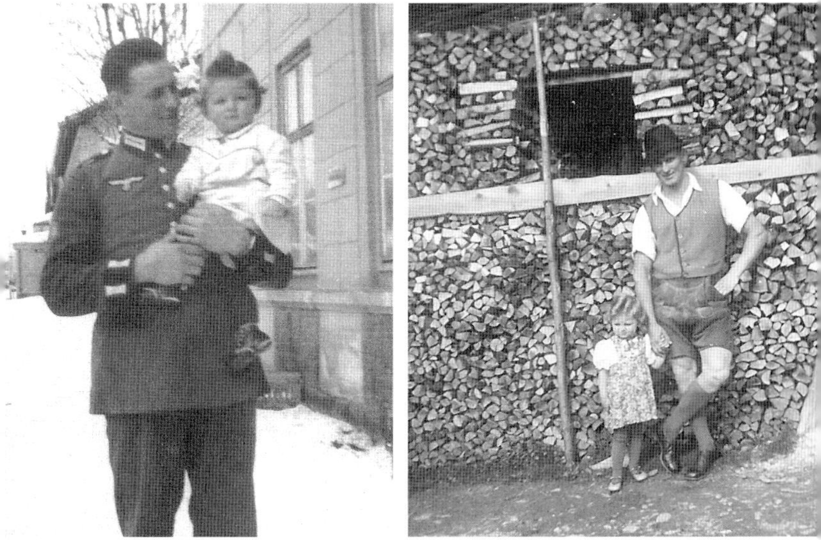

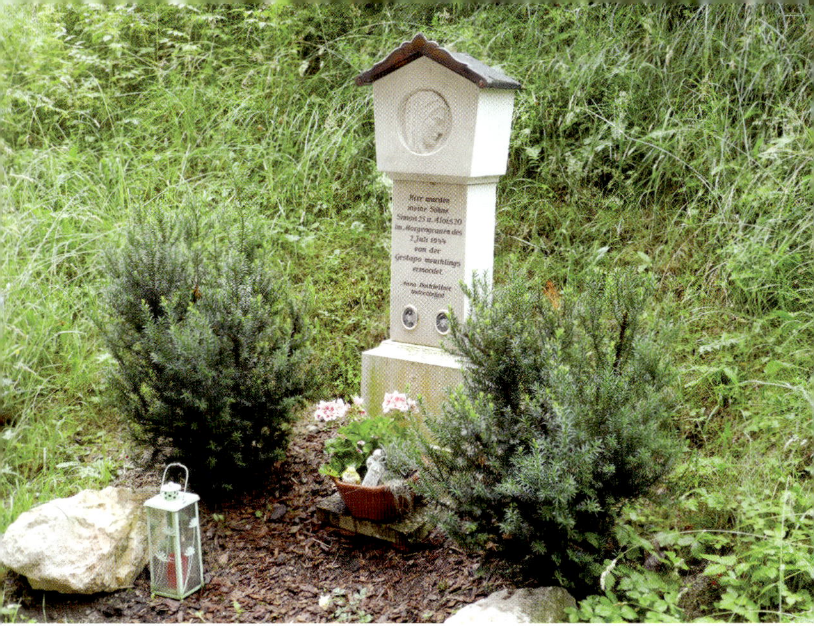

Marterl zur Erinnerung an die von der Gestapo ermordeten Hochleitner-Brüder.

waren dies Gustl Egger, Peter Ottino, Georg Kößner, Richard Pfeiffenberger und Franz Unterkirchner. Die Suchaktion der örtlichen Gendarmerie verlief im Sand. Die Gestapo setzte daraufhin die beiden berüchtigten Beamten Georg König und Josef Erdmann auf Rupitsch und seine Männer an. Die Schergen gaben sich als Touristen und Regimegegner aus. Doch den SS-Spitzeln gelang es nicht, den Aufenthaltsort herauszubekommen. Was folgte, war eine Treibjagd, bei der auch Freunde und Angehörige der Deserteure ermordet wurden. Die Brüder vom Unterdorfgut Simon und Alois Hochleitner wurden von der SS sofort erschossen. Von den 50 inhaftierten Männern und Frauen, überstellte die Gestapo 25 in das Polizeigefangenenhaus Salzburg. Unter ihnen befand sich der gefangengenommene Rupitsch. Er wurde verhört und gefoltert, ehe er am 28. Oktober 1944 gemeinsam mit Kaspar Wind und Alois Buder im KZ Mauthausen hingerichtet wurde. Insgesamt mussten 14 Menschen ihr Leben lassen. Franz Unterkirchner überlebte als Einziger der Deserteure die Verfolgung durch die Nationalsozialisten.

70 Jahre sprach niemand öffentlich über die Opfer von Goldegg. Die Gemeinde verstand es, eine Opfer-Täter-Umkehr zu betreiben. Noch 2008 schrieb die offizielle Chronik über die Deserteure in der Diktion des NS-Regimes von einer „gefährlichen Landplage“. Erst 2014 sollten die Opfer durch die private Initiative von Brigitte Höfert ihre Würde zurückerlangen. Die Tochter von Karl Rupitsch setzte mit der Gedenktafel ein erstes Zeichen der Auseinandersetzung und hält damit die Erinnerung an ihren Vater und die anderen Ermordeten wach.

Spätes Erinnern

Während der nationalsozialistischen Herrschaft sprach die NS-Militärjustiz 30 000 Todesurteile gegen Wehrmachtsdeserteure aus. Rund 25 000 wurden vollstreckt. Erst seit dem „Aufhebungs- und Rehabilitationsgesetz“ vom 21. Oktober 2009 sind Wehrmachtsdeserteure in Österreich offiziell als Opfergruppe anerkannt. Der gesellschaftlichen, politischen und medialen Marginalisierung entsprechend sind Gedenkstätten für Deserteure in Österreich bis heute nur vereinzelt zu finden. Als zentraler Ort der Erinnerung gilt das Denkmal für die Verfolgten der NS-Militärjustiz in Wien, das erst im Oktober 2014, also zwei Monate nach dem Mahnmal in Goldegg eingeweiht wurde.

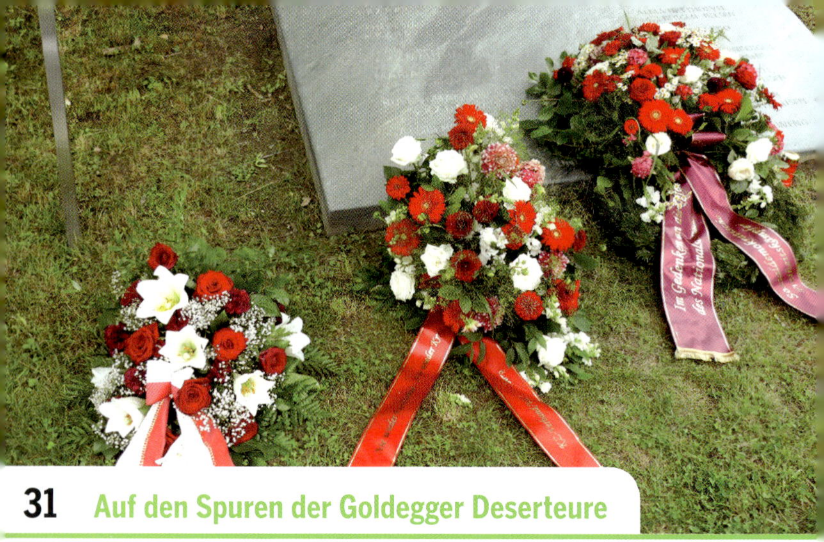

31 Auf den Spuren der Goldegger Deserteure

Einfache Gedenkwanderung zu den Stationen des SS-Terrors 1944 in Goldegg.

Anforderung Einfache Almwanderung, 600 Höhenmeter und 2 Stunden Anstieg. Gesamt rund 4 Stunden.

Ausrüstung Wanderausrüstung, festes Schuhwerk.

Ausgangspunkt Böndlsee (845 m), Zufahrt über Goldegg-Weng.

Route Vom Parkplatz auf der Asphaltstraße nach Südwesten durch das Hotelgelände bis zur ersten Abzweigung (Wegweiser). Von hier auf der Straße nach Nordwesten, man kommt direkt zum Marterl für die beiden 1944 von der Gestapo ermordeten Hochleitner-Brüder und weiter zum Unterdorf-Hof, wo am 2. Juli 1944 der Anführer der Wehrmachtsdeserteure Karl Rupitsch von einem SS-Todesschwadron gefasst wurde. Bei der Abzweigung (Wegweiser) rechts eine schöne Baumallee entlang, bis nach links in den Wald ein Steig abzweigt (Wegweiser). Diesen Waldsteig kurz steil hinauf, man

Foto: Am Gedenkstein für die Goldegger Deserteure.

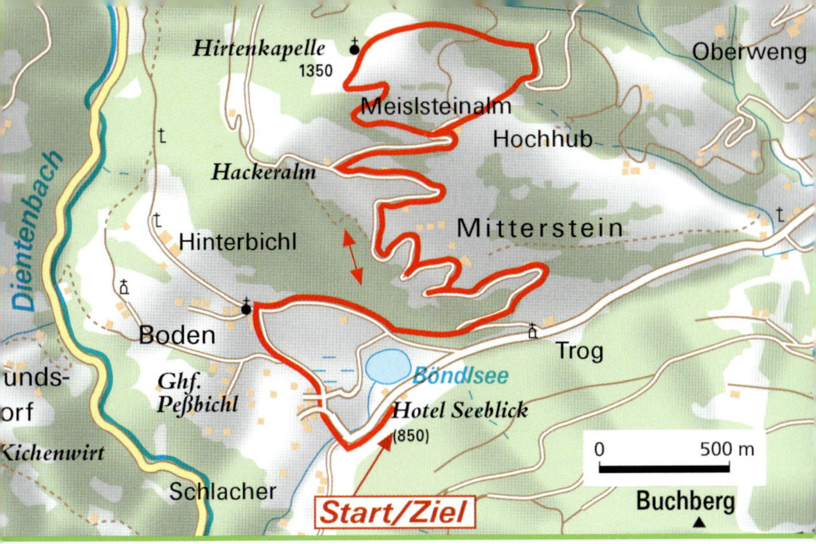

erreicht eine Almstraße. Dieser folgt man nun konsequent über den Irrsteinbauer (1018 m) und die Mittersteinalm (1190 m), bis man zum Wegweiser „Hirtenkapelle" kommt. Hier am Almsteig nach links (West) und in zwei weiten Kehren hinauf zur Kapelle – mit 1384 Metern der höchste Punkt dieser Wanderung. Der Abstieg führt nach Osten (mehrere Wegweiser), bis man wieder auf die Almstraße trifft. Dieser geht es entlang (Wegweiser „Meislsteinalm") bis zur Alm (1275 m). Die Meislsteinalm ist bewirtschaftet und bekannt für gute Küche.

Nach der Rast weiter absteigen, bis man auf die Anstiegsroute trifft – weiter wie im Anstieg retour zum Böndlsee.

Einkehr Hotel Seeblick (www.hotelseeblick.at), Meiselsteinalm (+43 [0]664/30098200).

Variante Der Gedenkstein für die Ermordeten befindet sich auf dem Gelände des Regenerationszentrums der Krankenkasse in Goldegg direkt an der Landesstraße am nordöstlichen Ufer des Goldegger Sees.

32

Anna Bertha Königsegg
Couragierte Kämpferin für das Überleben

Das NS-Regime ermordete im Rahmen der NS-Euthanasieprogramme über 200 000 Menschen. Mehr als 500 fielen in Salzburg der „Aktion T4" zum Opfer. Um ihre Pfleglinge vor dem sicheren Tod zu bewahren, stellte sich die Ordensfrau Anna Bertha Königsegg mutig gegen die Verordnungen der NS-Führung. Sie riskierte ihr Leben, wurde mehrmals verhaftet und überlebte die NS-Herrschaft. Königsegg konnte zwar die Tötung vieler Patienten aus Schernberg nicht verhindern, doch haben ihre Proteste wesentlich zum Abbruch der „Aktion T4" im August 1941 beigetragen.
In der Versorgungsanstalt Schernberg bei Schwarzach im Pongau kümmerten sich geistliche Schwestern des Ordens vom heiligen Vinzenz von Paul seit Mitte des 19. Jahrhunderts um alte und kranke Menschen. Obwohl die Patienten dort isoliert von der Gesellschaft lebten und ihre Betreuung nicht mit heutigen Standards verglichen werden kann, stellte die Einrichtung einen Fortschritt im Umgang mit pflegebedürftigen Menschen dar. Ein halbes Jahrhundert später eröffnete in Salzburg/Lehen-Maxglan die „Landesheilanstalt für Geistes- und Gemütskranke" (heute: Christian-Doppler-Klinik).
Ab dem 19. Jahrhundert wuchs auch das wissenschaftliche Interesse an der Frage, ob und wie geistige Erkrankungen heilbar sind. Dies führte zu einer intensiven Diskussion über die biologisch-genetische Entwicklung der Gesellschaft. Ausgangspunkt waren die Erkenntnisse des Naturwissenschafters Charles Darwin für die Pflanzen- und Tierwelt. Nachkommende Wissenschafter-Generationen übertrugen die sogenannte „Artenlehre" auf den Menschen und begannen die Gesellschaft in rassisch „Minderwertige" und „Erbkranke" sowie „Hochwertige" und „Erbgesunde" einzuteilen. Die Sozialdarwinisten fanden breites Gehör in Forschung

und Politik. Der Nationalsozialismus griff die Ideen der „Rassenhygieniker" auf und implementierte sie in seine Rassenideologie. Eine erste zentrale Anordnung der NS-Regierung war das „Gesetz zur Verhütung erbkranken Nachwuchses", das im Juli 1933 im Deutschen Reich und nach dem „Anschluss" mit 1. Jänner 1940 in der „Ostmark" eingeführt wurde. Laut diesem sollten Menschen, die an Schizophrenie, Epilepsie, erblicher Blindheit und Taubheit erkrankt waren, körperlich beeinträchtigt waren sowie manisch-depressiv oder an einer schweren Alkoholsucht litten, zwangssterilisiert werden. Ärzte meldeten die zur Zwangssterilisation vorgesehenen Patienten an sogenannte Erbgesundheitsgerichte, dort entschieden Mediziner und Juristen über das weitere Schicksal. Auf diese Weise wurden im Salzburger Landeskrankenhaus mehrere Hundert Menschen zwangssterilisiert, auf dem Gebiet des heutigen Österreichs waren es 5 000 bis 10 000. Bei den als ungefährlich beschriebenen Eingriffen starben immer wieder Frauen, Männer und Kinder. Die Zwangssterilisationen sollten jedoch nur eine erste Vorstufe der systematischen Ermordung von Menschen mit Beeinträchtigung sein, die später als NS-Euthanasie bezeichnet werden würde.

Erster Widerstand regte sich im Orden der Barmherzigen Schwestern des heiligen Vinzenz von Paul. Die Ordensschwestern assistierten bei den Operationen im Salzburger Landeskrankenhaus und hatten damit Einblick in die Praxis der NS-Ärzteschaft. Auf Weisung der Ordensleiterin Anna Bertha Königsegg weigerten sich die Schwestern aus religiösen Gründen, die Ärzte bei den Zwangssterilisationen zu unterstützen. Königsegg stellte sich gegen die nationalsozialistische Rassenmedizin und trat offen gegen die NS-Euthanasie auf. Als im Sommer 1940 die NS-Euthanasie mit der „Aktion T4" in die Praxis umgesetzt wurde und die ersten Transporte mit behinderten Menschen von den Pflege- und Versorgungseinrichtungen in die Tötungsanstalten wie Hartheim rollten, weigerte sich Königsegg, ihre Patienten freizugeben. In einem Brief an den Reichsstatthalter von Salzburg schrieb sie

folgende Worte: „Es ist nunmehr ein offenes Geheimnis, welches Los diese abtransportierten Kranken erwartet, denn nur zu oft langt kurz nach ihrer Überführung die Todesnachricht vieler derselben ein." Um ihre Patienten auf Schloss Schernberg zu retten, bot Königsegg an, bei der Pflege auf die staatliche Unterstützung bis zum Ende des Zweiten Weltkrieges zu verzichten und die Anstalt auf Kosten des Ordens weiterzuführen. In einem späteren Brief wurde die Ordensleiterin in der Formulierung ihrer Ziele gegenüber dem NS-Gauleiter und Reichsstatthalter noch deutlicher: „Ich halte mein Angebot aufrecht und ersuche um baldige Antwort. Sollten Sie gegen mein Erwarten auf dem Abtransport bestehen, so bitte ich Sie zur Kenntnis zu nehmen, daß ich den Schwestern verbieten muß, irgendwie dabei mitzuhelfen, wäre es auch nur, mit dem Ausfüllen von Listen oder Fragebögen, denn unser Gewissen verbietet uns, in dieser Aktion mitzuwirken."
Weil Königsegg nicht bereit war, preiszugeben, wer sie über die Euthanasieaktionen informiert hatte, wurde sie von der Gestapo verhaftet, aber nach elf Tagen Haft wieder entlassen. Am 16. April 1941 wurde die für das NS-Regime unbequeme Ordensfrau neuerlich festgenommen und wenige Tage vor dem Einstellen der „Aktion T4" vermutlich aufgrund von Interventionen ihrer Angehörigen aus der Haft entlassen. Sie musste Salzburg im August 1941 verlassen und zog sich auf das Gut ihres Bruders im baden-württembergischen Königseggwald zurück. Dort war sie auf Anordnung der Salzburger Gestapo unter Hausarrest gestellt worden. Die Proteste gegen die Abtransporte in Schwarzach gingen aber trotz Haft und Abwesenheit der Ordensleiterin weiter. Die Gemeinde reagierte daraufhin mit einer öffentlichen Verwarnung. Es war verboten, von Schernberg zu sprechen, ansonsten würde eine Strafe von 200 Reichsmark drohen. Da die Geschichten rund um die Transporte und Tötungen nach wie vor in der Bevölkerung die Runde machten, gab der NS-Landrat von Zell am See an alle Gendarmerieposten die Weisung aus, „diesen Gerüchten scharf nachzugehen und alle Personen, die an

der Verbreitung beteiligt sind, unnachsichtlich anher zur Anzeige zu bringen.“ Die Verweigerungen von Angehörigen, ihre Liebsten abzugeben, mehrten sich. Neben Unmutsäußerungen in der Bevölkerung wurde auch der Widerstand innerhalb kirchlicher Kreise lauter und die „Aktion T4“ im August 1941 von Adolf Hitler gestoppt. Über 70 000 Menschen waren bis dahin in den sechs Tötungsanstalten ermordet worden, über 500 aus Salzburg. Königsegg, die zu diesem Zeitpunkt bereits unter Hausarrest stand, widersetzte sich der Forderung, ihr Amt als Visitatorin niederzulegen und aus der Kongregation auszutreten. Sie wies dies trotz der Drohung, in ein KZ überstellt zu werden, zurück. Im Sommer 1945 kehrte Königsegg in das Salzburger Ordenshaus zurück, um dieses wiederaufzubauen. Königsegg starb am 12. Dezember 1948 in Salzburg.

NS-Euthanasie

Die Tötung psychisch kranker und mental oder körperlich beeinträchtigter Menschen war der erste systematisch geplante, staatlich durchgeführte Massenmord des NS-Regimes. In zynischer Verdrehung der ursprünglichen Bedeutung wurde dafür der griechische Begriff Euthanasie (schöner, leichter Tod) verwendet. Der NS-Euthanasie fielen im gesamten Deutschen Reich und Polen über 200 000 Menschen zum Opfer. Sie erfolgte in verschiedenen Phasen und Aktionen. So gab es ein eigenes „Kindereuthanasie-Programm“ der Nationalsozialisten oder Mord-Aktionen, die sich gezielt gegen „geisteskranke Ostarbeiter“ sowie arbeitsunfähige KZ-Häftlinge richteten. Die bekannteste Aktion war die „Aktion T4“, die Ermordung der Patienten und Pfleglinge von Heil- und Pflegeanstalten des Deutschen Reiches in sechs Tötungsanstalten in den Jahren 1940 bis 1941, benannt nach der Tiergartenstraße 4 in Berlin, dem Hauptsitz der zentralen NS-Euthanasie-Dienststelle.

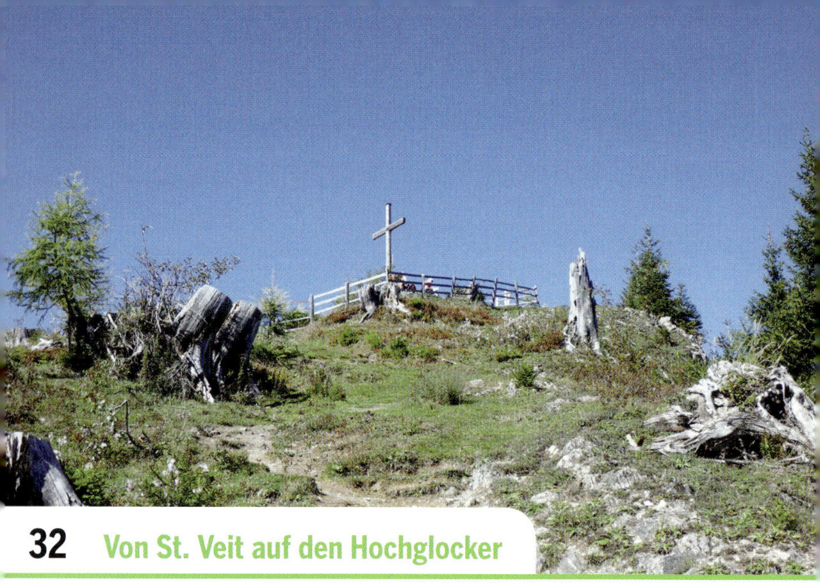

32 Von St. Veit auf den Hochglocker

Direkt nördlich von Schwarzach, Schloss Schernberg, St. Veit baut sich der 1590 Meter hohe Hochglocker auf. Der bewaldete Berg ist im Gipfelbereich frei und bietet eine überraschende Fernsicht, am Weg hinauf hat man schöne Tiefblicke auf die Sonnenterrasse von St. Veit.

Anforderung Einfache Bergwanderung, großteils auf Forststraßen und guten Wegen. 820 Höhenmeter, 2,5 Stunden Anstieg.

Ausrüstung Wanderausrüstung, festes Schuhwerk.

Ausgangspunkt Parkplatz beim Naturschwimmbad in St. Veit im Pongau (750 m).

Route Vom Schwimmbad an der Straße nach Norden und halblinks auf der Hauptstraße bleiben bis zum Wegweiser „Buchacker" (773 m). Danach scharf rechts den Wegweisern des Weges Nr. 23 zum Kloster Kinderalm folgen (beide Wegvarianten sind von

Foto: Am Hochglocker.

Weglänge und Steigung in etwa gleichwertig). Auf der Zufahrtsstraße zum Kloster angelangt, dieser bis zum Kloster folgen. Hinter dem oberen – streng isolierten – Gebäudekomplex führt eine Forststraße weiter bergwärts. Diese trifft dann auf die Abzweigung „Retteneben-alm“ (Wegweiser, 1 345 m). Nun weiter ein Stück die Straße bergan und bei der nächsten Gelegenheit (Wegweiser, Fahrverbot für Radfahrer, 1 430 m) nach links (Süden). So gelangt man zur Abzweigung (Wegweiser) des schmalen Gipfelsteiges, der nach Nordwesten auf den höchsten Punkt führt. Abstieg wie Anstieg.

Einkehr Bräustüberl Schwarzach. www.bräustüberl-schwarzach.at

Variante Die Gedächtniskapelle Anna Bertha Königsegg steht direkt beim Schloss Schernberg – wenige Meter vom Schlossparkplatz auf einem barrierefreien Weg nach Nordwesten. Die Kapelle ist Teil der Friedensoase, die an die ehemaligen Bewohner und Bewohnerinnen von Schernberg erinnert, die der NS-Mordmaschinerie zum Opfer gefallen sind.

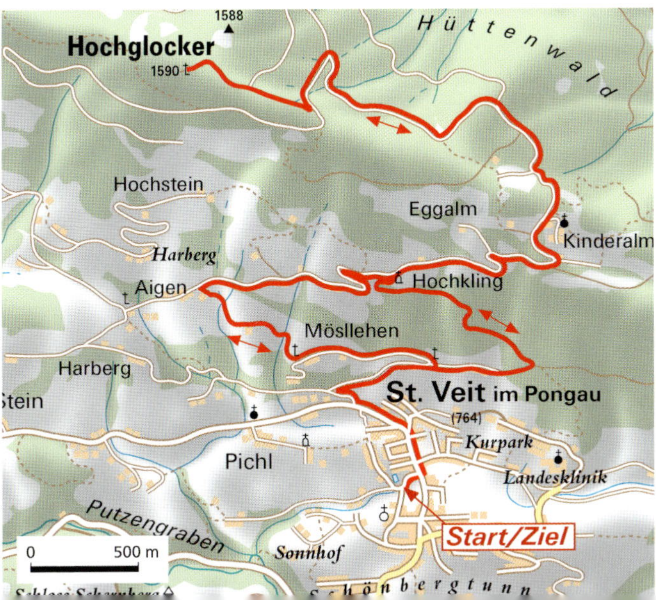

33

Gepeinigt und zu Tode gefoltert
Die Kriegsgefangenen von St. Johann im Pongau

Bis zu 24 000 Kriegsgefangene waren bis 1945 in dem Stammlager (Stalag 317 XVIII C Markt Pongau) in St. Johann interniert. Mehr als 3 700 gingen dort aufgrund der miserablen hygienischen Zustände elendiglich zugrunde oder starben in Folge von Zwangsarbeit und Folter. Sie sind auf dem sogenannten „Russenfriedhof" außerhalb der Anlage in einem Massengrab verscharrt. Ein Gedenkstein erinnert an die Opfer des NS-Regimes.

Bereits 1986 wies der Historiker Michael Mooslechner in seinem gemeinsam mit Robert Stadler herausgegebenen Buch über St. Johann im Nationalsozialismus auf die Existenz des Kriegsgefangenenlagers hin. Er dokumentierte als Erster, dass der Plan zum Bau „des eigentlichen Kriegsgefangenenlagers für 8 000 bis 10 000 Gefangene und eine Wachmannschaft von 1 000 Mann" auf den März 1941 zurückging und die amtliche Bezeichnung „Stalag 317 (XVIII C) Markt Pongau" lautete. Hinter dieser Buchstaben-Zahlenkombination verbarg sich ein perfides Lagersystem, dass die Kriegsgefangenen nicht nur zu Arbeitssklaven machte, sondern ihnen auch die Menschenwürde und zum Teil das Leben nehmen sollte. Der Bau des Lagers wurde rasch in Angriff genommen und große Teile waren bereits vor dem Winter 1941 fertiggestellt. Im „Südlager" entlang des linken Salzachufers bis zur Salzachbrücke im Norden waren vor allem Franzosen, Serben, Belgier, Italiener und Polen interniert. Diese wurden sofort nach ihrer Inhaftierung für Gemeindearbeiten herangezogen. Auch Kanadier, Engländer, US-Amerikaner und Australier waren dort kaserniert. Einer von ihnen war der 1921 in Westaustralien geborene Farmerssohn Patrick „Pat" Toovey.

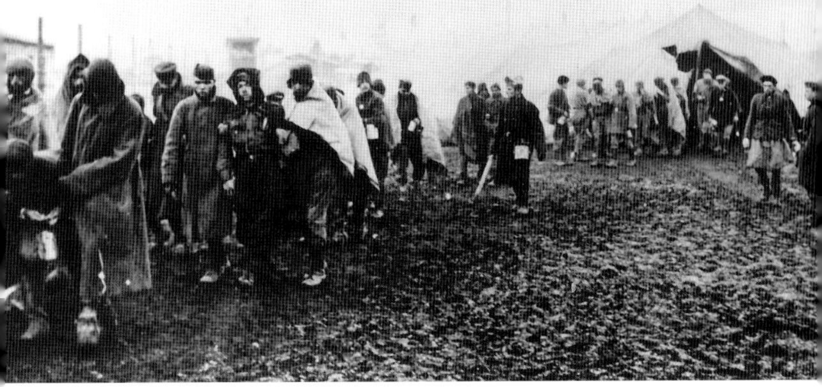

Sowjetische Kriegsgefangene im sogenannten „Russenlager" in St. Johann im Pongau.

Er meldete sich 1940 freiwillig zur australischen Armee und diente ab Sommer 1942 in Ägypten, wo er in der Schlacht bei El Alamein zum ersten Mal auf deutsche Truppen traf. Bei der alliierten Offensive gelangte er gemeinsam mit 500 anderen alliierten Soldaten in deutsche Kriegsgefangenschaft, zunächst über Italien per Viehwaggons in das Stammlager in Spittal an der Drau und dann nach St. Johann im Pongau. Schon wenige Tage nach seiner Ankunft wurde er einem Arbeitskommando zugeteilt, bei dem er in Graz Luftschutzbunker ausheben musste. Nach einem vorübergehenden Lazarettaufenthalt schickte ihn die NS-Lagerführung zurück in das Stalag St. Johann. Erneut wurde Toovey zur Zwangsarbeit eingeteilt. Dieses Mal musste er die Gleisanlagen der Reichsbahn von Schnee und Eis befreien, den Bombenschutt in den Rangierbahnhöfen beseitigen und beim Aufbau eines Lazaretts für schwer verwundete deutsche Soldaten helfen. Der junge Australier verrichtete von September 1943 bis März 1945 in über 100 Arbeitskommandos Zwangsarbeit. Doch während sich Toovey relativ frei bewegen konnte, war dies seinen sowjetischen Mithäftlingen nicht möglich.

Die sowjetischen Kriegsgefangenen waren ausschließlich im „Nordlager" untergebracht. Sie standen in der nationalsozialistischen Lagerhierarchie auf der untersten Stufe. Da die errichteten Holzbaracken für die Unterbringung nicht ausreichten, wurden Hunderte der gefangengenommenen Soldaten sogar im Winter in Großzelten untergebracht. Unzählige gingen an diesen Lagerbedingungen zugrunde, sie erfroren oder starben an Erschöpfung. Um die Disziplin im Lagerinneren aufrechtzuerhalten, bildete die Kommandantur eine eigene Lagerpolizei. Diese rekrutierte sich aus Insassen. Den ausgewählten Mitgliedern der Lagerpolizei wurden kleine Vorteile zugesprochen, um die potenzielle Solidarität unter den Kriegsgefangenen zu untergraben. Der Schlägertrupp, bestehend aus 40 bis 50 Mann, wurde mit hölzernen Stöcken bewaffnet und erhielt doppelte Essensrationen.
Im Herbst 1941 traf der erste Transport sowjetischer Kriegsgefangener in St. Johann ein. Ein französischer Kriegsgefangener, der während seiner Zwangsarbeit auf den naheliegenden Feldern mit den ersten sowjetischen Soldaten Kontakt hatte, schilderte später: „Sie fraßen sich fast untereinander." Tatsächlich kamen jene, die den Transport überlebt hatten, völlig ausgehungert und schwer krank am Bahnhof in St. Johann an. Josef Höller, der damals als Zimmereilehrling gemeinsam mit französischen Kriegsgefangenen für die Aufstellung der Baracken zuständig war, erinnerte sich nach 1945 an die schreckliche Verfassung der ersten ankommenden sowjetischen Kriegsgefangenen und dass diese in zerlumpten Kleidern voll von Kot und blutig in die Unterkünfte gepfercht worden seien. Diese eklatante Schlechterbehandlung sowjetischer Kriegsgefangener entsprach der nationalsozialistischen Rassenideologie, wonach diese als „Untermenschen" galten und diskriminierenden Bestimmungen ausgesetzt waren. In der Praxis führte das zu eigenen Vorschriften für die Behandlung von sowjetischen Kriegsgefangenen. In einem der Erlässe wurde der Waffengebrauch gegenüber sowjetischen Kriegsgefangenen explizit

gerechtfertigt. Und so einige Soldaten der Wachmannschaften dürften sich an diese Richtlinien gehalten haben. Das belegen täglich stattgefundene Erschießungen im „Nordlager". Neben diesen Gewaltexzessen gegenüber den sowjetischen Kriegsgefangenen war die Epidemie- und Seuchengefahr extrem hoch. So traten bereits im Jänner 1942 Infektionskrankheiten auf und der Zutritt zum Lagergelände wurde für die Zivilbevölkerung gesperrt. Ein französischer Kriegsgefangener berichtete, dass täglich an die 40 „Russen" an Unterernährung und verschiedenen Krankheiten gestorben seien. Anfangs transportierte man die verstorbenen Kriegsgefangenen noch zum Ortsfriedhof und verscharrte sie dort in einem Massengrab. Als der Platz nicht mehr ausreichte, stellte die Gemeinde St. Johann dem Stalag einen Grund für das Massengrab zur Verfügung, wo heute der Gedenkstein für den „Russenfriedhof" steht.

Kriegsverbrechen an über 3700 ermordeten Sowjetsoldaten

Die Kriegsgefangenenlager standen anders als die KZs nicht unter der Verwaltung der SS, sondern unter jener der Deutschen Wehrmacht. Nicht nur SS-Einheiten, sondern auch Angehörige der Deutschen Wehrmacht beteiligten sich im nationalsozialistischen Vernichtungskrieg in Ost- und Südosteuropa sowie bei der gezielten Dezimierung der sowjetischen Kriegsgefangenen an nationalsozialistischen Verbrechen. Bis heute wissen viele Angehörige in Russland und der Ukraine nicht, wo ihre Verwandten umgekommen und begraben sind. Seit der Archivöffnung unter Präsident Michail Gorbatschow sind bisher knapp 1200 Namen von Toten, die in St. Johann beerdigt wurden, aus Moskauer Archiven recherchiert. Den 15 ermordeten französischen Kriegsgefangenen stehen 3744 Tote aus der Sowjetunion gegenüber. Im gesamten Gebiet des Deutschen Reiches haben geschätzte 3,3 Millionen sowjetische Kriegsgefangene die Gefangenschaft nicht überlebt.

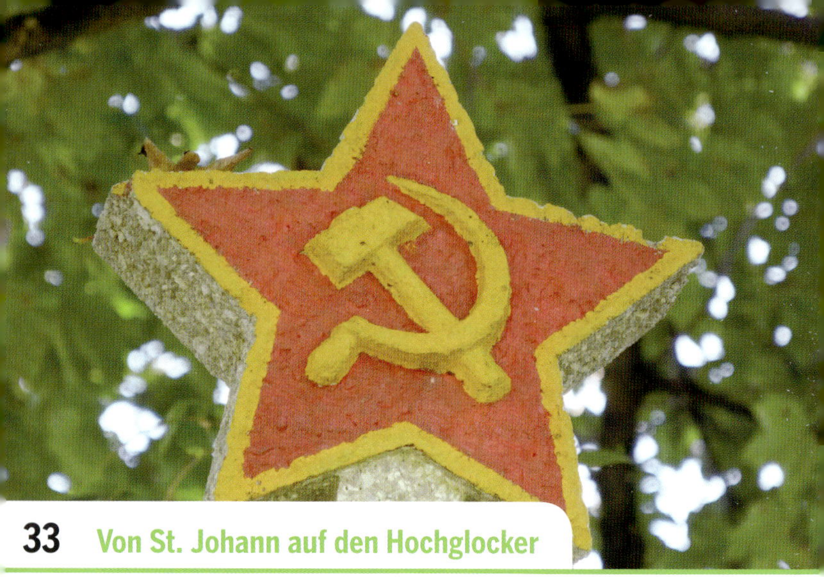

33 Von St. Johann auf den Hochglocker

Ein Besuch des Russenfriedhofs in St. Johann lässt sich sehr gut mit einer einfachen Wanderung auf den westlich angrenzenden, aussichtsreichen Hockglocker (1 590 m) verbinden.

Anforderung Einfache Bergwanderung, großteils auf Forststraßen. 600 Höhenmeter, 2 Stunden Anstieg.

Ausrüstung Wanderausrüstung, festes Schuhwerk.

Ausgangspunkt Parkplatz Arlberg. Zufahrt von der B 311, Abfahrt „Wagrain-Kleinarl", dann sofort nach Norden Richtung Einöden abzweigen und beim Palfner Dörfl (Wegweiser, Kapelle) nach links auf den Katzlmoosweg, der auf den Arlberg führt.

Route Vom Parkplatz auf der Straße nach Norden, dann bei Punkt 1 064 m (Wegweiser) scharf auf Südwest drehen. Der weitere Almstraßenverlauf führt entlang der Rettenebenalm sanft steigend auf die Südseite des Reinbachgrabens. In einer scharfen Rechtskurve

Foto: Detail am „Russenfriedhof" in St. Johann.

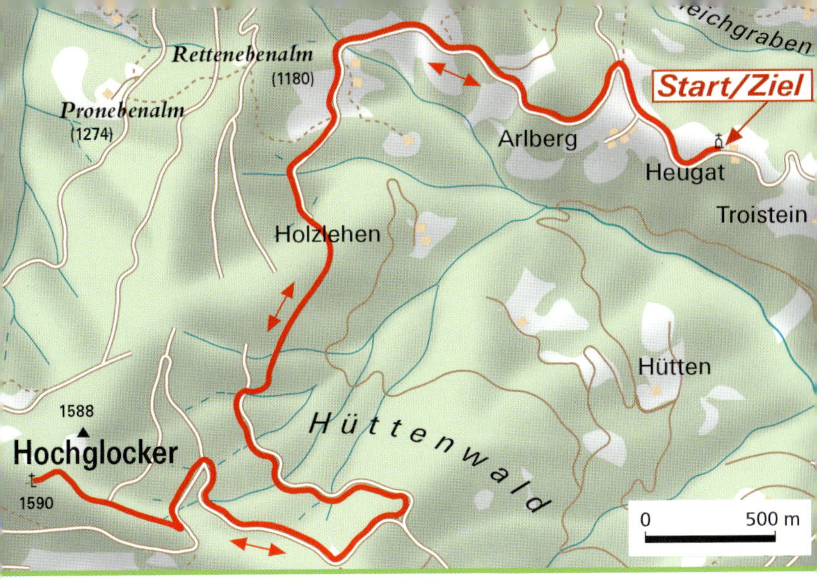

(Wegweiser, 1 275 m) zweigt man auf einen Steig in den Wald ab. Dieser führt nach Westen und mündet nach rund 50 Höhenmetern wieder in eine Forststraße. Auf dieser bleibend kommt man schließlich zu jener Forststraße, die vom Kloster Kinderalm heraufkommt (Wegweiser, 1 345 m). Nun wieder ein Stück die Straße bergan und bei der nächsten Gelegenheit (Wegweiser, Fahrverbot für Radfahrer, 1 430 m) nach links (Süden). So gelangt man zur Abzweigung (Wegweiser) des schmalen Gipfelsteiges, der nach Nordwesten auf den höchsten Punkt führt. Abstieg wie Anstieg.

Einkehr Rettenebenalm. +43 (0)664/253 38 12 oder +43 (0)6412/63 47

Variante Diese Wanderung auf den Hochglocker ist gut kombinierbar mit Tour Nr. 32 „Von St. Veit auf den Hochglocker“.

34

Der nationalsozialistische Burgherr Hermann Göring und die Lungauer „Volksgemeinschaft“

Hermann Göring war einer der engsten Vertrauten Adolf Hitlers. Er war maßgeblich an der Gründung der Gestapo, der Errichtung der ersten Konzentrationslager und der Ausschaltung politischer Gegner beteiligt. Auf Burg Mauterndorf richtete sich der führende NS-Politiker einen Zweitwohnsitz ein. Bei der Lungauer Bevölkerung durchaus beliebt, gab sich Göring im Umfeld seines Feriendomizils volksnah.

Die Geschichte Hermann Görings und des Salzburger Lungaus im Kontext des Nationalsozialismus ist mehr als eine komplexe Beziehungsgeschichte. Sie verdeutlicht den frühen Aufstieg der NS-Bewegung in einer abgeschiedenen ländlichen Region und zeigt zugleich die Wirkungsmacht des Nationalsozialismus auf die dort lebenden Menschen. Ähnlich wie der Pinzgau war der Lungau in der Zwischenkriegszeit stark landwirtschaftlich geprägt und strukturschwach. Die gefühlte und tatsächliche Entfernung zur Landeshauptstadt als kulturelles, politisches und wirtschaftliches Zentrum war enorm, ganz zu schweigen von der Erreichbarkeit. Der einzige Weg führte über den Radstädter Tauern. Das steirische Murau und sogar Judenburg waren über das Murtal leichter zu erreichen als die Stadt Salzburg über die Gebirgspässe. Große Industriebetriebe fehlten, eine Arbeiterbewegung existierte de facto nicht. Als sich mit dem Justizpalastbrand 1927 die politische Lagerbildung in der Ersten Republik verschärfte, schlug 1928 die faschistisch geprägte Heimwehr mit Franz Hueber als Landesführer-Stellvertreter in Tamsweg auf. Im Juni 1930, beim Gautag der Salzburger Heimwehr, gastierte Hueber ein weiteres Mal im Lungau. Hueber war promovierter Jurist und arbeitete als Notar in Mattsee. Er war Mitbegründer der Heimwehr im Pinzgau. 1929 übernahm er die Landesführung der Salzburger Heimwehr, trat aber im Juli 1933 aus dieser aus und 1934 der illegalen NSDAP bei. Sein Schwenk zur nationalsozialistischen Bewegung in Österreich hatte sich abgezeichnet. Hueber war seit seiner Studienzeit Mitglied der völkisch gesinnten deutschnationalen Turner und des Deutschen Klubs. Sein Naheverhältnis zu Göring war nicht nur politischer Natur, er war seit 1920 mit dessen Schwester Paula verheiratet. Während Hueber in den 1930er-Jahren den politischen *turn around* vollzog, gewann die nationalsozialistische Bewegung auch im Lungau immer mehr Anhänger. Am 17. Dezember 1930 gründete sich in Tamsweg eine Ortsgruppe der NSDAP. Bei der Landtagswahl am 24. April 1932 erreichten die Nationalsozialisten bereits 20,47 Prozent. Auch in Mauterndorf konnte die NSDAP auf loyale Parteigänger vertrauen. Vom späteren NS-Bürgermeister Adolf Dengg angefangen, der bereits im Dezember 1931 der NSDAP beigetreten war und für diese als Kreisredner die Bauernschaft mobilisierte, bis hin zu illegalen Nationalsozialisten, die sich mit der Verfolgung durch das austrofaschistische Regime ab 1933/34 in das Deutsche Reich absetzten und dort weiter agierten. Der Boden für Göring war also schon vorbereitet.

Göring selbst kannte den Lungau bereits seit Jahrzehnten. Auf Einladung des damaligen Schlossherrn Hermann Epenstein verbrachte er gemeinsam mit seinen Eltern die Sommer vor dem Ersten Weltkrieg auf Burg Mauterndorf. Göring, der ein begeisterter Alpinist war, unternahm später in den Tauern ebenso Bergtouren wie seine Schwester Olga, die ab 1912 mit dem Alpinsten und späteren Nationalsozialisten Fritz Rigele verheiratet war. Der Lungau war also schon lange vor 1938 eine Art Rückzugsgebiet für den erholungssuchenden Bergliebhaber Göring.

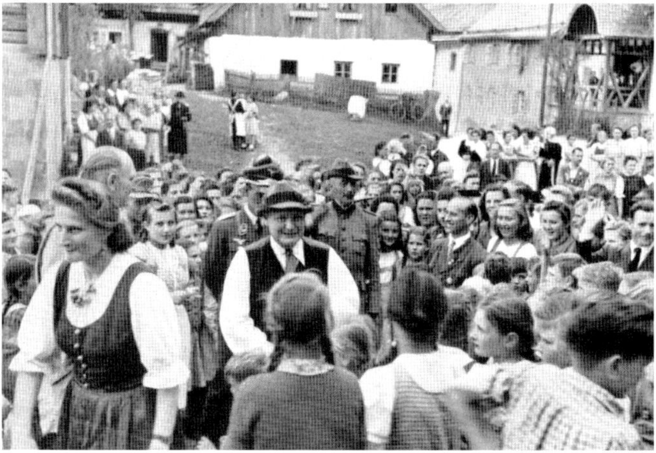

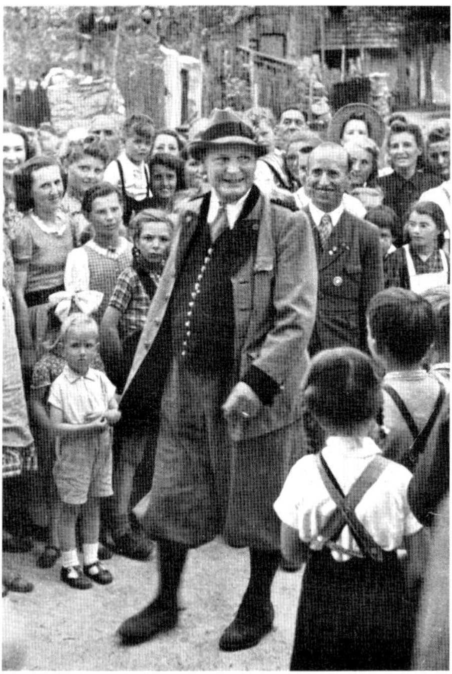

Hermann Göring bei einem Besuch in Mauterndorf am 18. Juni 1942. Im Hintergrund der NS-Bürgermeister von Mauterndorf Adolf Dengg.

Als Göring zum Monatswechsel März/April 1938 im Zuge des „Anschlusses" erneut nach Mauterndorf kam, hatten sich die Machtverhältnisse gänzlich zugunsten der nationalsozialistischen Machthaber verschoben. Göring hatte mittlerweile eine fulminante Karriere innerhalb des NS-Machtapparates hingelegt. Er war 1933 zum preußischen Ministerpräsidenten und zum Reichsminister für Luftfahrt ernannt worden, und ab 1935 zum Oberbefehlshaber der deutschen Luftwaffe. Als designierter Nachfolger Adolf Hitlers stand er in der NS-Hierarchie ganz oben. Ab 1936 war er als Beauftragter für den Vierjahresplan für die radikale Ausrichtung der Wirtschaft im Deutschen Reich auf den Kriegsfall verantwortlich und versprach nicht zuletzt für den Lungau einen wirtschaftlichen Aufschwung. Für die Angehörigen der „Volksgemeinschaft" klangen die Versprechen Görings verführerisch. Der von der NS-Politik propagierte „Sozialismus der Tat" wurde in Projekten wie dem Reichsautobahnbau oder dem Kraftwerksbau Kaprun augenscheinlich und damit für viele Menschen glaubhaft. Die „Ostmark" erlebte als Teil des „großdeutschen" Wirtschaftsraumes einen ökonomischen Aufschwung und auch ein Großteil der Bevölkerung im Lungau versprach sich davon Verbesserungen. Göring propagierte eine bessere Anbindung der Region an die Landeshauptstadt, den Ausbau der Murtalbahn sowie der Strom- und Wasserversorgung. Dass mit dem wirtschaftlichen Fortschritt unter der NS-Herrschaft Ausbeutung und Verfolgung einhergingen, blendeten viele aus. Der Empfang Görings in seiner „Wahlheimat" Mauterndorf am 1. April 1938 wurde aufwendig inszeniert und von der gleichgeschalteten NS-Presse medienwirksam begleitet. „Mauterndorf in festlicher Erwartung", titelte *Das kleine Volksblatt* am 31. März 1938. Neben den Schützenvereinen standen Abordnungen der HJ bereit, um den Generalfeldmarschall zu begrüßen. Hakenkreuzfahnen umrahmten das Festgelände. Das Salzburger Volksblatt berichtete in pathetischen Zeilen von „Liebe und Jubel", die dem „geliebten, lange vermißten Sohn" entgegenbrandeten. Was nicht berichtet wurde, war die Verfolgung politischer Gegner in Mauterndorf, die bereits wenige Tage vor Görings Besuch einsetzte. Noch am 12. März 1938, unmittelbar nach dem „Anschluss", wurde der Revier-Inspektor und Postenkommandant von Mauterndorf Siegfried Pammer seines Dienstes enthoben, auf Befehl Görings in Schutzhaft genommen und ins Bezirksgericht St. Michael überstellt. Der Kaufmann Michael Hohensinn kam wegen seines oppositionellen Verhaltens in Gestapo-Haft und auch der Oberlehrer Matthias Trattler, der abgesetzte Bürgermeister von Mauterndorf, wurde aufgrund seiner antinationalsozialistischen Einstellung umgehend verhaftet und in das Bezirksgericht St. Michael eingeliefert. Der nationalsozialistisch gesinnte Lehrer Adolf Dengg war im Gegenzug zum NSDAP-Ortsgruppenleiter und NS-Bürgermeister von Mauterndorf bestimmt worden. Damit sorgte Göring schon vor seinem Besuch dafür, dass politische Gegner mithilfe lokaler Nationalsozialisten aus dem Weg geräumt wurden.

Ab 1939 durfte Göring als Burgherr in Mauterndorf auftreten. Epensteins Witwe Lilli hatte ihm die Burg vermacht. Im weiteren Verlauf des Zweiten Weltkrieges hielt sich Göring allerdings immer seltener in Mauterndorf auf. Er residierte meist in seiner Villa auf dem Obersalzberg in der Nähe Adolf Hitlers. Der Gendarmerieposten in Mauterndorf verzeichnete lediglich zwei Kurzbesuche im Juni 1942 und Mai 1944. Bei diesen zeigte sich Göring inmitten der Bevölkerung in Tracht gekleidet. Kurz vor der Gefangennahme durch die Amerikaner hielt sich Göring noch ein letztes Mal auf Burg Mauterndorf auf, allerdings nicht freiwillig. Nachdem er bei Hitler in Ungnade gefallen war, wurde er von 50 SS-Männern bewacht bis 6. Mai 1945 auf der Burg Mauterndorf interniert.

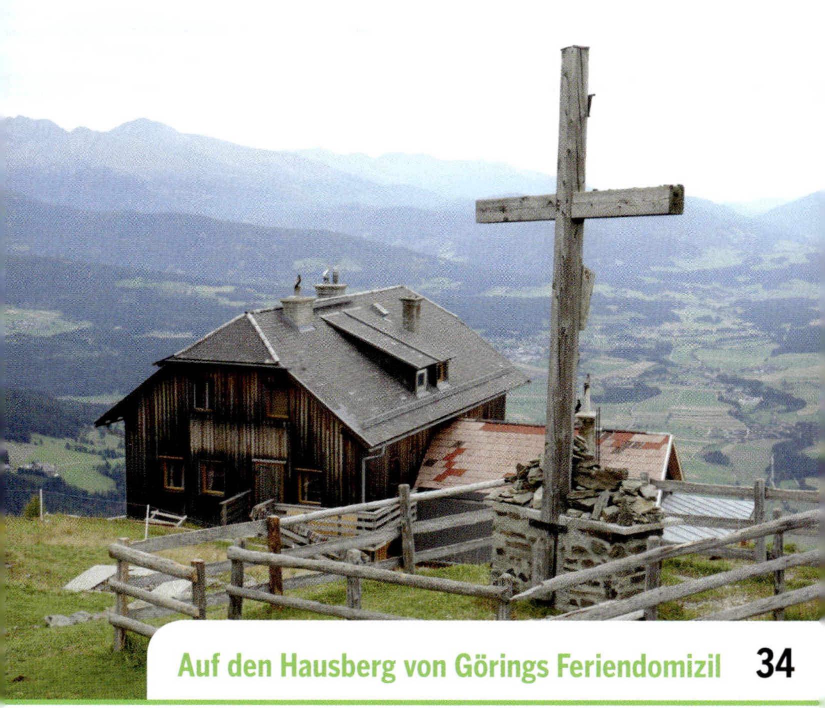

Auf den Hausberg von Görings Feriendomizil 34

Mit Liftunterstützung bietet das immerhin 2 411 Meter hohe Speiereck bei schönem Wetter eine familienfreundliche Wanderung hoch über Mauterndorf.

Anforderung Einfache Rundtour. 450 Höhenmeter und 1,5 Stunden Anstieg. Gesamtrunde 3 Stunden (200 Höhenmeter Gegenanstieg).

Ausrüstung Wanderausrüstung.

Ausgangspunkt Bergstation der Großeck-Speiereckbahn. www.grosseck-speiereck.at

Route Von der Bergstation folgt man der Almstraße eine Kehre hinauf zum Großeck (2 072 m, Station des österreichischen

Foto: Auf dem Großeck.

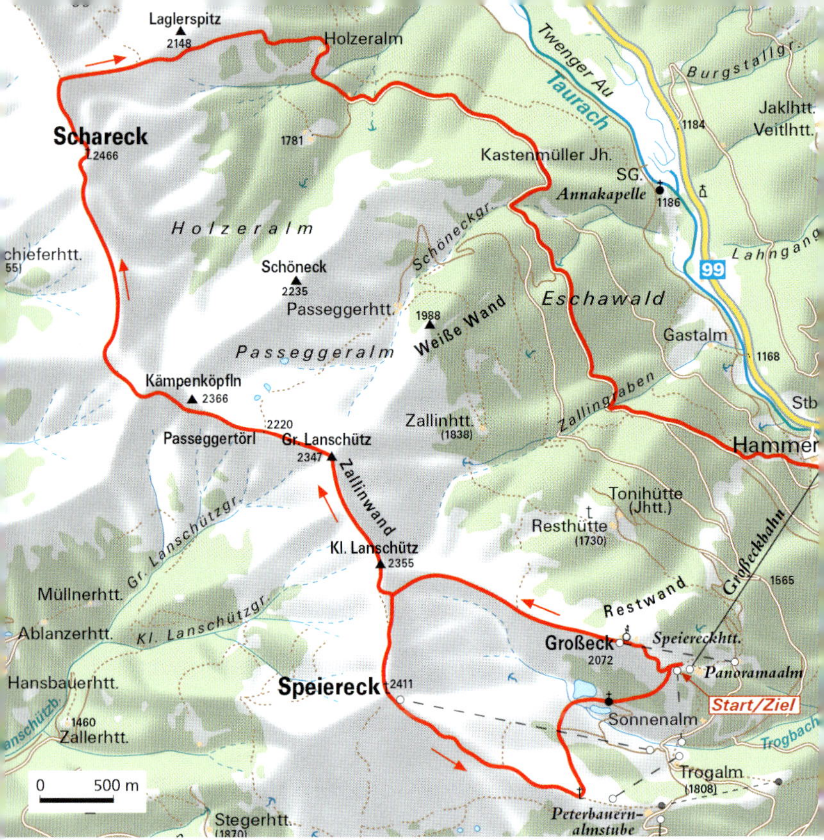

Richtfunknetzes). Weiter geht es auf einem Rücken westwärts in einen schwach ausgeprägten Sattel auf dem Kamm zwischen Zederhaus- und Taurachtal (Wegweiser). Nun einfach dem Rücken nach Süden folgend auf das Speiereck. Abstieg über den einfachen Südostrücken zur Peterbaueralm (1 910 m) und auf Nord drehend hinunter zur Trogalm und zur Bergstation.

Einkehr Peterbaueralm. www.peterbaueralm.at

Variante Wesentlich anspruchsvoller (Trittsicherheit, gesamt zirka 600 Höhenmeter und 5,5 Stunden) ist die Rundwanderung über das „Lungauer Matterhorn", das Lungauer Schareck (2466 m). Vom Sattel nördlich des Speiereck (Wegweiser) geht es einfach auf dem Kamm über die beiden Lanschützgipfel (2354 m und 2347 m) in die Passeggerscharte (Wegweiser). Ab hier wird der Steig dann schmaler und führt an der Südseite um die Kämpenköpfl herum. Bei einigen Stellen heißt es hier genau steigen – vor allem bei Nässe. Dann aus einem breiten Sattel über den steilen Südwesthang auf das Schareck. Abstieg über steile Wiesen nach Norden, bis man zu einem Wegweiser kommt. Hier nach Osten (rechts) in die Senke vor der Laglerspitze. Achtung: Nicht der Markierung zur Graggaberalm folgen, sondern wirklich bis zum tiefsten Punkt. Hier beginnt ein nicht markierter (nur einige Steinmandln), aber gut sichtbarer Steig, der den Hang der Laglerspitze quert und so hinunter zur Holzeralm führt; auf der Almstraße nach Süden, den Zallingraben queren und auf der Skipiste hinunter zur Talstation.

Gipfelkreuz auf dem Lungauer Schareck.

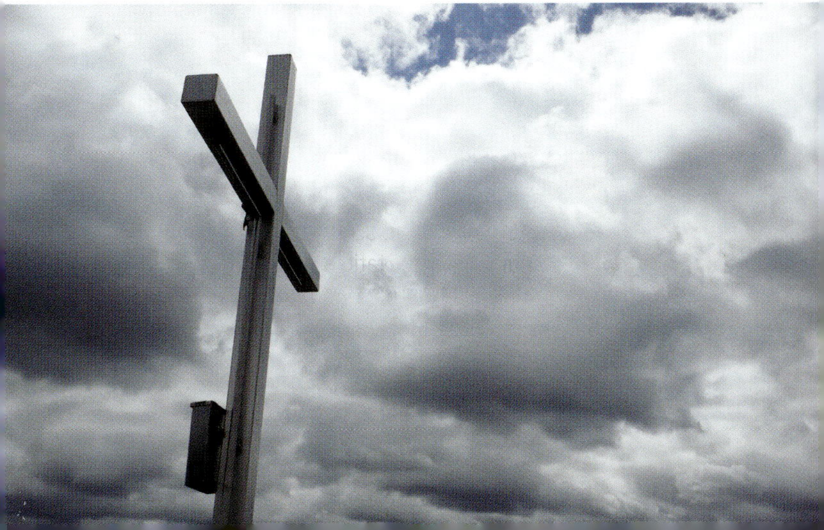

35

Nationalsozialistische Umtriebe in den Nockbergen

Die Kärntner und Lungauer Nockberge wurden ab den frühen 1930er-Jahren zum Aktionsgebiet für österreichische Nationalsozialisten. Örtliche Skivereine waren ab dem Verbot der NSDAP im Juni 1933 ein Sammelbecken für illegale SA-Mitglieder und mutierten zu NS-Tarnorganisationen.

Der organisierte Skilauf im ÖSV war vor 1938 mehrheitlich von nationalsozialistisch gesinnten Funktionären unterwandert. Die deutschnationale Einstellung und völkische Gesinnung der Vorstandsmitglieder erleichterten den Übergang in die nationalsozialistische Rassenideologie. Eine nicht unwesentliche Anzahl der aktiven Mitglieder war ab den 1930er-Jahren der SA oder SS beigetreten. Männliche Sportidole der Zwischenkriegszeit betätigten sich nicht selten in NS-Wehrverbänden. Im Lungau war es der Skiklub Tamsweg, der unter dem Skilehrer Julius Funcke, Rufname Olo, eine SA-Schar zusammenstellte. Der SA-Truppführer nutzte ab 1932 mit seinen Männern die abgelegene Dr.-Josef-Mehrl-Hütte in Schönfeld in den Lungauer Nockbergen an der Grenze zu Kärnten als Versammlungs- und Rückzugsort. Ein vergilbtes Foto aus dem Jahr 1930 zeigt Funcke mit der Tamsweger Skiriege, in der Frauen wie Männer aktiv waren, vor der Hütte, dem heutigen Knappenhaus in Schönfeld. Von hier aus sollte ab der nationalsozialistischen Machtübernahme 1933 im Sinne des Deutschen Reiches Propaganda betrieben werden. Erst 1935 errichtete die Alpenvereinssektion Wien unter dem Vorstand von Direktor Ignaz Mattis die heute noch bestehende Dr.-Josef-Mehrl-Hütte am Schönfeld-Sattel.

Funcke wurde am 26. Dezember 1908 in St. Andrä im Lungau geboren und bestand im April 1932 mit Erfolg die staatliche

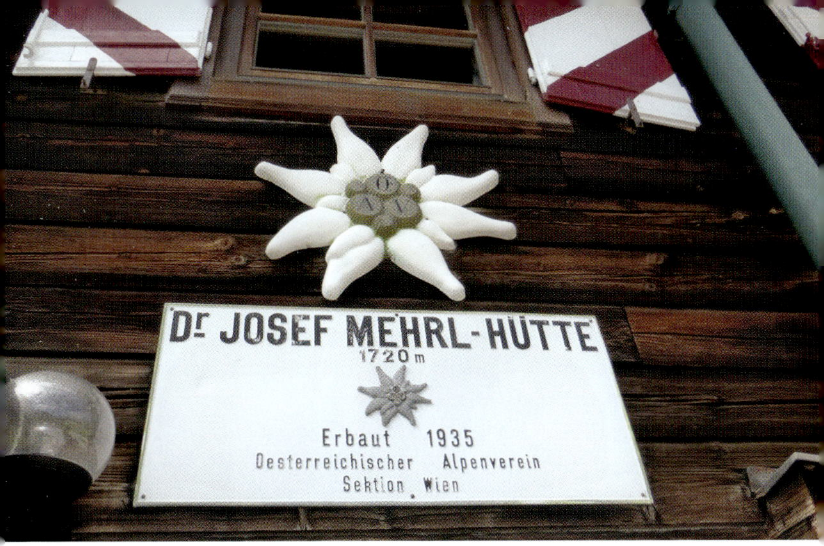

Die heutige Mehrl-Hütte wurde 1935 erbaut.

Skilehrerprüfung. Er war im Dezember 1934 als Hilfsskilehrer bei der Alpinen Skischule Lungau angestellt und organisierte für diese die Skikurse am Prebersee. Inhaber der Skischule war Falko Lainer aus Ramingstein. Sowohl Funcke als auch Gerhard Lainer, der Bruder des Skischul-Inhabers, hätten sich laut Erhebungen der Bezirkshauptmannschaft Tamsweg zuvor nationalsozialistisch betätigt, Funcke galt zudem als „fanatischer Anhänger“ der NSDAP. Die Behörde erhob aber keine Einwände, da Funcke und Lainer zum Zeitpunkt der Ermittlung „zu keiner Klage mehr Anlass“ gegeben hätten. Die nachsichtige Entscheidung wurde außerdem damit begründet, dass der Lungau über keine anderen Hilfsskilehrer verfüge. Die Salzburger Landeshauptmannschaft bemühte sich daher im Namen der Bezirkshauptmannschaft Tamsweg am 17. Dezember 1934 um die Zulassung der beiden Hilfsskilehrer für die Skischule. Funcke und Lainer übernahmen in der Folge die Leitung der Alpinen Skischule Lungau mit ihrem Sitz auf der Karneralm. Das Aufgabengebiet Funckes beschränkte sich aber nicht nur auf seine

Skilehrtätigkeit. Neben dieser nahm Funcke in den 1930er-Jahren als alpiner Skiläufer an lokalen Wettbewerben teil, so wie als Gastläufer beim Abfahrtslauf des Deutschen Turnvereins Tamsweg im Februar 1934. Im April 1935 übernahm er die Rennleitung des Preber-Torlaufes, der vom Skiklub Tamsweg nach den Wettlauf-Bestimmungen des ÖSV durchgeführt wurde.
Im März 1938 beteiligte sich Funcke an der gewaltsamen Besetzung der Bezirkshauptmannschaft Tamsweg. Beim ersten Preber-Torlauf unter nationalsozialistischer Herrschaft, der noch im Mai 1938 durchgeführt wurde, trat Funcke als Redner der NS-Bewegung auf und nahm die Preisverleihung vor.
Zur gleichen Zeit als Funcke sein nationalsozialistisches Netzwerk für den Salzburger Lungau hochzog, war der spätere Leiter des nationalsozialistischen Lehrerbundes und Organisator der Salzburger Bücherverbrennung Karl Springenschmid im salzburgisch-kärntnerischen Grenzgebiet illegal aktiv. Springenschmid trat 1932 der NSDAP bei und galt als zentrale Figur in der illegalen NS-Bewegung. Wie der spätere Gauleiter von Salzburg Friedrich Rainer war er im deutschnationalen Turnverein organisiert und leidenschaftlicher Skiläufer. Er saß als Funktionär im Alpen- und Turnverein und war ein führender Vertreter des ÖSV. Im Frühjahr 1934 veröffentlichte er seine „Österreichischen Geschichten" zum „illegalen Kampf". Darin beschreibt Springenschmid die Aktivitäten einer illegalen SA-Schar auf der Lärchriedlalm in den Kärntner Nockbergen. Gemeinsam mit Rainer organisierte er illegale Wehrturntreffen und Wehrertüchtigungslager an der Grenze zum heutigen Slowenien. Inwieweit sich Funcke und Springenschmid kannten, geht aus den Quellen nicht hervor. Eines steht aber fest: Beide Männer betätigten sich im ÖSV und im deutschnationalen Turnverein und beide operierten als illegale Nationalsozialisten in den Nockbergen. Und sie leisteten einen nicht unwesentlichen Beitrag zur Verbreitung der nationalsozialistischen Ideologie, bevor diese ab März 1938 in die Tat umgesetzt wurde.

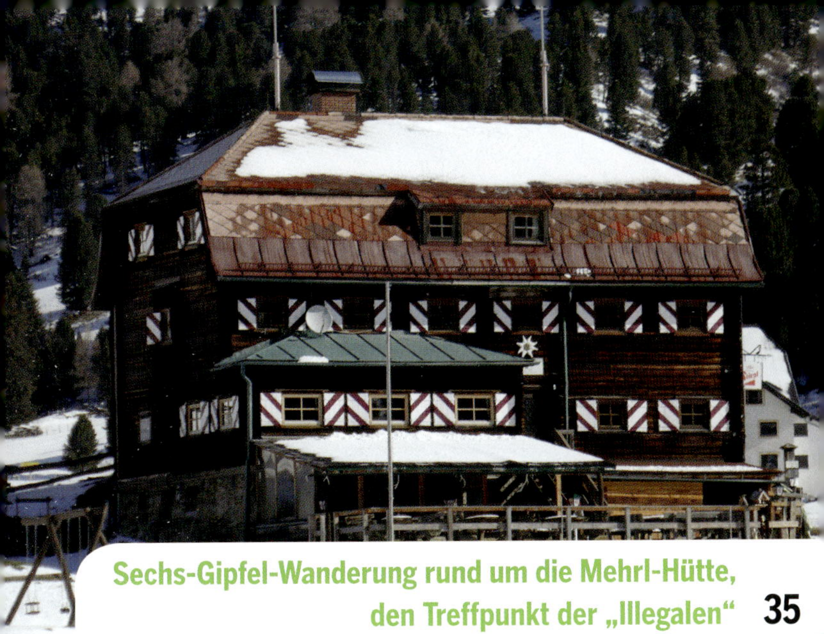

Sechs-Gipfel-Wanderung rund um die Mehrl-Hütte, den Treffpunkt der „Illegalen" 35

Eine Wanderung von der Josef-Mehrl-Hütte durch aufgelassene Bergbaugebiete, über aussichtsreiche Nockberg-Gipfel und durch das Naturschutzgebiet Rosanintal.

Anforderung Einfache Kammwanderung mit insgesamt 800 Höhenmetern Anstieg. 3 Stunden auf den Großen Königstuhl. Abstieg 1,5 Stunden. Gesamtgehzeit 4,5 Stunden.

Ausrüstung Wanderausrüstung.

Ausgangspunkt Parkplatz bei der Josef-Mehrl-Hütte in Schönfeld. Anfahrt von Norden über St. Margarethen im Lungau nach Bundschuh bis nach Schönfeld. Von Süden über Kremsbrücke nach Innerkrems und Schönfeld.

Foto: Frühwinter auf der Mehrl-Hütte.

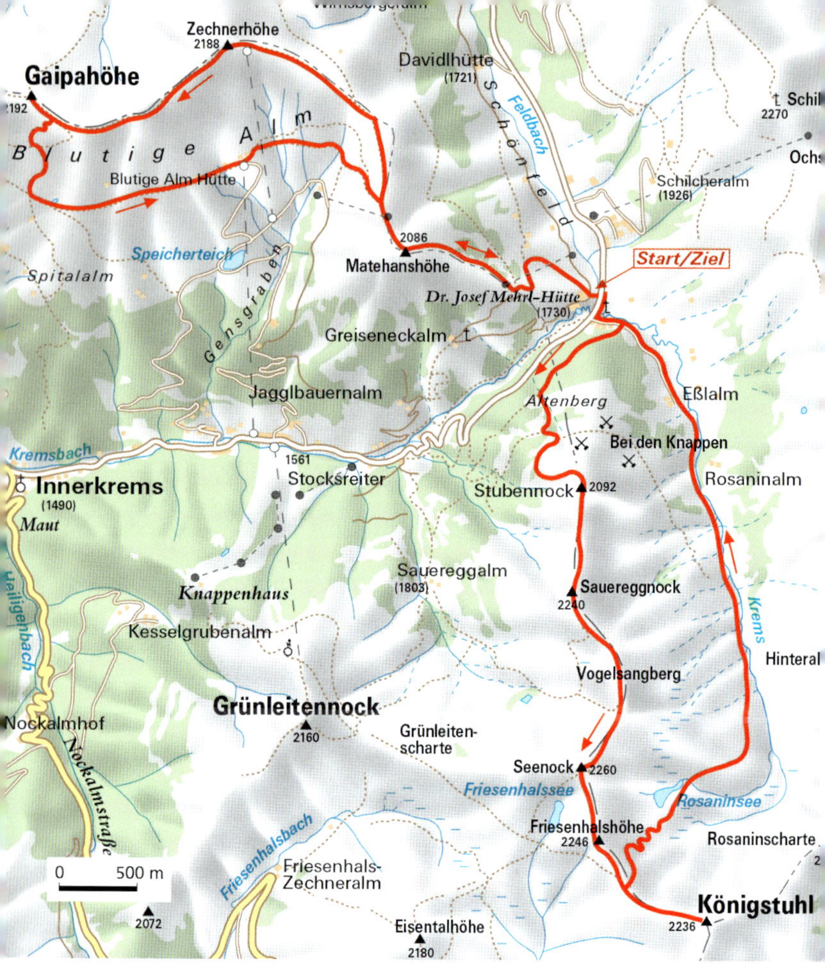

Zechnerhöhe
2188
Gaipahöhe
Blutige Alm
Blutige Alm Hütte
Davidlhütte
(1721)
Schönfeld
Feldbach
Schilcheralm
(1926)
2270
Speicherteich
Spitalalm
Gensgraben
2086
Matehanshöhe
Start/Ziel
Dr. Josef Mehrl-Hütte
(1730)
Greiseneckalm
Jagglbauernalm
Eßlalm
Altenberg
Bei den Knappen
Kremsbach
1561
Stocksreiter
Innerkrems
(1490)
Maut
Stubennock
2092
Rosaninalm
Saureeggalm
(1803)
Knappenhaus
Sauereggnock
2240
Krems
Kesselgrubenalm
Hinteralm
Vogelsangberg
Grünleitennock
2160
Grünleiten-
scharte
Nockalmhof
Nockalmstraße
Seenock
2260
Friesenhalssee
Rosaninsee
Friesenhalshöhe
2246
Rosaninscharte
Friesenhalsbach
Friesenhals-
Zechneralm
0 500 m
Königstuhl
2236
2072
Eisentalhöhe
2180

Route Von der Josef-Mehrl-Hütte kurz ins Rosanintal nach Süden und gleich bei den ersten Häusern an alten Abraumhalden vorbei nach Südwesten auf den Stubennock (2 092 m). Nun folgt eine lange Kammwanderung bergauf-bergab über den Sauereggnock, den Vogelsangberg (Gedenktafel für Karl Freiherr von Vogelsang), den Seenock und die Friesenhalshöhe. Von der letzten Anhöhe in die Königstuhlscharte hinunter und über die Nordwestflanke auf den Großen Königsstuhl (2 336 m). Abstieg: Zurück in die Scharte, dann nach Nordosten am Rosaninsee vorbei auf die Böden der Rosaninalm und parallel zum Kremsbach hinaus nach Norden wieder zur Mehrl-Hütte.

Einkehr Dr.-Josef-Mehrl-Hütte.
www.alpenverein.at/drjosefmehrlhuette

Variante Kürzer, aber ebenfalls lohnend, ist die Hüttenrunde von der Mehrl-Hütte entlang des Kärntner Grenzweges nach Nordwesten auf die Zechnerhöhe und weiter nach Westen am Verbindungsrücken zur Gaipahöhe (2 192 m). Abstieg nach Süden bis zum Wegweiser und hier nach Osten über die Blutige Alm retour (500 Höhenmeter, 3 Stunden).

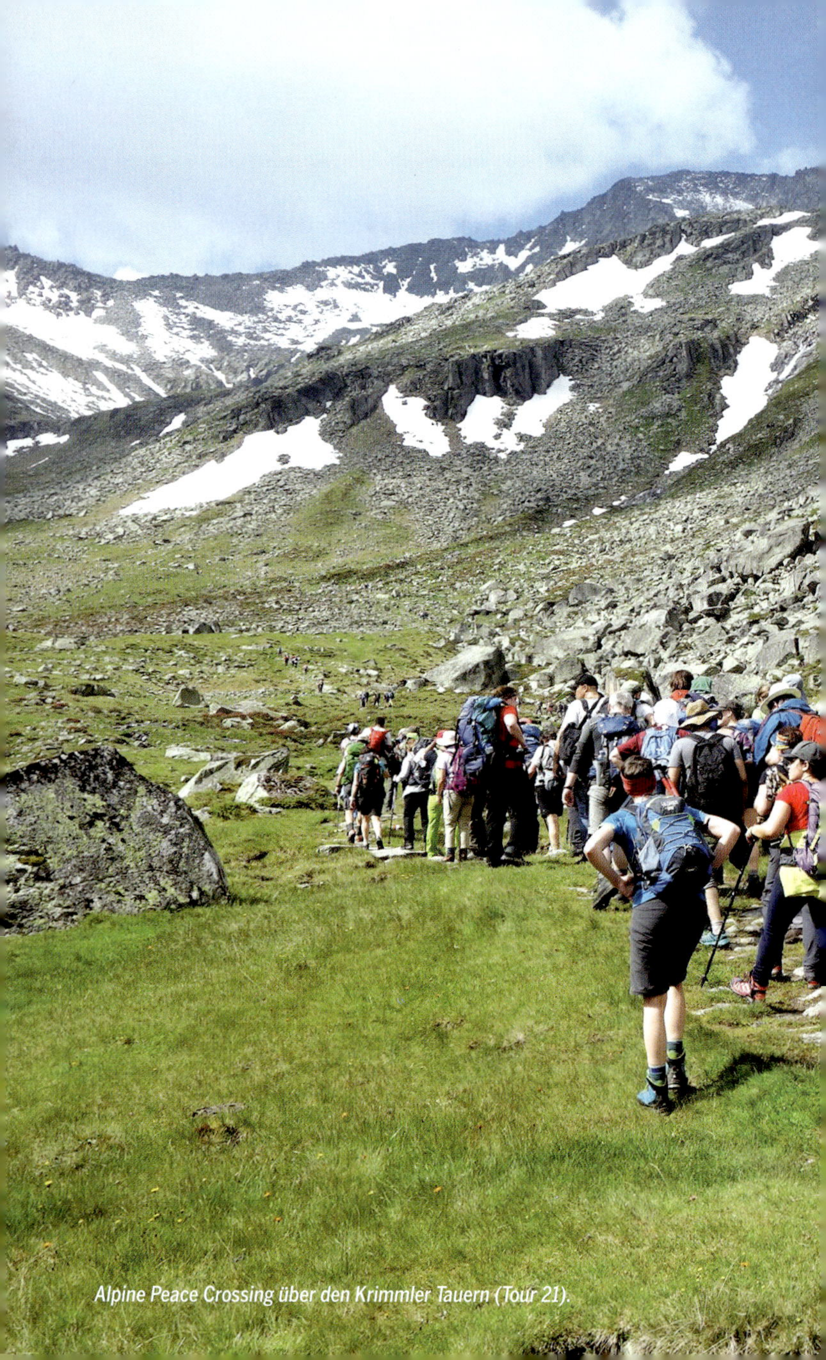

Alpine Peace Crossing über den Krimmler Tauern (Tour 21).

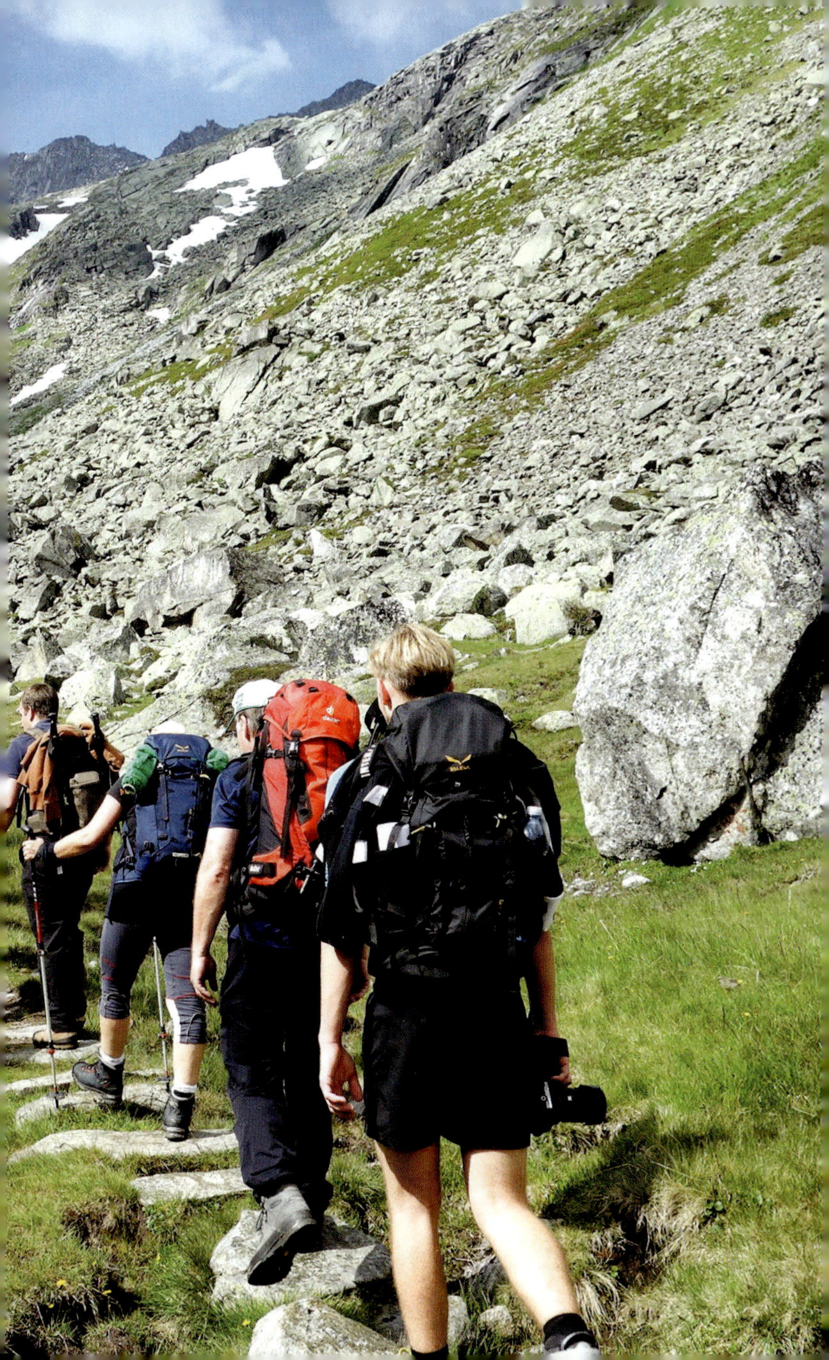

Weiterführende Literatur

1 Jüdisches Salzburg – ausgegrenzt, verfolgt, ermordet

Albert Lichtblau, In Lebensgefahr: die jüdische Bevölkerung der Stadt Salzburg, in: Thomas Weidenholzer/Albert Lichtblau (Hg.), Leben im Terror. Verfolgung und Widerstand. Die Stadt Salzburg im Nationalsozialismus (Band 3), Salzburg 2012, S. 64–109.

Helga Embacher, Juden in Salzburg. History, Cultures, Fates, Salzburg 2002.

Andreas Praher/Robert Schwarzbauer, Der jüdische Sport im Salzburg der Zwischenkriegszeit, in Aschkenas. Zeitschrift für Geschichte und Kultur der Juden, 27 (2017) 1, S. 57–70.

Andreas Praher, Jüdischer Sport zwischen den Kriegen. Eine Spurensuche, in: Minas Dimitriou/Oskar Dohle/Walter Pfaller/Andreas Praher, Salzburgs Sport in der NS-Zeit. Zwischen Staat und Diktatur, Salzburg 2018, S. 31–40.

2 Roter Widerstand im nationalsozialistischen Salzburg

DÖW (Hg.), Widerstand und Verfolgung in Salzburg 1934–1945. Eine Dokumentation (Band 1), Wien 1991.

Gert Kerschbaumer, Gespaltenes Gedenken im öffentlichen Raum – verschwiegene Opfer des NS-Terrors, in: Alexander Pinwinkler/Thomas Weidenholzer (Hg.), Schweigen und Erinnern. Das Problem Nationalsozialismus nach 1945. Die Stadt Salzburg im Nationalsozialismus (Band 7), Salzburg 2016, S. 22–64.

Willi Weinert, „Ich möchte, dass sie Euch alle immer nahe bleiben“: Biografien kommunistischer WiderstandskämpferInnen in Österreich. Mit Anmerkungen zum Widerstandskampf der Kommunistischen Partei Österreichs und einer Opferliste, 2005

Zum politischen Widerstand in Salzburg und zu Opfer-Biografien: www.stolpersteine-salzburg.at

3 Josef Thorak – geehrt, gefördert, geduldet

Bernhard Gwiggner/Hildegard Fraueneder/Susanne Rolinek, Josef Thorak – Hitlers Lieblingsbildhauer und sein Bezug zu Salzburg. Eine künstlerische Re-Vision von Bernhard Gwiggner, Salzburg/Wien 2016.

Susanne Rolinek, Der Bildhauer Josef Thorak als NS-Karrierist, in: Martin Hochleitner (Hg.), Politische Skulptur. Barlach/Kasper/Thorak/Wotrupa, Linz 2008, S. 77–98

Zur Biografie von Josef Thorak und dem Straßennamenprojekt siehe die Homepage des NS-Projektes der Stadt Salzburg „Die Stadt Salzburg im Nationalsozialismus“: www.stadt-salzburg.at/internet/websites/nsprojekt/ns_projekt/strassennamen/biografien_439210/josef_thorak_468484/lebenslauf_468512.htm

Zur Umbenennung der Thorak-Straße in Aigen und Initiativen rund um NS-Kunst siehe: www.kz-verband-salzburg.at

4 Stefan Zweig und seine Vertreibung aus der Welt von Gestern

Gert Kerschbaumer, Stefan Zweig. Der fliegende Salzburger, Frankfurt am Main 2005.

Joachim Brügge (Hg.), „Das Buch als Eingang zur Welt". Schriftenreihe des Stefan Zweig Centre Salzburg, Würzburg 2008.

Karl Müller (Hg.), Stefan Zweig – Neue Forschung. Schriftenreihe des Stefan Zweig Centre Salzburg (Band 3), Würzburg 2012.

Susanne Rolinek/Gerald Lehner/Christian Strasser, Im Schatten der Mozartkugel. Reiseführer durch die braune Topografie von Salzburg, Wien 2009.

Darién J. Davis/Oliver Marshall (Hg.), Stefan and Lotte Zweig's South American Letters. New York, Argentina and Brazil, 1940–42, New York/London 2010.

5 Das Zwangslager Leopoldskron – Zwischenstation auf dem Weg in den Tod

Johannes Hofinger, Nationalsozialismus in Salzburg. Opfer – Täter – Gegner, Innsbruck/Wien/Bozen 2016.

Gert Kerschbaumer, Respekt vor allen Opfern des nationalsozialistischen Terrors, in: Thomas Weidenholzer/Albert Lichtblau (Hg.), Leben im Terror. Verfolgung und Widerstand. Die Stadt Salzburg im Nationalsozialismus (Band 3), Salzburg 2012, S. 16–63.

Zum „Zigeunerlager Maxglan" und den Opfern aus Salzburg: www.stolpersteine-salzburg.at

Zu NS-Verbrechen an Roma und Sinti allgemein: www.doew.at

6 Zwangsarbeit mit Todesfolge im Salzburger Rüstungsbetrieb

Andreas Praher, Von Granaten, NS-Terror und Zwangsarbeitern, in: Stadt Nachrichten, 9.3.2012, S. 2-3.

Thomas Weidenholzer, „Arbeitseinsatz" für den Krieg. Zwangsarbeit in der Stadt Salzburg, in: Thomas Weidenholzer/Albert Lichtblau (Hg.), Leben im Terror. Verfolgung und Widerstand. Die Stadt Salzburg im Nationalsozialismus (Band 3), Salzburg 2012, S. 110–163.

7 Nationalsozialistischer Terror vor 1938 und der blutige Juliputsch in Liefering 1934

Oskar Dohle, Bomben, Böller, Propaganda. Der Aufstieg der NSDAP in Salzburg 1918–1938, in: Peter F. Kramml/Ernst Hanisch (Hg.), Hoffnungen und Verzweiflung in der Stadt Salzburg 1938/39. Vorgeschichte – Fakten – Folgen. Die Stadt Salzburg im Nationalsozialismus (Band 1), Salzburg 2010, S. 74–123.

8 Antisemitischer Ungeist im Sommerfrische-Idyll

Iris Fink/Roland Knie, Überlandpartie! Kabarett auf Sommerfrische, Wien/Köln/Weimar 2018

Harald Waitzbauer, Arnold Schönberg ist in Mattsee unerwünscht, in: Robert Kriechbaumer (Hg.), Der Geschmack der Vergänglichkeit. Jüdische Sommerfrische in Salzburg, Wien/Köln/Weimar 2002.

Sybille Mühlbacher, Von Gästen und Geächteten. Sommerfrische-Idyll und Antisemitismus am Mattsee (1860–1920), in: historioPLUS 5 (2018), S. 94–117, online unter: http://www.historioplus.at/?p=960

9 Leopold Engleitners ungebrochener Wille zu überleben

Franz Aigner, Überblick über die Verfolgung der Zeugen Jehovas in Österreich 1938–1945, in: DÖW (Hg.), Zeugen Jehovas. Vergessene Opfer des Nationalsozialismus? Wien 1998, S. 37–43.

DÖW (Hg), Zeugen Jehovas. Vergessene Opfer des Nationalsozialismus? Wien 1998.

Bernhard Rammerstorfer, Ungebrochener Wille, Der außergewöhnliche Mut eines einfachen Mannes – Leopold Engleitner, geb. 1905, Eigenverlag 2008.

www.ungebrochenerwille.at

Dokumentarfilm über Leopold Engleitner: „Leiter in der Löwengrube. Was bedeutet Freiheit?", Bernhard Rammerstorfer/A. Ferenc Gutai (2013)

10 Die abenteuerliche Flucht von Sepp Plieseis über die Berge

Christian Topf, Auf den Spuren der Partisanen. Zeitgeschichtliche Wanderungen im Salzkammergut, Grünbach 1996.

Michaela Zehetner (Hg.), Nicht stillhalten, wenn Unrecht geschieht. Die Lebenserinnerungen von Agnes Primocic, Salzburg 2004.

Zum Frauenwiderstand im Nationalsozialismus allgemein:

Ingrid Bauer, „Nein, habe ich gesagt, so lange es geht, halte ich meinen Schnabel nicht". Widerstand und Alltagsdissens von Frauen im Nationalsozialismus, in: Evelyn Steinthaler (Hg.), Frauen 1938. Verfolgte – Widerständige – Mitläuferinnen, Wien 2008, S. 16–25.

Ingrid Bauer, „Tschikweiber haums uns g'nennt…". Die Zigarrenfabriksarbeiterinnen von Hallein. Frauen. Arbeit. Geschichte, Berlin 2015.

Karin Berger u. a. (Hg.), Der Himmel ist blau. Kann sein. Frauen im Widerstand. Österreich 1938–1945, Wien 1985.

11 Sepp Plieseis – Wilderer, Rebell und Anführer der „Salzkammergut-Partisanen"

Sepp Plieseis, Vom Ebro zum Dachstein, Lebenskampf eines österreichischen Arbeiters, Linz 1946.

Christian Topf, Auf den Spuren der Partisanen. Zeitgeschichtliche Wanderungen im Salzkammergut, Grünbach 1996.

Wolfgang Neugebauer, Der österreichische Widerstand 1938–1945, Wien 2008.

Michael Kurz, Sepp Plieseis – Anmerkungen zum 100. Geburtstag eines „Unfassbaren“, in: Betrifft Widerstand, Nr. 111, Dezember 2013, S. 21–29.

Zeitgeschichte Museum/KZ-Gedenkstätte Ebensee www.memorial-ebensee.at

12 Der Wildensee – Rebellengebiet und Refugium geflüchteter NS-Schergen

Josef Goldberger/Cornelia Sulzbacher, Oberdonau. Oberösterreich in der Zeit des Nationalsozialismus (Band 11), hrsg. vom Oberösterreichischen Landesarchiv, Linz 2008.

Christian Kloyber/Christian Wasmeier, Das Bürglgut. Von der Großbürgerlichkeit zur Restitution, Innsbruck/Wien/Bozen 2011.

Ernst Klee, Das Personenlexikon zum Dritten Reich. Wer war was vor und nach 1945, Frankfurt am Main 2005.

Hannah Arendt, Eichmann in Jerusalem. Ein Bericht von der Banalität des Bösen, München 1986.

Peter Black, Ernst Kaltenbrunner. Vasall Himmlers. Eine SS-Karriere, Paderborn 1991.

Ernst Kaltenbrunner, in: Forum OÖ Geschichte. Virtuelles Museum Oberösterreich: https://www.ooegeschichte.at/epochen/nationalsozialismus/biografien/ernst-kaltenbrunner/

Jagd auf Kaltenbrunner, in: Der Tagesspiegel, 8.5.2011, https://www.tagesspiegel.de/kultur/die-geschichte-jagd-auf-kaltenbrunner/4144282.html

Helmut Kalss: Widerstand im Salzkammergut. Neue Aspekte, Dissertation, Universität Graz 2013, http://unipub.uni-graz.at/obvugrhs/download/pdf/226735?originalFilename=true

The Last Days of Ernst Kaltenbrunner. CIA Historcial Review Program, https://www.cia.gov/library/center-for-the-study-of-intelligence/kent-csi/vol4no2/html/v04i2a07p_0001.htm

13 Befreundete Agenten aus der Luft auf der Jagd nach Joseph Goebbels

Peter Pirker, Subversion deutscher Herrschaft. Der britische Kriegsgeheimdienst SOE und Österreich, Göttingen 2012.

Patrick Martin-Smith/Peter Pirker, Widerstand vom Himmel. Österreicheinsätze des britischen Geheimdienstes SOE 1944, Wien 2004.

Albrecht Gaiswinkler, Sprung in die Freiheit, Wien/Salzburg 1947.

Christian Topf, Auf den Spuren der Partisanen. Zeitgeschichtliche Wanderungen im Salzkammergut, Grünbach 1996.

14 Franz Jägerstätter – Märtyrer des katholischen Widerstandes

Erna Putz, Franz Jägerstätter – Märtyrer: Leuchtendes Beispiel in dunkler Zeit, Grünbach 2007.

Erna Putz (Hg.), Franz Jägerstätter: Der gesamte Briefwechsel mit Franziska. Aufzeichnungen 1941–1943, Wien/Graz/Klagenfurt 2007.

Filmtipp:

Der Fall Jägerstätter, Regie: Axel Corti, 1971.

Ein verborgenes Leben (A Hidden Life), Regie: Terrence Malick, 2019.

15 Die unterirdische Mordfabrik

Bertrand Perz/Florian Freund, Konzentrationslager in Oberösterreich 1938 bis 1945. Oberösterreich in der Zeit des Nationalsozialismus (Band 8), Linz 2007.

Stanislaw Dobosiewicz, Vernichtungslager Gusen. Mauthausen-Studien (Band 5), Wien 2007.

Website zur KZ-Gedenkstätte: www.mauthausen-memorial.org/de/Gusen/Das-Konzentrationslager

16 Das Vorzimmer der Macht am Obersalzberg

Volker Dahm/Albert A. Feiber/Hartmut Mehringer/Horst Möller (Hg.), Die tödliche Utopie. Bilder, Texte, Dokumente, Daten zum Dritten Reich, München 2016.

Dokumentation Obersalzberg: www.obersalzberg.de

17 Nationalsozialistische Vorzeichen auf der Reiter Alpe

Oskar Dohle, Bomben, Böller, Propaganda. Der Aufstieg der NSDAP in Salzburg 1918–1938, in: Peter F. Kramml/Ernst Hanisch (Hg.), Hoffnungen und Verzweiflung in der Stadt Salzburg 1938/39. Vorgeschichte – Fakten – Folgen. Die Stadt Salzburg im Nationalsozialismus (Band 1), Salzburg 2010.

Martin Achrainer (Hg.), Berg Heil! Alpenverein und Bergsteigen 1918–1945, Köln/Weimar/Wien, 2011.

Rainer Amstädter, Der Alpinismus. Kultur – Organisation – Politik, Wien 1996.

Homepage der Traunsteiner Hütte: www.traunsteinerhuette.com/de/die-huette/geschichte

Homepage der Sektion Traunstein des Deutschen Alpenvereins: www.alpenverein-traunstein.de/verein/geschichte

Digitale Zeitungs- und Zeitschriften-Datenbank der österreichischen Nationalbibliothek ANNO: www.anno.onb.ac.at

18 Reger Grenzverkehr in der geteilten Hütte

Stefan Mayer, Salzburger Grenzfälle. Kurioses über Grenzen hinweg, Salzburg 2019.

Ulrike Engelsberger/Robert Kriechbaumer, Als der Westen golden wurde. Salzburg 1945–1955 in US-amerikanischen Fotografien, Wien/Köln/Weimar 2005.

Digitale Zeitungs- und Zeitschriften-Datenbank der österreichischen Nationalbibliothek ANNO: http://anno.onb.ac.at

19 Massenmord im bayerischen Alpenvorland

Friedbert Mühldorfer (Hg.), Gedenkfeiern gegen das Vergessen – Der KZ-Friedhof in Surberg, Waging am See 2015.

VVN – Vereinigung der Verfolgten des Naziregimes. Bund der Antifaschistinnen und Antifaschisten: https://vvn-bda.de

20 Das Todeslager im Schönramer Filz

Bayerische Akademie für Naturschutz und Landschaftspflege (ANL), Menschen im Moor, www.anl.bayern.de/projekte/moorerlebnis/zeitzeugnisselager.htm

Heike Mayer, Der Ukrainer-Friedhof im Schönramer Filz, in: Traunsteiner Tagblatt, 5.11.2016, www.traunsteiner-tagblatt.de/das-traunsteiner-tagblatt/chiemgau-blaetter/chiemgau-blaetter-2019_ausgabe,-der-ukrainer-friedhof-im-schoenramer-filz-_chid,1587.html

21 Jüdischer Exodus über den Krimmler Tauern im Sommer 1947

Thomas Albrich (Hg.), Flucht nach Eretz Israel. Die Bricha und der jüdische Exodus durch Österreich nach 1945, Innsbruck/Wien 1998.

www.alpinepeacecrossing.org

www.fluchtwege.eu/bricha

22 Ernst Pikes – Unermüdlicher Widerstand in den Pinzgauer Bergen

Rudolf Leo, Ernst Pikes. Der Widerstandskämpfer aus Wald im Pinzgau, unveröffentlichtes Manuskript.

Lebensgefährlicher Widerstand, in: Bezirksblätter, 21.8.2019, http://zeit-geschichte.com/rlwp/2019/09/01/bezirksblaetter-21-08-2019/

23 Andreas Rieser – Der widerständige Pfarrer aus Bramberg

Rudolf Leo, Der Pinzgau unterm Hakenkreuz. Diktatur in der Provinz, Salzburg/Wien 2013.

24 Sklavenarbeit in den Hohen Tauern

Gerda Dohle/Oskar Dohle, Sklaven für Krieg und Fortschritt. Zwangsarbeit und Kraftwerksbau in Salzburg 1939–1945, Salzburg 2014.

Margit Reiter, Das Tauernkraftwerk Kaprun, in: Oliver Rathkolb/Florian Freund (Hg.), NS-Zwangsarbeit in der Elektrizitätswirtschaft der „Ostmark" 1938 Flucht nach Eretz Israel. Die Bricha und der jüdische Exodus durch Österreich nach 1945. Ennskraftwerke – Kaprun – Draukraftwerke – Ybbs-Persenbeug – Ernsthofen, Wien/Köln/Weimar 2002, S. 127–198.

Oskar Dohle/Nicole Slupetzky, „Arbeiter für den Endsieg": Zwangsarbeit im Reichsgau Salzburg 1939–1945. Schriftenreihe des Forschungsinstitutes für politisch-historische Studien der Dr.-Wilfried-Haslauer-Bibliothek (Band 21), Wien/Köln/Weimar 2004.

25 Mörderisches Arbeitskommando im hochalpinen Gelände

Wolfgang Benz/Barbara Distel (Hg.), Der Ort des Terrors. Geschichte der nationalsozialistischen Konzentrationslager. Frühe Lager, Dachau, Emslandlager (Band 2), München 2005.

Oskar Dohle/Nicole Slupetzky, „Arbeiter für den Endsieg“: Zwangsarbeit im Reichsgau Salzburg 1939–1945, Schriftenreihe des Forschungsinstitutes für politisch-historische Studien der Dr.-Wilfried-Haslauer-Bibliothek (Band 21), Wien/Köln/Weimar 2004.

Nicole Slupetzky, Das Nebenlager Weißsee. Zwangsarbeit in 2300 m Höhe, in: https://www.bergnews.com/service/arbeitslager-weisssee/arbeitslager-weissee-alles.php

Martin Wolff, 12 Jahre Nacht: KZ-Erlebnisse, München 1990.

DÖW (Hg.), Widerstand und Verfolgung in Salzburg 1934 bis 1945. Eine Dokumentation (Band 1), Wien 1991.

26 Auf der Flucht vor der NS-Zwangsarbeit gestorben und 70 Jahre vermisst

Rudolf Leo, Bruck unterm Hakenkreuz. Bruck an der Großglocknerstraße 1930 bis 1945, Salzburg/Wien 2015.

Rudolf Leo, Letztes Geleit für Giuseppe, in: Wiener Zeitung, 7.11.2014, https://www.wienerzeitung.at/nachrichten/reflexionen/geschichten/700090_Letztes-Geleit-fuer-Giuseppe.html

27 Walter Suess – der verhinderte Musiker und unerwünschte Mediziner von Gastein

Hans Schafranek, Drei Gestapo-Spitzel und ein eifriger Kriminalbeamter. Die Infiltration und Zerschlagung des KJV Wien-Baumgarten (1940) und der KPÖ-Bezirksleitung Wien-Leopoldstadt (1940/41) durch V-Leute der Gestapo, in: DÖW (Hg.), Jahrbuch 2009, Wien 2009, S. 250–277.

Andrea Hurton, Vom Pogrom in den Widerstand. Walter Felix Suess (1912–1943): Musiker – Arzt – Gestapo-Opfer, Innsbruck/Wien/Bozen 2020.

Laurenz Krisch, Bad Gasteiner Zahnarzt Dr. Walter Suess – ein Opfer des Nationalsozialismus, in: kultur passiert…, Heft 64, Jg. 2009, S. 12–13.

Andrea Hurton/Hans Schafranek, Das kurze Leben des Dr. Suess, in: Der Standard (8.11.2008) https://apps.derstandard.at/privacywall/story/1226067124915/das-kurze-leben-des-dr-suess

Dokumentationsarchiv des österreichischen Widerstands: www.doew.at

Österreichisches Biographisches Lexikon: www.biographien.ac.at

Steine der Erinnerung: https://steinedererinnerung.net/datenbank/

28 Abgestürzte US-Bomber über dem Pinzgau – Lebenswege zweier Überlebender

Georg Hoffmann, Fliegerlynchjustiz. Gewalt gegen abgeschossene aliierte Flugzeugbesatzungen 1943–1945, Paderborn 2015.

Report des Internationalen Roten Kreuzes zum Stalag Luft IV: http://www.stalagluft4.org/luft%204%20reports.html

Homepage Museum of the Prisoner of War Camps in Żagań: https://muzeum.zagan.pl/en/stalag-luft-3/

Historische Datenbank der Kriegsgefangenenlager der Deutschen Luftwaffe der Österreichischen Akademie der Wissenschaften (Downed Allied Air Crew Database Austria):

The National Archives, Access to Archival Databases (AAD), www.archives.gov/aad

https://daacda.acdh.oeaw.ac.at/US-amerikanische Homepage zum Dulag Luft

https://www.b24.net/powDulag.htm

29 Amerikanische Befreier im Zeichen des Regenbogens

Gernod Fuchs, Befreit und Besetzt. Die kampflose Übergabe der Stadt Salzburg an die 3. US-Infanterie-Division am 4. Mai 1945, Salzburg 2015.

Ingrid Bauer, Welcome Ami Go Home. Die amerikanische Besatzung in Salzburg 1945–1955. Erinnerungslandschaften aus einem Oral-History-Projekt, Salzburg/München 1998.

Niko Wahl/Philipp Rohrbach/Tal Adler, SchwarzÖsterreich. Die Kinder afroamerikanischer Besatzungssoldaten, Wien 2016.

Barbara Stelzl-Marx/Silke Satjukow (Hg.), Besatzungskinder: Die Nachkommen alliierter Soldaten in Österreich und Deutschland, Wien 2015.

www.rainbowdivision.com

Children Born of War: www.chibow.org

30 Balthasar Linsinger – Einer der „Gerechten" unter den Priestern

Rudolf Leo, Der Pinzgau unterm Hakenkreuz. Diktatur in der Provinz, Salzburg/Wien 2013.

Österreichische Freunde von Yad Vashem (Hg.), Die Gerechten. Courage ist eine Frage der Entscheidung. Ausstellungskatalog zur gleichnamigen Ausstellung im Schlossmuseum Linz 2020.

Erinnern.at

http://www.erinnern.at/bundeslaender/salzburg/bibliothek/medienberichte/der-salzburger-pfarrer-balthasar-linsinger-1902-1986-wurde-er-als-201egerechter-unter-den-voelkern201c-geehrt

Yad Vashem: www.yadvashem.org

31 Menschenjagd am Böndlsee

Michael Mooslechner, Die Goldegger Wehrmachtsdeserteure: Gedenkstein 2014, Goldegg 2016.

www.goldeggerdeserteure.at

32 Anna Bertha Königsegg – Couragierte Kämpferin für das Überleben

Bernhard Gitschtaler, Geerbtes Schweigen: die Folgen der „NS-Euthanasie“, Salzburg/Wien 2016.

Johannes Hofinger, Nationalsozialismus in Salzburg, Opfer – Täter – Gegner, Innsbruck/Wien/Bozen 2016.

Die Homepage zur Ausstellung lebensunwert über NS-Euthanasie im Land Salzburg bietet vertiefende Informationen zum Thema und dokumentiert Lebensgeschichten von Opfern der „NS-Rassenhygiene“: http://www.lebensunwert.at/ns-euthanasie.html

33 Gepeinigt und zu Tode gefoltert – Die Kriegsgefangenen von St. Johann im Pongau

Michael Mooslechner/Robert Stadler, St. Johann/Pg. 1938–1945. Das nationalsozialistische „Markt Pongau“. Der „2. Juli 1944“ in Goldegg: Widerstand und Verfolgung, Eigenverlag 1986.

Michael Mooslechner, Das Kriegsgefangenenlager STALAG XVIII C „Markt Pongau“: Todeslager für sowjetische Soldaten. Geschichte und Hintergründe eines nationalsozialistischen Verbrechens in St. Johann/Pongau während des Zweiten Weltkrieges, Salzburg 2011.

Geschichtswerkstatt St. Johann: www.geschichtswerkstatt-stjohann.at

34 Der nationalsozialistische Burgherr Hermann Göring und die Lungauer „Volksgemeinschaft“

Hanno Bayr, Berlin trifft Mauterndorf. Eine Reise mit Epenstein und Göring, Mariapfarr 2017.

Eitel Lange, Der Reichsmarschall im Kriege, Stuttgart 1950.

35 Nationalsozialistische Umtriebe in den Nockbergen

Andreas Praher, Anpassung – Verfolgung – Kollaboration. Österreichs Skisport im Nationalsozialismus, Dissertation, Salzburg 2020.

Andreas Praher, „Skifahren ist für uns Deutsche in den Alpenländern mehr als nur ein Sport.“ Der österreichische Skisport als politische Kampfzone der 1930er-Jahre, in: Matthias Marschik/Agnes Meisinger/Rudolf Müllner/Johann Skocek/Georg Spitaler (Hg.), Images des Sports in Österreich. Innensichten und Außenwahrnehmungen, Göttingen 2018, S. 201–218.

Andreas Praher, Sportführer Friedrich Rainer und seine sportpolitischen Ambitionen, in: Minas Dimitriou/Oskar Dohle/Walter Pfaller/Andreas Praher (Hg.), Salzburgs Sport in der NS-Zeit. Zwischen Staat und Diktatur, Salzburg 2018, S. 153–170.

Minas Dimitriou/Oskar Dohle/Walter Pfaller/Andreas Praher (Hg.), Salzburgs Sport in der NS-Zeit. Zwischen Staat und Diktatur, Salzburg 2018.

Bildnachweis

Archiv der KPÖ: 27; Diözesanarchiv Linz: 107; Eitel Lange/Privatarchiv Hanno Bayr: 222; Helga Embacher: 191; Historischer Verein Petting e.V.: 141; Irmgard Leitinger: 197; Rudolf Leo: 153, 157, 163, 175; Andreas Praher: 56, 229; Andreas Praher/National Museum United States Air Force, Dayton/Ohio: 185; Privatarchiv Michael Mooslechner: 215; Fritz Neumüller: 121; Bernhard Rammerstorfer, Ungebrochener Wille, Herzogsdorf 2011: 73; Salzburger Landesarchiv: 59, 60, 123; Thomas Schauer/shutterstock.com: 67; Stadtarchiv Roding/Friedbert Mühldorfer: 135; Stadtarchiv Salzburg/Fotoarchiv Franz Krieger: 19; Stadtarchiv Salzburg/Karl-Steinocher-Fonds: 29, 47; Stefan Zweig Zentrum Salzburg: 41; Ernst Trybola: 16–17, 147, 148; Verein der Freunde des Deserteurdenkmals in Goldegg: 203; Wiener Stadt- und Landesarchiv: 179; Zeitgeschichte Museum Ebensee/Sammlung Peter Kammerstätter: 81, 82, 89; Alle anderen von Thomas Neuhold.

Weitere Wanderbücher von Thomas Neuhold

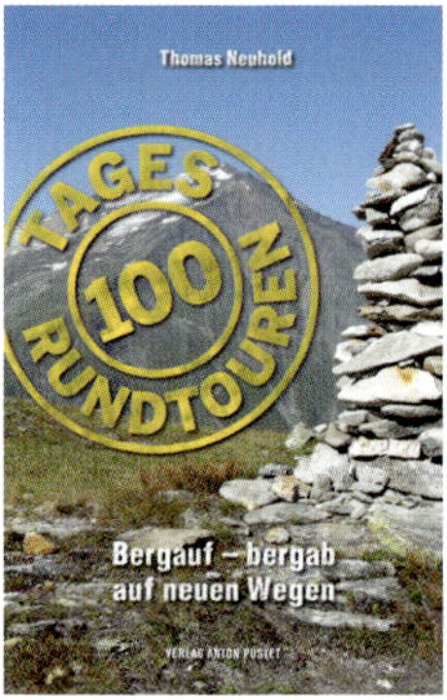

Vom Alpenvorland bis zu den Nockbergen und den Hohen Tauern, vom Wilden Kaiser und den Grasbergen bis zu den Niederen Tauern und dem Dachstein.

100 Tagesrundtouren
Bergauf – bergab auf neuen Wegen
ISBN 978-3-7025-0673-5, € 22,–

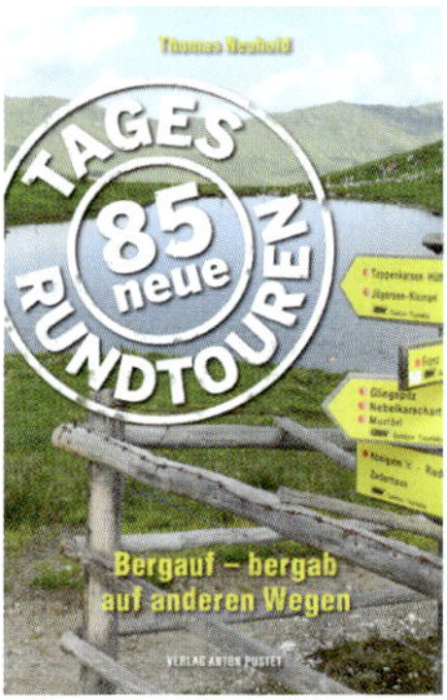

Die Schwierigkeiten reichen vom einfachen Turnschuhgelände bis zur leichten Hochtour.

85 neue Tagesrundtouren
Bergauf – bergab auf anderen Wegen
ISBN 978-3-7025-0817-3, € 22,–

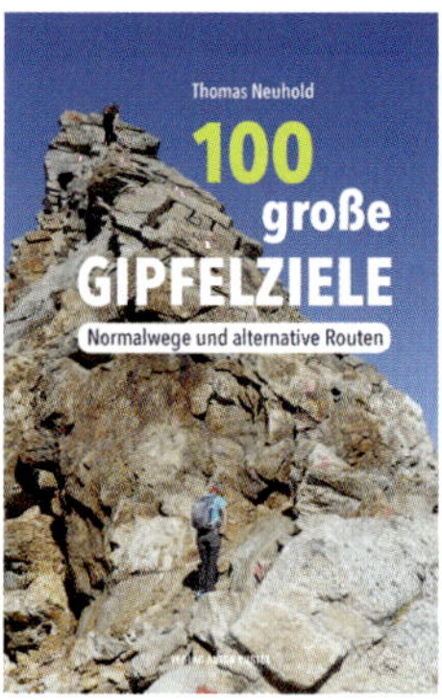

Zu jeder Tour gibt es, wie in allen Wander- und Skitouren-Büchern von Thomas Neuhold, Kartenskizzen, Fotos, Ausrüstungstipps und Hinweise für die Anreise sowie Informationen über Hütten und Gaststätten.

100 große Gipfelziele
Normalwege und alternative Routen
ISBN 978-3-7025-0931-6, € 22,–

VERLAG ANTON PUSTET

Thomas Neuhold:
Skitouren in und um Salzburg

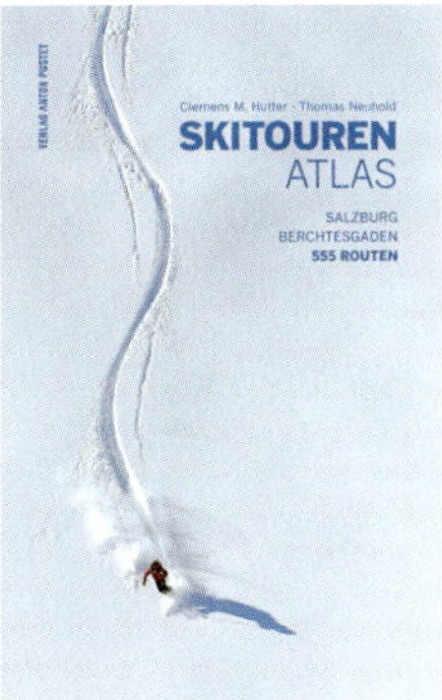

Mit Clemens M. Hutter
Skitourenatlas
Salzburg – Berchtesgaden.
555 Routen
ISBN 978-3-7025-0636-0, € 22,–

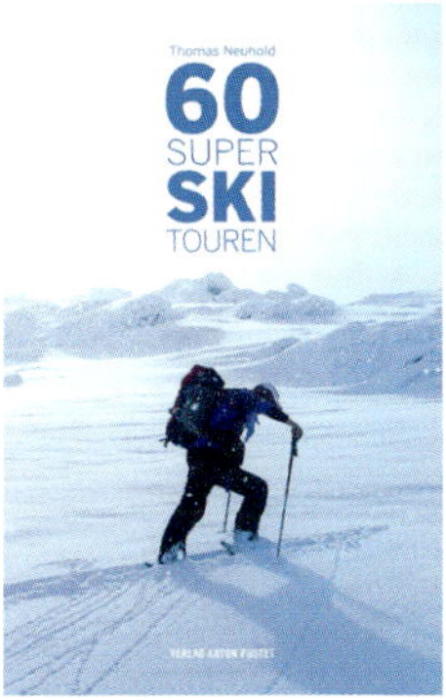

Skitourenzuckerl aus Salzburg und den angrenzenden Gebieten. Ergänzt ist der Band mit zahlreichen Tourenvarianten, die je nach Bedingungen ein Ausweichen vom anvisierten Ziel ermöglichen.

60 Super Skitouren
ISBN 978-3-7025-0726-8, € 19,95

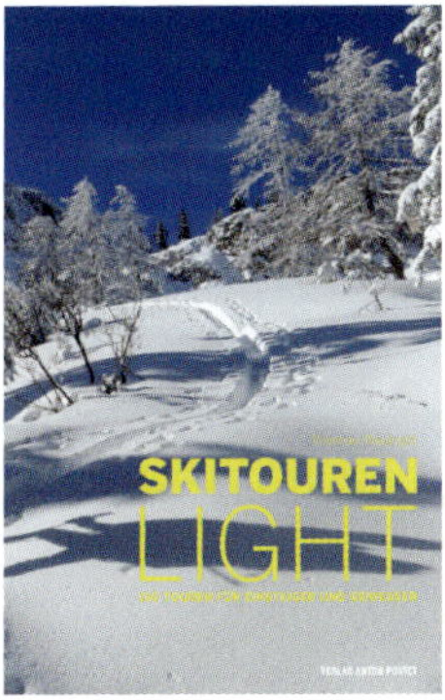

Im Mittelpunkt stehen Skitouren im Raum Salzburg und Berchtesgaden, bei denen der Genuss-Effekt überwiegt: technisch einfacher, ohne schwindelerregende Gratpassagen oder furchteinflößende Steilrinnen.

Skitouren light
ISBN 978-3-7025-0794-7, € 22,–